立地創造
イノベータ行動と商業中心地の興亡

田村正紀【著】

東京　白桃書房　神田

序文

東京、名古屋、京阪神などの大都市圏は、面積から見ると国土の数％に過ぎないが、そこに人口の約半分が集中する高密度空間である。網の目のように交通網が発展し、平日では通勤・通学など、休日ではレジャーなどにより、多くの人が移動するモバイル空間でもある。巨大な人口集積のために、大都市圏は立地産業としての流通産業の主戦場であり、またモバイル空間であるために、もっとも先端的な流通発展が現れる空間でもある。

本書は、このような大都市圏における小売商業の最近時における発展とそのドライバー（駆動因）を主題にしている。発展をとらえるための本書の視座は、中心地体系の構造変化、平たくいえば商業中心地の興亡である。中心地体系とは、大都市都心の商業集積から、副都心や周辺衛星都市などに広がる広域あるいは地域の中心商業集積を経て、近隣や街角の商業集積にいたる商業中心地の階層秩序である。各中心地は商業集積の規模、商圏人口とその地理的広さなどの相違を通じて、この階層秩序に編成されている。中心地体系の構造変化の主要な局面はこの階層秩序の変化である。

この発展のドライバーとして、本書は流通イノベータによる立地創造に注目する。流通イノベータとは、具体的には革新的ショッピング・センターを開発する専業デベロッパーや、急成長している専門店チェーンである。彼らはそれまで商業適地とは見なされない商業地地価の低い地点に進出し、そこで多くの顧客の吸引に成功している。こうして彼らは既存商業集積の立地独占に挑戦し立地創造を行っている。この結果、都市圏商業

序文　i

中心地の興亡が生じ、中心地体系が構造変化を引き起こすことになる。

大都市圏での商業中心地の興亡は、今まで実証的にその全体像をとらえられたことがなかった。その最大の原因は、このような作業を行うためのデータが市区町村を単位としてしか利用できなかったことにある。しかし、幸いにして基準メッシュ・コードの標準化など国土空間データ基盤の整備によって、小売業やその市場環境の地理データベースはこの数年間の間に飛躍的な進歩を遂げた。いまや種々のサイズのメッシュ・データなどにより1km平方など、市区町村よりはるかに狭い地理範囲で区画された大量のデータを利用できるようになった。本書はこのような最新のデータベースによって、大都市圏での中心地体系の構造変化とそれを推進している流通イノベータの出店行動をとらえることを試みている。

このような内容から見て、本書の想定読者の範囲は広い。産業界ではデベロッパー、流通企業の開発担当者、不動産業界、また金融機関での開発融資担当者、メーカーでのエリア・マーケティング担当者、また行政での都市計画や商業問題担当者が含まれるであろう。学界では、本書の内容が流通論、マーケティング論、不動産評価論、商業地理学、経済地理学、都市経済学など学際的に広がっているので、これらの分野の研究者や学生にも興味を持っていただけるかもしれない。

最後に、本書のもとになったデータベース構築に関して種々なサポートを行っていただいた日本統計センターの方々、ならびに本書の企画について貴重なコメントをいただき、その出版を快く引き受けられた上で、編集・校正の労を執っていただいた白桃書房、大矢栄一郎社長に感謝を申し上げたい。

2008年2月18日

田村　正紀

立地創造 ◆ 目次

序文 ……… i

第1章　流通動態の舞台　1

1　**新しいメガトレンド** ……… 3
淘汰競争…3／個人店舗から法人店舗へ…7／業態の盛衰…9

2　**主戦場としての大都市圏** ……… 11
立地産業としての小売業…11／都市圏小売体系の要素と関連…13／構造変動とは何か…16／立地創造…18

3　**理論事例としての京阪神都市圏** ……… 20
地理的範囲…20／データベース…23／観察期間の特質…29

4　**分析の視角** ……… 32
中心地の機能基盤としての業種集積…32／3種の集積理論…34／本書の構成…36

第2章　異業種集積のパターン … 41

1　異業種集積の理論仮説 … 42
中心地理論での異業種集積 … 42／多目的出向モデル … 45

2　異業種集積のタイプ … 49
どのようなタイプの異業種集積が形成されるか … 49／買い回り集積 … 51／最寄り集積と生鮮集積 … 55／各集積タイプの市場基盤 … 57

3　異業種集積の特質 … 61
各集積の特徴と集積間の関連 … 61／主要集積タイプに所属しない業種の立地パターン … 64

第3章　同業種集積のパターン … 71

1　同業種集積の理論仮説 … 73
最小差別化の原理 … 73／商品分類論 … 77／比較購買仮説 … 79

2　業種別の同業種集積パターン … 81
実証における問題 … 81／地理的分布パターンの確率モデル … 84／規則的パターン

　　　　　に従う業種…86／ランダム・パターンに従う業種…90／集中パターンに従う業種…91／同業種集積の放射モデル…97

3　同業種集積は中心地体系の機能基盤か　……………………………………98

　　　　　同業種と異業種における集積タイプの関連…98／集積規模拡大に伴う集積様式の変化…100

第4章　大都市圏での中心地体系　105

1　伝統的中心地理論の基本的特徴　……………………………………107

　　　　　伝統的中心地理論の想定…107／揺らぐ中心地体系…110／揺らぎへの理論的・実証的対応…113

2　中心地性の基準　……………………………………117

　　　　　分析単位と中心地性指標…117／機能基盤…119／機能成果…123

3　京阪神都市圏の中心地体系　……………………………………125

　　　　　中心地階層の区分技法…125／中心地体系の階層構造…127／大都市圏中心地体系の諸特徴…130

第5章 変化の軌跡

1 中心地体系の変化 1999—2006 ……………………141

1999年の中心地体系…143／変化の局面…144／急増する地域大型店型・店舗数減少による商店街型の機能不全…147／店舗数減少による商店街型の機能不全…149

2 大型店型中心地の台頭 ……………………153

大型店の発展—日本全体の動向…153／大型店主導のSC開発…155／京阪神都市圏でのSC開発の動向…158

3 中心地体系の基盤変化 ……………………164

機能基盤の変化…164／商業人口成長率—京阪神都市圏全体の動向…167／地理的位置で大きく異なる商業人口成長率…172／SC開発年度で大きく異なる商業人口成長率…173

第6章 革新的SCによる立地創造

1 SC開発の組織体系 ……………………181

第7章 専門店による立地創造

2 大型店の吸引力とその波及効果
革新的SCの特徴…181／SCの開発過程…185／個別SCの開発過程…188

2 大型店の吸引力とその波及効果
立地創造の実態…193／大型店の顧客吸引力…196／大型店顧客吸引力の波及効果…199

3 需要外部性の管理
需要外部性の内部化…204／差別賃料設定による運命共同体の形成…206

1 専門店はなぜ強いか
専門店コンセプト…218／店舗の大型化による豊富な品揃え…220／バリュー商品の提供…225／急速な多店舗展開…227

2 専門店の立地パターン
独自の立地パターン…230／伝統的中心地体系への反逆…233／高止まりする商店街型の地価…239

3 専門店による立地創造とそのインパクト
革新的SCへの参加…244／街角ショップの変質…246

第8章 ショッピング行動に見る近未来

1 ショッピング行動への3種の期待 … 255
伝統的階層構造を支える3種のショッピング行動仮説 … 255／最多額出向による仮説検証 … 257

2 崩壊するショッピング行動仮説 … 260
商品の次数仮説は多くの品種に妥当しない … 261／ファッション業種だけが比較購買仮説に従う … 263／多目的出向仮説は中間階層のSCに当てはまる … 265

3 現代ショッピングを特徴付ける状況多様化 … 268
進行する状況多様化 … 268／ショッピング状況多様性の3つの側面 … 270

4 状況多様化のインパクト … 272
購買商品によって異なる状況のインパクト … 272／状況で大きく異なる出向場所 … 274／郊外で広がるギャップ … 277／ショッピング状況は消費者特性によって異なる … 278

エピローグ … 287

付録I　京阪神都市圏データの主成分分析の詳細 …… 295

付録II　店舗空間分布の確率モデル …… 301

第1章 流通動態の舞台

百貨店は長い間、都心商業の顔であった。その百貨店が21世紀になって業界再編の波におそわれている。そごうと西武百貨店、大丸と松阪屋、三越と伊勢丹などの合併劇はその例である。郊外商業の顔である総合量販店も同じである。総合量販店は60年代の流通革命を先導してきた。かつて覇権を競ったダイエー、西友、ニチイ、三越、西武彼らに追随してきたニチイは倒産した。バブル経済崩壊直前の1993年、ダイエー、西友、ニチイ、三越、西武百貨店は日本の小売業トップテンに名を連ねていた。バブル経済崩壊から十数年、日本の流通産業は初頭のバブル経済崩壊から十数年、日本の流通産業は依然として激動の過程にある。トップテンの半数が再編劇に見舞われている。1990年代

流通産業の激動は大手企業だけをおそっているのではない。1982年に172万店と頂点に達した日本の小売店舗数は、その後に減少し始め、とくにバブル崩壊後その減少の速度を早めている。そして、2004年には124万店にまで減ってしまった。小売店舗の大部分は中小商店であり、地域や近隣の商店街を形成してきた。商店数の減少は、これらの商店街の衰退という形で我々が日常目にするところである。空き店舗が目立ち、人通りが少なくなって寂れた商店街は全国各地に満ちあふれている。

買い物をしようとすれば、長い間その主要な出向先は百貨店、総合量販店、商店街であった。この意味で、これらの買い物場所は日本の流通景観を支配してきたといってよい。しかし、この流通景観は最近の十数年間で急速に変わろうとしている。ちょっとした最寄り品の買い物はコンビニで済むようになった。バブル崩壊後、大型専門店が各地に出店したため、そこへのアクセスが便利になった。買い回り品や専門品の多様な大型専門店が各地に出店したため、そこへのアクセスが便利になった。また、インターネットの普及と機能高度化によって、ネット通販を利用できるようになった。

このような激動は小売流通の仕組みをどのように変えたのか。小売業は立地産業である。小売店舗はつねにその

店舗の市場の地理的制約（商圏）と格闘している。このため、小売流通の激動のもっとも主要な側面は小売流通の空間的な仕組みに現れる。この仕組みを小売体系（システム）と呼ぼう。小売体系は人口の密集した都市圏でもっとも先端的な形態を持って発展してきた。都市圏小売体系は、小売流通の動態が先端的に現出する場所である。本章では流通動態のメガトレンドを展望してのち、それを都市圏小売体系の動態としてとらえる視座を設定することにしよう。

1　新しいメガトレンド

淘汰競争

バブル経済の崩壊後の1994年以降、流通動態に新しいメガトレンドが発生した。まず、小売販売額の成長率を超えて、売場面積が増えていることである。図1・1に示すように、高度成長期の70年代に小売販売額は2桁で伸びていた。安定成長の80年代になると、成長率は1桁台になった。さらに、バブル崩壊後の99年から小売販売額の成長率はマイナスになった。ところがこの間、売場面積の成長率は0から5％台で推移してきた。そして94年を境にして販売額と売場面積の成長率は逆転したのである。

小売販売額は小売業への総需要であり、売場面積は総供給能力の指標である。総需要の成長率を超える総供給能力への投資が1994年以降ほぼ10年以上も続いているのである。これは流通産業が過当競争の時代に突

入したことを意味しているのだろうか。それとも競争の性質が変化したことを意味しているのだろうか。

過当競争とは、同質的な店舗の数が多すぎて競争が激しいため、そのような市場で成立する価格や売上高では費用をまかないきれず、店舗の一部が市場から退出しなければならない状態である。タクシーやガソリンスタンドの業界などではしばしば過当競争状態が指摘されてきたし、また近年ではコンビニ業界が過当競争に突入したなどといわれている。ある産業が過当競争であるかどうかの基準は2つある。第1はその産業の競争者が同質的な製品サービスを提供していること、そして第2は市場規模に対して競争者数が多いので、すべての競争者が存続できないことである。

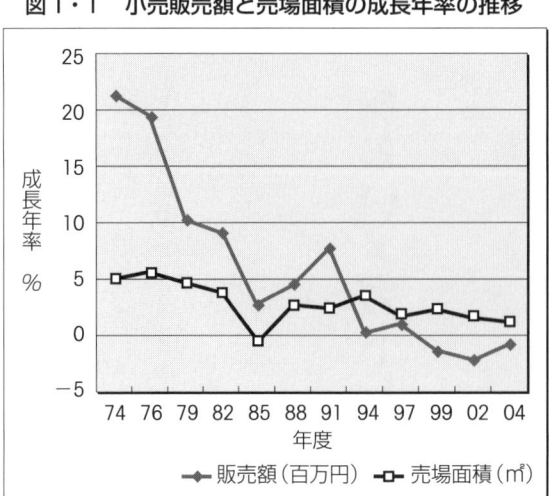

図1・1 小売販売額と売場面積の成長年率の推移

データ源：商業統計より作成

これらの基準に照らしてみると、流通産業での近年の競争は過当競争とはいえない。たしかに、売場面積の伸びが小売販売額の伸びを超えているという点では、第2の基準を満たしている。しかし、第1の基準を満たしているとはいえない。流通産業ではその競争の大部分は本質的に同質競争ではない。とくに小売段階での競争は、本来的に業態を通じての差別化競争であり、また地理空間上の空間競争をその基本的特徴とするからである。

まず、小売段階での競争が業態を通じての差別化競争であるという特徴は、流通産業の競争を同質競争ではなくて異質

4

競争にする。小売店舗では同じ商品カテゴリーでも、百貨店、GMS（総合量販店）、専門店、コンビニ、一般業種店など多様な業態を通じて販売されている。業態によって、立地、品揃え、価格、接客サービス、カード特典など、その小売ミックスはかなり異なり、多様な形で差別化されている。これらの異業態が同じ市場で多様な差別化競争をするから、小売競争は本来的に多元的な異質競争である。

次に、流通産業での競争は店舗間競争である。それは各店舗が地理空間上でその商圏を奪い合うという空間競争である。各店舗の商圏の地理的範囲は比較的狭く、部分的に重なり競合を含みながら、空間市場で鎖状的に連結している。このため店舗間の競争は店舗間の距離が離れるにつれてますます少なくなっていく。例えば東京の百貨店と大阪の百貨店の間にはほとんど競合関係がない。つまり、共通の顧客を奪い合うという関係にはないのである。このように競争がある一定の地理的範囲に限られるということが空間競争の特質である。

差別化と空間にわたる競争によって、流通産業は同質的競争から遠く隔たっている。このような流通産業での本質的な特質は、小売販売額の成長率を超える率で売場面積が成長しても変わることはない。それではこのメガトレンドは何を意味しているのだろうか。それは流通産業の競争が淘汰競争に変わったということである。

淘汰競争は競争力の強い店舗が競争力の弱い店舗を市場から消滅させていく競争である。

競争者のかなりの部分が市場から排除されるという点と、勝者と敗者が明確であるという点にある。過当競争は同質的な製品・サービスを提供する競争者が需要に対して過多であるから、誰が敗者になるかは明確ではない。どの競争者も敗者になる可能性がある。ところが淘汰競争では、同じ市場での競争者間で圧倒的な競争力格差が生じ、これによって競争力の劣った競争者が排除される。淘汰競争での勝者と敗者はきわめて明確に区分できる。

圧倒的競争力を持つ店舗はしばしば市場でのキラー（殺し屋）と呼ばれる。米国におけるコストコ、トイザらス、ホームデポなどのカテゴリー・キラーはその例である。小売店舗の品揃えは店舗によって多様である。キラーが特定カテゴリー（商品分野）の専門店として登場するとき、それはカテゴリー・キラーと呼ばれる。カテゴリー・キラーの目標はそのカテゴリーを支配し競争を消滅させてしまうことである。*1

いくつかの例を挙げれば、米国ではトイザらスの登場によって、荒物屋の多くが消滅した。ヤマダ電機など大型家電専門店の登場は、中小家電店の多くを淘汰し、しまむらなど衣料大型専門店の家電売場の多くを消滅させた。コンビニは近隣の零細な加工食品店を淘汰しただけでなく、総合量販店は中小都市の衣料雑貨店の多くを消滅に追い込んだ。

キラーと呼べる競争者はカテゴリー・キラーだけではない。小売店舗は比較的狭い範囲の地域市場で競合している。このような市場では、個々の商品カテゴリーを超えて、既存商業集積そのものを消滅させるキラーが現れる。近隣商店街しかないような地域市場で、巨大なショッピング・センター（SC）が登場する場合などがそれである。この場合、近隣商店街は壊滅的影響を受ける。空き店舗が増え、死にいたる病への道をたどる。

このようなキラーは集積キラーと呼ぶことができよう。

カテゴリー・キラーにせよ集積キラーにせよ、彼らの目から見ると、競争力が圧倒的に劣る競争劣位者とは映じない。それは馬車が自動車に駆逐されていったような競争と同じである。キラーの設定商圏内に競争劣位者が存在しても、それはその商圏内の消費者の愛顧を競い合う相手ではない。キラーの進出はその商圏内の需要のみを考慮して決められる。進出すれば劣位者の顧客をすぐに奪えることが明らかだからだ。小売販売

額の伸びを超える売場面積の増加はその背後にこのような淘汰競争がある。

個人店舗から法人店舗へ

この淘汰競争で市場から消えていったものは誰か。その最大の共通した特徴は個人店舗である。個人商店の激減と法人店舗の増加、これが第2のメガトレンドである。

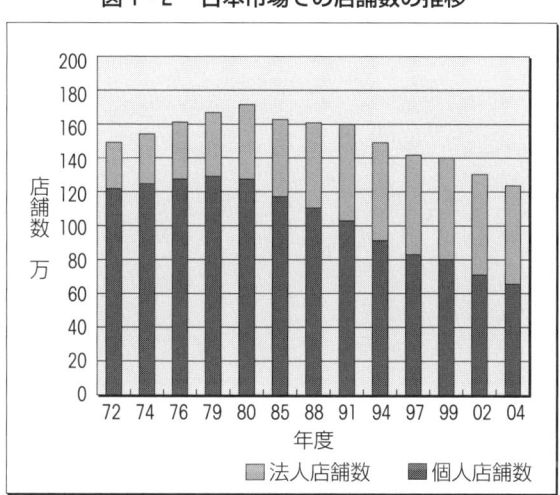

図1・2　日本市場での店舗数の推移

データ源：商業統計

図1・2に示すように、個人商店数は1979年に最高に達して129万店あった。その後減少して、2004年には約半分の66万店にまで激減している。これに対して、法人店舗は1979年時点では38万店であったが、2004年には約58万店に増加している。

高度成長期の1972年には我が国の小売店舗の82・2％が零細な個人商店によって占められていた。個人商店の大部分は生業店である。その特徴を要約的に示せば、経営目的が生計の維持にあること、従業者が家族であること、そして経営と生計が未分化であることなどである。これらの特徴によって、生産性はきわめて低い状態にあった。この種の店舗の大半が地域や近隣の商店街に集積してきたが、人口郊外化など市場環境が変わってもその立地場所を変えることを指向としても嫌い、またリスクを伴う経営革新をほ

とんど行ってこなかった。[*2]

このような多数の個人商店の存在によって、小売店舗の過多性、零細性、生業性を基本特徴とする小売商業構造が形成されていた。そしてこの小売構造が多段階の流通経路構造を支え、日本の流通産業の低生産性を生み出していた。日本経済が高度経済期をへて経済発展国に列するようになっても、個人店舗数は減少するどころかかえって増加した。こうして、経済発展国になっても流通産業はその構造や成果から見ると、依然として発展途上国並みであるという特質は、日本型流通システムとして国際批判にさらされた。[*3]

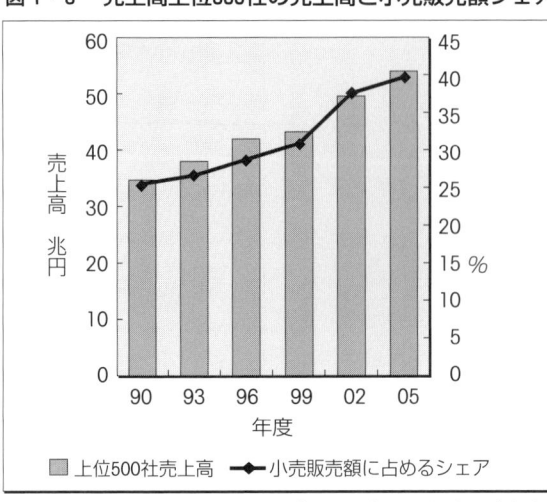

図1・3　売上高上位500社の売上高と小売販売額シェア

データ源：売上高は日経流通新聞、「流通経済の手引き」の各年度版より作成。小売販売額シェアは商業統計による。

少なくとも80年代に入るまで個人商店が増え続けた最大の理由は、高度経済成長が生み出した市場のスラック（ゆるみ）である。市場スラックは需要の伸びに供給が追いつかない時に生じ、効率性の低い店舗でも市場に存続させる。高度経済成長期には人口の都市集中や郊外化によって、店舗あるいは売場面積の供給がそれに追いつかない地域が多く発生した。顧客がたくさんいても、店舗が少なく、生産性の低い個人商店でも市場に残存することができた。

しかし、80年代の安定成長に入ると次第に少なくなった。さらにバブル崩壊後、日本経済は長

い減速経済に突入し、消費停滞によって市場のスラックは完全に消滅した。90年代に入って個人商店が加速度的に減少していくのは、市場スラックの消滅とキラーとの遭遇の相乗効果である。

流通産業の主要な担い手は、個人商店から法人店舗に変わりつつある。これらの法人店舗の多くは各地に多店舗展開する流通企業の傘下にある。これらの流通企業のうち、売上高上位500社を取り上げてみよう。その売上高と日本の小売販売額に占めるシェアの推移は、図1・3に示されている。バブル崩壊の消費不況の影響で90年代の小売販売額の成長率は低迷した。しかし、この年代でも上位500社の売上高は一貫して伸びている。とくにマイナス成長となった99年以降にその成長率はより高くなっている。上位500社の売上高が個人商店の売上高を奪うことによって成長したことは確かである。こうして、2005年度では日本の小売販売額の40％は上位500社によって占められることになった。

業態の盛衰

売上高上位500社は、企業規模が中小商店に比べて格段に大きい近代流通企業である。その多くはチェーン・オペレーション、サプライチェーンなど近代流通技術を装備している。業態から見ると、それは百貨店、スーパー、専門店、生協、コンビニなどからなる。近代流通企業は個人店舗に代わって流通産業の主要な担い手になった。ある一定以上の企業規模を持ち、近代的な流通技術を装備しなければ、市場で存続できない時代が到来したのだ。

しかし、近代流通企業であれば安泰であるというわけではない。淘汰競争は近代流通企業をも巻き込んでいる。これをもっとも象徴するのは、図1・4に示す業態間での激しい盛衰である。これが第3のメガトレンドを

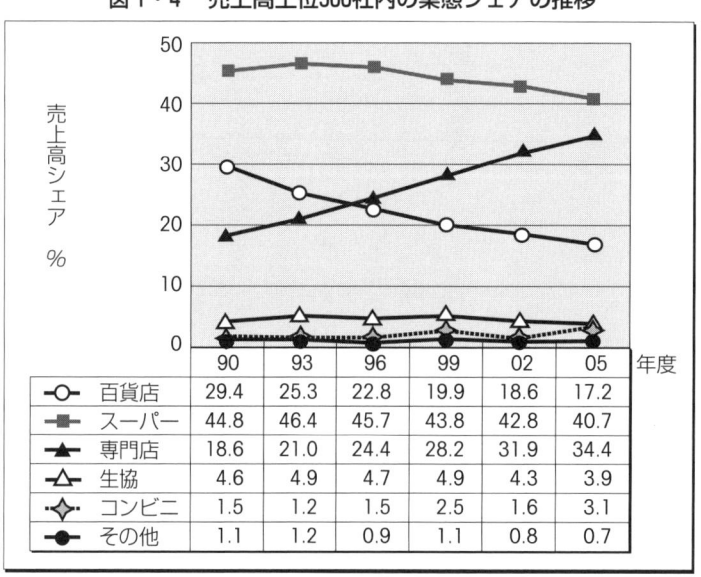

図1・4　売上高上位500社内の業態シェアの推移

	90	93	96	99	02	05
百貨店	29.4	25.3	22.8	19.9	18.6	17.2
スーパー	44.8	46.4	45.7	43.8	42.8	40.7
専門店	18.6	21.0	24.4	28.2	31.9	34.4
生協	4.6	4.9	4.7	4.9	4.3	3.9
コンビニ	1.5	1.2	1.5	2.5	1.6	3.1
その他	1.1	1.2	0.9	1.1	0.8	0.7

データ源：日経流通新聞,「流通経済の手引き」各年度版のデータより作成

形成している。

1960年代に流通革命が始まるまで、大手流通企業といえば百貨店しかなかった。流通革命はその担い手としてスーパーを急成長させて百貨店を凌駕するようになった。ダイエーが三越を抜き小売売上高日本1になったのは1972年である。しかし1980年代になるとコンビニや専門店が急成長を始め出した。そして90年代以降は業態間の盛衰のメガトレンドはますます鮮明になりつつある。

その主要な内容は次のようなものである。1970年代以降の長い間、流通産業の主要業態であったスーパーがバブル崩壊後に停滞し始めた。百貨店も急速にそのシェアを低下させている。これらに対して成長しているのは専門店とコンビニである。コンビニは一貫して成長しているがそのシェアはまだ低い。専門店は経済停滞期の90年代に急成長し大幅にそのシェアを伸ばしている。96年以降百貨店のシェアを抜き、2005年にはスーパーのシェアに肉薄するようになった。

2 主戦場としての大都市圏

立地産業としての小売業

最近十数年間での流通産業のメガトレンドを総括すれば、小売販売額を超える売場面積の増加による淘汰競争が行われていること、この競争での勝者は近代流通企業であり敗者は生業的な個人店舗であるということ、そして近代流通企業が展開する法人店舗でも業態間で激しい盛衰があるということである。このようなメガトレンドは種々な角度からその詳細を分析することができる。

例えば、個人商店の多くが集積する商店街を取り上げてその衰退や再生を問題にすることができる。また、急成長している専門店企業を取り上げてその成長のメカニズムを事例的に研究することもできる。さらに、百貨店や総合量販店など異業態を取り上げてこれらの業態がなぜ凋落したり停滞したりするようになったかを検討することもできよう。しかし、これらの視点は流通産業のメガトレンドの詳細を分析する視点としてはあまりにも局所的である。

本書では、これらの視点を包括するより広い視点に立って、メガトレンドの詳細を検討してみよう。その視点とは、都市圏小売商業に焦点を合わせて、メガトレンドを生み出した動態を分析するという視点である。都市圏は、人口がある一定水準以上に集中した地理的領域である。それは中心都市とその機能の影響が及ぶ周囲の衛星都市的な市町村からなる。例えば大阪市に立地する小売店舗の商圏、事業所への通勤圏は、行政区画としての大阪市の範囲を超え、周辺の市町村にまで及んでいる。

第1章 流通動態の舞台

このような都市圏には、まず地方中核都市の都市圏がある。しかし、都市圏を代表するのは、首都圏、京阪神都市圏、名古屋都市圏など大都市を超える地方都市圏がある。とくに首都圏や京阪神都市圏では複核の中心都市を含んでいる。首都圏では東京23区、横浜市、川崎市など、京阪神都市圏では京都市、大阪市、神戸市などの百万都市がある。大都市圏での都市化地域は地方都市圏に比べはるかに広大な地理的範囲にまたがっている。最大都市を中心とする都市化地域の距離をとってみても、東京圏は50㎞、大阪圏は40㎞、名古屋圏は30㎞といわれている。

首都圏の範囲を東京都と千葉、埼玉、神奈川の3県に拡がるものとすれば、国勢調査による2005年度速報値の人口は3447万1652人である。これは我が国の人口の27％に当たる。2004年度の小売販売額は36兆7334億円であり、これは全国の小売販売額の27・6％に当たる。京阪神都市圏の場合には、京都府、大阪府、兵庫県で人口は1705万4914人であり、全国の13・3％を占める。同地域の小売販売額は17兆9538億円であり、全国の13・5％である。2大大都市圏をとっただけでも、日本全国の人口の40％、小売販売額の41％がこれらの地区に集中している。

流通産業は立地産業であり、いくら大規模な百貨店やショッピング・センターを開発しても、全国から顧客を吸引することはできない。各店舗の市場は、商圏と呼ばれる比較的狭い地理的範囲に限られている。専門用語としての空間競争という言葉は、このような市場範囲が地理空間的に制約されている競争の意味で使われる。この空間競争の結果、近代流通企業の店舗展開は人口密度の高い地域を主要な舞台にして行われることになる。つまり近代流通企業の発展は都市の発展と不可分な関係にある。

大都市圏は都市がもっとも発展した形態であり、近代流通企業にとっての主戦場である。とくに、首都圏と

京阪神都市圏は全国の人口と小売販売額の約4割が集中しており、流通企業にとって戦略的にきわめて重要な地域である。したがって、最近十数年間での流通のメガトレンドを生成した動態は、大都市圏に集約的に現れていると見なすことができよう。本書ではこの大都市圏を舞台とする流通動態を、流通イノベータによる立地創造とそれによる都市圏小売体系の構造変動という観点から検討しよう。この検討は、本書全体を通じて行われるが、あらかじめ都市圏小売体系とその構造変動の意味について、簡潔な素描をしておくことは本書の理解に資するであろう。

都市圏小売体系の要素と関連

(1) 三種の集計水準

一般に構造という用語は、体系の要素とそれらの関連がどのような骨組みで配置されているのかを示す言葉として使われる。構造変動とはこの骨組みの変化であり、既存要素の消滅や新要素の登場による体系要素の変化と、それに伴う要素間の関連パターンの変化によって生じる。したがって、都市圏小売体系の構造変動を問題にするときには、まず都市圏小売体系の要素が何であり、その関連とはどのようなものであるかを明確にしておく必要がある。このためには、まず都市圏小売体系を、図1・5に示すように、個別店舗、商業集積そして中心地体系の3種の集計水準で複眼的にとらえる必要がある。集計水準とは、体系を微視的に見るのか、言い換えればアリの目をもって体系の要素としての個々の店舗にまで立ち返って見るのか、それとも鳥の目をもって都市圏の全店舗の関連の総体を鳥瞰的に見るのかという視座のことである。

もっとも集計度の低い水準は個別店舗の水準である。都市圏には多数の店舗が地理空間に広がって立地して

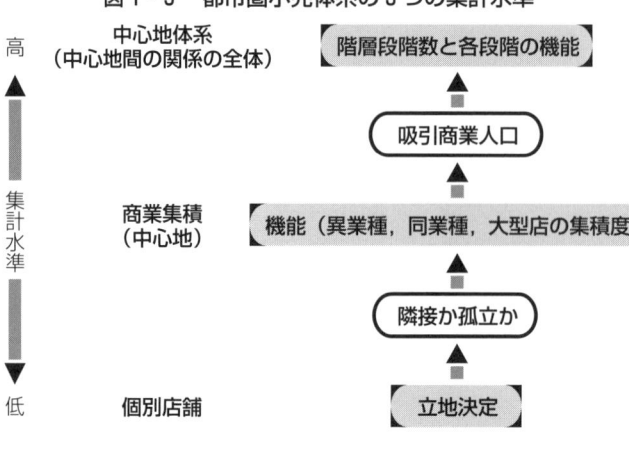

図1・5　都市圏小売体系の3つの集計水準

相互に競争している。これらの個別店舗の立地関係は孤立立地と隣接立地に大別することができる。孤立立地とは他の店舗から離れて立地することであり、隣接立地とは他の店舗に近接して立地することである。ロードサイドのコンビニなどは孤立立地の例であり、商店街を形成している各店舗の立地は隣接立地の例である。

店舗の隣接立地がある地点で続くと、そこに商業集積が生まれる。商業集積は商店街などのように時間をかけて自然発生的に形成される場合もあれば、計画的ショッピング・センターのように一度に形成される場合もある。いずれにしてもこの商業集積が都市圏小売システムの第2の集計水準である。商業集積は商業中心（センター）とも呼ばれ、それが形成される地点は中心地と呼ばれる。商業集積は個別店舗を要素とする体系であるとともに、商店街やショッピング・センターのように集積自体が後述の中心地体系の要素にもなる。

(2) 中心地体系とは何か

大都市圏ではこれらの商業集積が数多く地理空間に広がり、中心地の体系を形成している。中心地の関係は、各中心地の中心地性を通じて識別することができる。中心地性とは、中心地が提供している小売サービス機能（中心地機能）の遂行の程度

のことであり、その尺度には構造基準と成果基準がある。中心地性の構造基準は、商業集積の内容に基づいている。どのような業種が集積しているか（異業種集積）、ある特定の業種についてどのくらいの数の店舗が集積しているのか（同業種集積）、百貨店やGMS（総合量販店）などの大型店がどの程度に集積しているか（大型店集積）である。これらの集積が大きくなると、中心地性も高くなる。

もう1つの成果基準は、商業集積が生み出す成果に基づいて、中心地の機能遂行を測定しようとするものである。この代表的な基準は、その商業集積が吸引する顧客数であり、その中心地の商業人口と呼ばれる。ある中心地の商業人口は、その中心地の商業集積を主要な規定因としているが、他の要因の影響も受ける。その主要なものは、立地場所、周囲人口の地理的分布、そして他の商業集積との競合である。このような空間市場的コンテキストの中で、中心地の商業人口が実際に決まっていく。この結果、商業集積が同じような規模であっても、商業人口に変動（ばらつき）が生じる。

都市圏小売体系には多くの中心地があるが、その中心地性は同じではない。経済地理学者のクリスタラー*4やベリー*5に代表される伝統的中心地理論によれば、中心地間には階層秩序がある。例えば、大都市中心市街地の商業集積は、その商業人口を都市圏全域から吸引する。周辺中核都市の中心市街地の商業集積は、その地域全体から広域的に商業人口を吸引する。その他の中小都市の中心市街地はその都市住民を商業人口にしている。近隣商店街などの商業人口は近隣住民から構成される。大都市中心、広域中心地、地域中心地、近隣中心地、街角ショップ（商業集積未成熟地帯）などという中心地の名称は、このような中心地間の階層秩序関係に従って、中心地を性格付けるために使われてきた。*6

どのような階層に位置するかによって、中心地が吸引する商業人口には格差がある。商業人口を構成する消

費者の居住あるいは就業の地点を地理空間上に同定すれば、商業人口の買い物出向起点の地理的範囲を確定することができる。これが商圏と呼ばれるものである。伝統的な中心地理論によれば、より階層の高い中心地の商圏は、下位階層のいくつかの中心地の商圏を包括している。消費者の観点からいえば、下位中心地の利用者は上位中心地も利用するが、上位中心地の利用者は必ずしもすべての下位中心地を利用するとは限らないということである。

伝統的中心地理論によれば、中心地階層の上昇に伴うこのような商圏の包括関係は、中心地の機能についても見られる。つまり、下位中心地に存在するような業種は、すべて上位中心地の集積業種に含まれている。消費者の観点からいえば、下位中心地で購買できるような品種の商品は上位中心地でも購買できるということである。このような機能面での包括関係が商圏での包括関係を構造的に支えている。つまり、これらの包括関係は表裏の関係にある。中心地体系とは、このような階層秩序関係によって結ばれた都市圏での中心地全体である。中心地体系は都市圏小売体系の骨組みからみた全体像であり、その主要な特質は階層段階数と各段階の機能特質に現れる。

構造変動とは何か

都市圏小売体系の構造変動は、中心地体系の集計水準では、体系の階層段階数や各段階での機能特質の変化として現れる。これらの変化は、新しい中心地体系の構造を生成するような変動であり、体系の新しい発展を意味している。しかし、この構造変動を引き起こしているのは、商業集積や個別店舗の集計水準での変化である。商業集積水準での変化は中心地の興亡という形で現れ、個別店舗水準での変化は流通イノベータの登場と

それに伴う従来店舗の衰退・消滅という形をとる。これらの構造変動を流通メガトレンドとの関連で振り返ってみよう。

個人商店は歴史的に商店街などを形成し、とくに広域、地域、近隣型の中心地での商業集積を形成してきた。個人商店の激減はこれらの中心地の多くが機能不全になったり、あるいは実質的には中心地として消滅しかけたりしていることを示している。個人商店は生業的であり、その立地場所を変えようとしない地元指向を強く持っている。その商圏の人口が減少したとしても、新しい市場機会を求めて店舗移転を行うことは少ない。これに対して、法人店舗の中核は上位500社企業つまり近代流通企業のチェーン店である。彼らはより有利な立地場所を求めて、店舗のスクラップ・アンド・ビルドを基本的な行動パターンにしている。法人店舗比率の増加の意味は、小売中心地体系の個別店舗レベルで、立地行動原理がまったく異なる体系要素の比重が増えているということである。

百貨店は長きにわたって大都市中核や広域中心地での商業集積の中核であった。この百貨店の最近の十数年における凋落は、中心地体系の頂点に位置する大都市中核の機能が変質し始めたことを示唆していないだろうか。百貨店の「百貨」は、あらゆる商品を取り扱っているという意味である。伝統的中心地体系では、体系階層の頂点の中心地は下位階層のあらゆる機能を包括するといわれる。百貨店の「百貨」は、伝統的中心地体系における頂点中心地の包括機能を象徴する言葉である。しかし、この十数年間、百貨店は家電、家具、玩具、さらには紳士服などの売り場を縮小あるいは整理してきた。百貨店の凋落の歴史は、その品揃え範囲の縮小によって、「百貨」が有名無実化していく過程と平行している。

同じことはスーパーについてもいえる。1960年代からの流通革命を推進し、日本の流通の覇権を握った

スーパーも地平線の彼方に落日を見始めている。スーパーの中でもとくに総合量販店は、都市圏での人口郊外化の機会をとらえ、地域、近隣型の商業集積の中核を形成してきた。スーパーの業態シェアが停滞し始めたということは、このような中心地でも機能変化が芽生え始めたことを示唆している。これらの業態に対して、種々の商品分野での専門店の成長は著しい。その急成長は急速な店舗展開なしにはあり得ない。その店舗展開が従来とは異なる立地行動原理に基づいているならば、中心地体系の構造に大きい揺らぎをもたらしているはずである。

立地創造

都市圏小売体系は都市圏という地理空間で形成される小売商業の体系であり、その全体的骨格はその中心地体系に示される。それは個別店舗の立地パターン、それによって形成される各地の商業集積の中心地性が地理空間にまたがって取り結ぶ階層関係の総体である。都市圏小売体系の構造変動は、この中心地体系の構造(中心地の機能と階層関係)変動として現れるが、それを引き起こす最大の要因は流通イノベータによる立地創造である。本書では新しいショッピング・センターや急成長する専門店をこのようなイノベータとしてとらえている。

立地創造とは、従来は出店適地と見なされなかった地点に、店舗や集積の新しいフォーマットで進出し、その立地点を新しい商業適地として、また新しい商業集積地として創造することである。多くの場合、立地創造は新しい立地行動原理に基づいている。立地創造は中心地体系におけるシュムペーター[*7]のいう革新に他ならない。立地創造はたんに商業集積や店舗が新しい地点に立地するというだけでなく、そのような立地を可能にす

る業態や買い物施設・店舗のフォーマットの革新を含むものである。したがって立地創造者は同時に流通イノベータでもある。都市圏小売体系の構造変動を過程として分析するには、流通イノベータによる立地創造とそれによる中心地体系の構造変動という視点が不可欠である。

空間競争の観点から見ると、立地創造の基本的性格は、中心地体系における既存の立地独占への挑戦にある。立地独占は小売競争が地理空間にまたがる競争であることから生じる。小売店舗の市場範囲は地理空間的に制約されている。ある地点での立地によって、店舗が吸引できる顧客範囲が地理的に制約されている。個々の店舗の商圏が重層的・鎖状的に重なる地域市場で、消費者からのアクセスが便利な地点は人口の地理的分布や交通体系によって決まり、その数は限られている。このような立地は好立地と呼ばれ、ある店舗がそれを空間的に占拠すれば、競争店舗は同じ地点に立地できない。

このような好立地を占拠すれば、その立地者は空間競争で安定的な競争優位性を持つことになる。どの程度に好立地であるかはその地価が反映している。中心地体系での既存の商業集積は、人口の地理的重心に好立地を占めている。また、ある商業集積内部でも駅前立地や歩行者動線のたまり場など好立地に立地する。いわゆる好立地を占めている。商店街や百貨店などはこのような好立地の具体例である。また郊外の人口集積地の重心に立地するスーパーなども、好立地の具体例としてあげることができよう。

立地創造はこのような既存の立地独占への果敢な挑戦である。中心地体系の構造変化はこのような立地創造を駆動因にしている。立地創造に成功すれば新しい商業集積が形成され、それが空間競争を通じて、中心地の

3 理論事例としての京阪神都市圏

地理的範囲

都市圏での中心地体系は、京阪神都市圏のような一定の地理空間における、中心地間の相互的な競合・補完関係のネットワークである。その構造変動を実証的に検討しようとすれば、その実証対象を特定の地理的領域に限定して、そこでの中心地間の関連を調べなければならない。中心地理論を構築・検証するに際して、クリスタラーが南ドイツの地域を、またベリーがシカゴ都市圏を選び、実証の舞台をある地域に限定したのはこのためである。

本書でも同じように特定の都市圏を事例として取り上げよう。選択の対象はまず地方都市圏よりも、東京、名古屋、京阪神の三大都市圏である。地方都市圏における中心地体系の諸特質のほとんどは、大都市圏に含まれている。例えば、地方中核都市の中心市街地の機能問題は、大都市圏での広域中心地や地域中心地の問題に類似している。

地方都市圏よりも大都市圏を選択する理由はこれだけではない。他の理由は大都市圏が中心地体系の構造変

図1・6　京阪神都市圏の地理的範囲
夜間人口の密度が500人（1km²）以上の連接地区

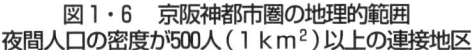

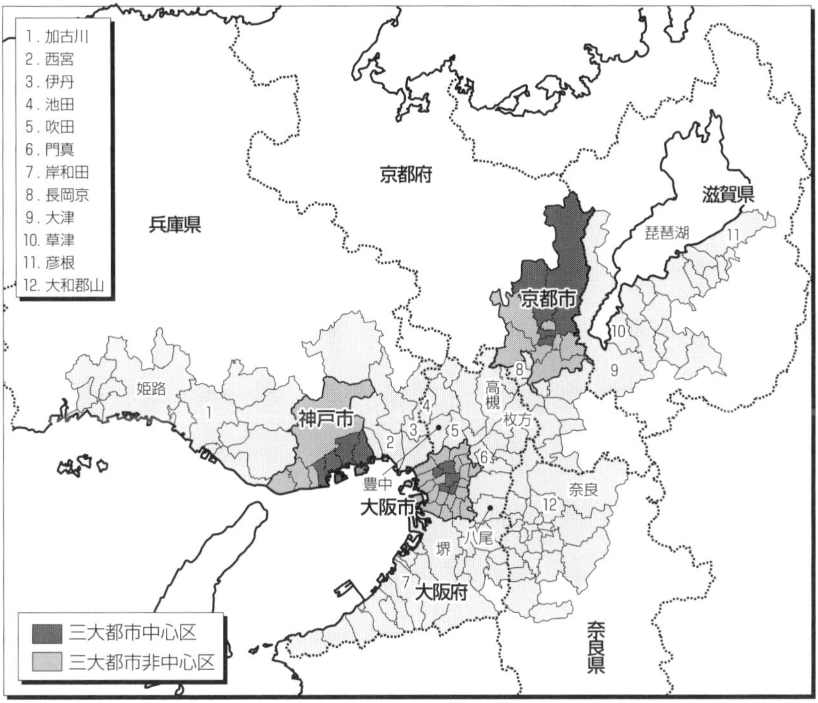

1. 加古川
2. 西宮
3. 伊丹
4. 池田
5. 吹田
6. 門真
7. 岸和田
8. 長岡京
9. 大津
10. 草津
11. 彦根
12. 大和郡山
京都府
兵庫県
滋賀県
琵琶湖
京都市
姫路
神戸市
高槻
枚方
豊中
大阪市
奈良
八尾
堺
大阪府
奈良県
三大都市中心区
三大都市非中心区

データ源：2000年国勢調査

化の代表事例だけでなく、先端事例[*8]としての性格を持っているからである。大都市圏は我が国の小売商業の大半が集中し、地方都市圏とは比較にならないほど大規模で複雑な中心地体系を形成している。この意味で大都市圏は中心地体系の構造変化の代表事例である。また、流通産業の主戦場として立地創造上のもっとも重要な革新が多く見られるという意味で、大都市圏は中心地体系の構造変化の先端事例と見なすことができる。大都市圏では中心地体系の将来を示す種々な先端的兆候が多様な形をとって現れている。

三大都市圏のうちで、本書では京阪神都市圏を事例として選択する。その理由はまず筆者にとってより多

くの関連データが利用できるからである。さらに、東京都市圏に比べると、京阪神都市圏の地域経済基盤は一段と沈下しており、この環境条件は全国の多くの地域経済とより共通しているという事情が付け加わる。

しかし、本書は京阪神都市圏の単なる実例研究ではなく、理論事例研究である。理論事例研究のねらいは、関連する理論についての、新しい変数、仮説、因果メカニズムなどを新たに発見したり、あるいはこれらについての既存理論の妥当性やその適用可能範囲を検証したりすることにある。このため、理論概念の実例として事例をとりあげるのである。つまり、本書では中心地体系の構造変化や立地創造という理論概念の実例として京阪神都市圏を研究する。そこで検証される種々な仮説は、他の都市圏における中心地体系や立地創造に関しても適用可能であると期待している。

京阪神都市圏の地理的範囲は、しばしば京都府、大阪府、兵庫県の2府1県にデータ操作の容易性から便宜上設定される場合が多い。しかし、京都府や兵庫県の北部は山野、田畑が広がり、とても都市圏とはいえない。また京都市の中心区は琵琶湖の西南岸部（滋賀県）の一部を、また大阪市の中心区は奈良県北部をその商圏域にしている。これらの地区は京都や大阪の都市部と実質的には連なっている。商業集積を行政区画としての都市よりももっと狭い範囲でとらえ、その競合や依存関係を詳細に検討するには、京阪神都市圏の実質的な地理的範囲をより正確に確定することが必要である。

このような考慮に基づいて、以下でいう京阪神都市圏は、京都府南部、大阪市全域、兵庫県南部、滋賀県の琵琶湖南西岸部、奈良県北部を含む地理的範囲である。このような地域は図1・6でいえば、夜間人口の1km²当たりの密度が500人以上で、かつ連接している地域である。

22

(1) 地理的単位の選択

本書の実証研究は最新の商業地理データベースに基づいている。大都市圏で多様な業種がどのように立地し、どのような商業集積を形成しているのか。これについて従来は行政区画としての市町村を地理的単位として、業種を日本標準産業分類でとらえる若干の研究が行われてきた。しかし、商業集積の地理的単位としては市町村はあまりにも広すぎる。これによっては近年生じている中心地体系の構造変化の詳細をとらえることはできない。本書では各店舗の地理上の位置を同定するために、京阪神都市圏を1kmのメッシュに区画する。その際、京阪神都市圏は1kmの正方形（グリッド）、8184個から構成されることになる。

空間データ基盤としてのグリッド・サイズとしては、1km以外にも種々なサイズを選ぶことができる。どのサイズが適切であるかは、研究課題によって異なる。本書の主要な課題は、小売中心地体系の構造変化である。このような中心地としての商業集積という観点から見ると、500m など、1km未満のグリッド・サイズでは、例えば梅田、心斎橋、難波などでの巨大商業集積を単位として捕捉するにはあまりに狭すぎる。一方、グリッド・サイズを2kmなどに拡大すると、とくに商店街など中小規模の商業集積について、複数の商業集積を集計的にしかとらえられなくなる。

市町村の代わりにメッシュで商業集積をとらえようとする主要な理由は、都市化地域の内容がクリスタラーの時代と現在では大きく異なっているからである。クリスタラーの時代（1920―30年代）では、人口の都市への集中はそれほど進行していなかった。各市町村は原野、田畑等に区切られ明確に区分できる地理的境界を持っていた。各市町村での主要な商業集積は、消費者の主要交通手段が徒歩と公共交通であり、都市人口

集積もそれほど大きくなかったので、多くの場合単核であり中心市街地に限られていた。また人口郊外化などはなかったので、郊外立地の大型店やショッピング・センターは存在していなかった。このような状況では市町村を集積場所単位として分析しても大きい概念上の問題は発生しない。

しかし、現在においての都市化の状況はまったく異なっている。とくに小売店舗が集積する代表的な地理空間としての大都市圏でそうである。大都市圏は複数の中核都市とその衛星都市群から形成されている。これらの都市群は、相互に原野、田畑によって区切られることなく相互に面的に連接して広がり、景観的には各都市の地理的境界を明確に判別することができない。

例えば京阪神都市圏では、中核都市は京都、大阪、神戸の3都市である。これらの中核都市には高密度の人口集積がある。人口の郊外化によって、これらの中核都市を取り囲むように多数の衛星都市群が形成されている。大都市圏内の各都市は網状の公共交通機関によって結ばれているだけではない。高速道路も網状に配置され、消費者は自動車を使えば多方向に自由に移動できる。

大都市圏では小売店舗は多様な形で集積する。中心市街地が複核化する場合がある。例えば大阪市では梅田、心斎橋、難波、阿倍野など複数の中心商業核がある。また衛星都市の中でも人口集積がある規模以上になると、中心市街地の中心商業核に対抗できるような商業核が現れる。さらに、自動車による買い物客を標的にした巨大なショッピング・モールやショッピング・センターが中心商業核以外にも形成される。

市町村を集積場所の分析単位とするかぎり、大都市圏の中心地体系を十分に分析することはできない。商業集積も中心市街地、広域中心地、地域中心地、近隣中心地という伝統的なタイプだけでなく、道路サイドの計

画的ショッピング・センターなどの商業集積、新車と中古車などの各種の専門化した商業集積が形成される。都市化が世界に先駆けて進み、車社会が普及した米国のシカゴ大都市圏の商業集積について行った、ベリーの実証研究[*9]は、このような大都市圏での商業集積の多様性を示している。集積場所の分析単位として市町村の代わりに、1 kmメッシュを採用するのは大都市圏でのこのような商業集積の多様性を分析するためである。

(2) 業種カテゴリーの選択

また、本書では最新の業種カテゴリーを使って実証研究を行う。従来、よく利用されてきた日本標準産業分類は、たとえその細分類を利用しても、流通の動態を分析するための業種分類としては荒すぎる。とくに問題はその業種カテゴリーが時系列的な接合の必要性から長期にわたって固定されているため、いくつかのカテゴリーは陳腐化しており、流通の動態をとらえるには不十分である点にある。

つい最近にいたるまで、より現実的な多様な業種カテゴリーのメッシュ・データを用いて、中心地体系を検討することは、利用データの制約や調査費用の点からできなかった。しかし、このような事態は近年での地理情報システム（GIS：Geographic Information System）の発展によって急速に改善されつつある。このシステムは地理的位置を手がかりに、位置に関する情報を持ったデータ（空間データ）を総合的に管理・加工し、視覚的に表示し、高度な分析や迅速な判断を可能にする技術である[*10]。我が国でも、全国の町丁コードや基準メッシュ・コードの標準化などによって国土空間データ基盤が整備され、この基盤をプラットフォームにして、多様な統計・調査資料からリレーショナル・データベースを構築できるようになった。

表1・1　京阪神都市圏での業種別店舗数　2006年

業種	店数計	業種	店数計	業種	店数計	業種	店数計
酒店	8,004	時計店	1,226	下着販売店	417	テニスショップ	99
薬局	6,326	インテリア用品店	1,205	デパート	413	みそ販売	84
電器店	5,434	贈答品店	1,188	洋服店	396	切手・コイン販売	81
コンビニエンス店	5,041	洋品店	1,166	祝儀用品	394	菓子店(豆菓子)	81
自動車販売	5,041	家具店	1,150	ホームセンター	381	人形店	64
米店	4,171	カメラ店	1,089	ジーンズショップ	369	小鳥ペット店	63
婦人服店	3,895	豆腐	1,084	洋服店(学生服)	360	装粧品店	50
化粧品販売	3,522	紳士服店	1,046	ゲームソフト販売	349	スキー・スノボショップ	44
生花店	3,289	スポーツショップ	1,040	ファンシー店	346	旅行用品店	42
ガソリンスタンド	3,193	茶販売	1,001	真珠	309	囲碁・将棋用品	38
ブティック	3,084	園芸店	981	魚ペットショップ	300	菓子店(あめ類)	36
スーパーストア	2,870	書画・骨董品商	929	和装小物	278	鮮魚店(活魚)	33
菓子店(和菓子)	2,778	総(惣)菜店	916	模型	266	アダルトショップ	31
呉服店	2,648	靴下	883	菓子店(せんべい)	264	アニメショップ	30
菓子店(洋菓子)	2,471	婦人洋品店	825	アイスクリーム	254	パン製造・直販	24
中古車販売	2,407	衣料品店(制服・作業服)	767	洋裁店	245	マージャン用品	23
パン店	2,237	洋服店(注文服)	755	ベビー・マタニティー用品	237	アウトレットモール	20
オートバイ販売・修理	2,235	電気機器販売	753	日本人形	234	ラッピングショップ	18
自転車	2,209	古本	706	中古CD・DVD・ビデオ	215	ペットフード・用品販売	16
めがね店	2,169	子供服店	690	絵具・絵画材料	198	鳥獣商	14
食料品店	2,159	楽器商	686	手袋	186	かさ販売	13
食肉店	2,037	かばん・ハンドバック店	681	模型(ホビーショップ)	182	革コート店	12
薬店	1,973	履物	660	鮮魚店(川魚)	173	郷土物産店	12
書店	1,910	CD・DVD・ビデオ店	655	食器	172	スポーツファングッズ	11
宝石・貴金属店	1,903	ディスカウント店	652	毛皮	149	祭り用品店	11
衣料品店	1,870	ペットショップ	626	乾物店	143	ワイシャツ店	10
文具・事務用品店	1,858	コンタクトレンズ	588	帽子	136	かに販売	9
鮮魚店	1,734	くだもの店	583	フォーマルウェア	132	レザークラフト販売	8
青果物店	1,638	外車販売	565	サーフショップ	127	宝くじ・スポーツくじ販売	6
自動車部品用品店	1,634	ゴルフショップ	544	かさ店	126	ペットショップ(昆虫)	4
日用品雑貨店	1,604	ししゅう	525	漆器店	105	おやき	1
表具・表装店	1,407	おもちゃ店	521	質流れ品	101		
菓子店	1,332	犬猫ペット店	485	アウトドア用品	100		
靴店	1,253	紳士洋品店	477	ネクタイ	100		

データ源：NTT職業別電話帳（タウンページ）

各グリッドにどのような業種店が立地しているのか。このデータ源として、本書では、NTTの職業別電話帳（タウンページ）データベースを利用する。このデータベースを利用する理由は、商業統計表と比べると、その業種カテゴリーがさらに詳細で最新であるだけでなく、本書で分析の中心になる店舗数データがより正確と思えるからである。職業別電話帳での小売店舗は、店舗経営者が希望する業種名カテゴリーで登録されている。その主要な小売業種は物販だけに絞ると、表1・1に示す137種である。それは商業統計表での日本標準産業分類に基づく業種カテゴリーよりもはるかに詳細であり、消費者が業種を認識する枠組に合致している。さらに商業統計表では調査員にたよるため、店舗の調査もれが発生するのに対して、職業別電話帳は電話設置に基づいているので、その店舗数捕捉ははるかに正確であると考えられる。

中心地体系の構造分析では、異業種集積か同業種集積であるかの判定が重要な意味を持っている。中心地階層がどのような機能を遂行しているかは、主としてその階層に立地する業種内容に基づいて判断されるからである。しかし、異業種であるかどうかは、業種分類の仕方に大きく依存している。特定の2業種を取り上げた場合に、それが同業種であるのか異業種であるのかをどのように判断すればよいのだろうか。従来の実証研究はこの判断基準を統計的な産業分類カテゴリーに基づいている。日本標準産業分類など、この種のカテゴリーに基づく場合の問題点は、同種か異種かの判別が分類カテゴリーの集計水準によって変動することである。

例えば、細分類では野菜小売業と果実小売業は異業種であるが、小分類では野菜・果実小売業となり同業種になる。また、集計水準の問題は別にしても、小売業の品揃え構造はきわめて複雑であり、異業種間でも品揃えの複雑な重複関係がある。さらに百貨店や総合量販店などを異業種・同業種という分類体系の中でどのように取り扱うのかという問題がある。

これらの問題を解決するような同業種か異業種かの明確な判断基準はない。現実において、各業種はそれらの類似性を測る尺度の連続体上に分布しているからである。したがって、実証分析に際して取り得るアプローチは、できるだけ細かいカテゴリーに基づいてデータを収集し、その分類体系に基づいて異業種・同業種の判断をしていく以外に方法がない。この意味で職業別電話帳をデータ源とするGISは、業種別の地理的分布を検討するにはもっとも適切なデータである。ただし、デパート数に関しては注意が必要である。通常の百貨店だけでなく、寄り合いデパートを含んでおり、さらに、1百貨店に複数の電話があればその電話数に応じてデパートとして計上されるからである。

京阪神都市圏で、これら137業種の店舗の総数は、2006年度時点で、13万4129店である。これらの業種がどのグリッドに立地しているかを同定すると、何らかの業種の店舗が少なくとも1店以上存在する有店グリッドは3788か所ある。この有店グリッド地域がこの研究の分析対象になる。有店グリッド以外のグリッドは、山林、田畑、飛行場、工場、港湾施設、湖沼・河川などによって占められている。

本書で利用するデータベースは、この1kmメッシュの枠組で、職業別電話帳データだけでなく、中心地体系の構造変化に関連すると考えられる各種データを統合したリレーショナル・データベースである。各種データは国勢調査、住民基本台帳、商業統計、地価調査など政府統計だけでなく、日本ショッピングセンター協会によるショッピングセンター・データベース、専門店企業のウェブサイトから収集された専門店立地データなどから収集されている。

さらに、商業集積の機能を多角的にとらえるため、筆者が企画した消費者サーベイ・データを利用する。その主要なものは京阪神消費者サーベイと阪神地区消費者サーベイである。京阪神消費者調査はインターネット

28

を通じて、京阪神都市圏在住の消費者を対象に層化抽出法により2007年度に実施された。回収標本数は3071票で、そのうち女性48％、男性52％である。年齢層は20歳以上のあらゆる年齢層を含んでいる。また阪神地区消費者調査は、阪神地区に居住する主として各年代の女性（94・1％）を対象に、留め置き方式で行われたサーベイで2004年に実施された。その目的は都心、郊外ショッピング・センター、専門店についての買い物パターンを調べることであった。これらの消費者サーベイ・データは、中心地の機能をより詳細に解明するために以下で利用されることになる。

観察期間の特質

理論事例研究では観察期間の始めと終わりを明確にしておかねばならない。本書では、中心地体系の変化を1999年と2006年の比較によって検討する。2006年度はNTT職業別電話帳に基づく多様な小売業種のメッシュ・データベースが得られる最近の時点であり、1999年度はその種のデータが得られるもっとも古い時点である。しかし、この比較分析はたんにデータの利用可能性から行われるのではない。もっと重要な理由は、この期間が日本流通システムの新しい構造をまさに発生させようとしている最初の期間だからである。まず、この期間の時代的背景を簡潔に展望しておこう。

1993年から始まったバブル経済の崩壊は、高度経済成長以降、長く続いた日本経済の仕組みを根本的に破壊した。不良債権の累積により金融システムは危機に直面し、急激な地価下落が続き、デフレが進行した。失業率が年々高くなり、消費者は生活防衛のため消費支出を抑え、エンゲル係数が上昇した。これに伴うバブル不況は1998から99年にかけて底に達した。それを象徴するのは代表的な経済指標の新記録である。完

全失業率は月ごとに過去最悪記録を塗り替えていった。98年10月には、日経平均の株価は、1986年以来12年ぶりに1万3000円を割った。年末の12月に発表された日銀短観による景況感はバブル後の最悪水準に達している。

1999年になっても、地価下落はとまらず、完全失業率も過去最低記録を塗り替えた。完全失業率は4・9％で300万人以上の失業者が街にあふれた。しかし、同年の後半になると、いくつかの新しい経済指標は好転し始めた。完全失業率は下げ止まり、日銀短観で見る景況感も改善し始めた。いくつかの新しい経済政策が始動し始めたのもこの年である。これらの経済政策は、金融再生、産業活力再生、経済新生など、再生、新生をスローガンにして登場した。これは、1999年が日本経済の仕組みの転換点にあたっていることを示している。

このような日本経済の動向を背景に、流通産業も同じ時期に大きい転換点を迎えた。それを象徴的に示すのは、流通企業トップ・グループ間の再編である。1999年1月に中内功ダイエー社長が経営不振の責任をとって退任した。同氏は経済成長期以降、日本の流通産業を先導してきたダイエー・グループのカリスマ経営者であった。同氏の退任以降、日本最大の流通グループは急速に解体されていった。ダイエー本体は紆余曲折を経てイオン・グループの傘下に入った。イオン・グループは同じように、マイカル（1998年度売上高ランキング4位）もその傘下におさめている。同じように、ダイエー・グループの基幹企業、西武百貨店はセブン＆アイ・ホールディングズ（イトーヨーカ堂グループ）の傘下に入り、西友は流通外資ウォルマートに買収されて解体の道をたどった。同グループと流通産業の覇権を争ってきたセゾン・グループも経営不振によって解体の道をたどった。

1998年度の小売業売上ランキングで見ると、ダイエーは1位、マイカルは4位、西友は6位、西武百貨店は9位である。トップテンの半分近くが再編の対象になるということはこの再編がいかに激しかったかを物語っている。再編はトップテン以下の企業にも及んでいる。多くの百貨店は売上高の年々の低下に苦しんだ。その中でもそごうは倒産し、セブン&アイ・ホールディングスの傘下に入った。量販系や専門店チェーン系でも、高度経済成長期以降、名を知られた多くの企業が経営不振に陥り吸収合併の対象になった。

 1999年度から始まる数年間はこのような再編劇だけでなく、まったく新しい動きが始まった数年間でもある。まず、流通の国際化がある。流通外資の日本市場参入は黒船の再来と騒がれた。ウォルマート、カルフール、テスコ、コストコなど世界を代表する企業の参入だけではない。イケアなどの専門店の参入や、ルイヴィトン、エルメス、シャネルなどの大型路面店の展開が始まったのもこの期間である。日本企業の中では、大丸など海外店の閉鎖の一方で、先端的なコンビニや専門店が国際化に本格的に取り組み始めた。

 次に、インターネットの普及によるネット通販の成長がある。1999年9月にはヤフーがネットオークションを始めた。時を同じくして、バブル不況の中でも売上を急速に伸ばしてきたファーストリテイリングが10月に、無印良品が9月にネット通販を始めた。2000年10月にはネット通販の世界的企業アマゾン・ドット・コムが日本に進出した。またこの間にベンチャー企業、楽天などが急成長を達成している。

 1999年から現在までにいたる期間は、まさしく流通産業における新しい構造の発生期であるといえよう。しかし、現在でも流通の大半は店舗を通じて行われる種々なネット通販による無店舗販売は急速に成長している。そしてこの店舗による流通の主戦場は大都市圏である。1999年から2006年までの期間に大都市圏での小売商業がどのように変質しようとしているのか。それを観察することは、リサーチ・デザインか

らみて戦略的意義があるといえよう。

4 分析の視角

中心地の機能基盤としての業種集積

中心地体系にどのような構造変化が生じているのだろうか。この問題の検討にはいくつかの準備作業がいる。

まず、変化を問う前に、中心地体系の構造を大量のデータから識別しなければならない。通常、構造は特定時点の中心地体系について識別することができる。構造変化は時点間で構造が異なっているとき生じている。したがって、比較に使う時点を選び、両時点での構造の比較が必要になる。

しかし、構造の比較のためには、何が中心地体系の構造であるのかを明確にしておかねばならない。中心地体系の構造は、中心地階層の数、各階層での中心地数、各階層での中心地の機能、そしてこれらの中心地の地理空間上での分布様式などによって特徴付けられる。都市圏にどのような中心地体系が存在するのか。中心地体系の階層を識別する基準になる要因である。その導出とは、このような構造を明確にすることである。その際に重要になるのは、中心地体系の階層を識別する基準になる要因である。

中心地の階層は一般に中心地の中心地性によって識別される。中心地性とは中心地機能が発揮されている程度である。前述のように、中心地性には2種の基準がある。1つは機能成果である。これは中心地がそのサー

ビスを提供している消費者数などによって測られる。もう1つは機能基盤である。これは中心地の機能を生み出す構造基盤である。中心地体系を導出する際には、機能成果や機能基盤によって各中心地を特徴付けなければならない。その際、理論的に概念化がより難しい基準は機能成果や機能基盤よりも機能基盤である。

中心地体系の伝統理論は、中心地体系の機能基盤として、とくに中心地に集積する業種数やその業種内容に注目した。業種数の大きさによって中心地階層を区分し、集積している業種の内容によってその機能を判断した。しかし、現代都市圏の中心地体系でも、業種数だけで適切な階層区分ができるのだろうか。他に重要な機能基盤はないのだろうか。

中心地体系の機能基盤を確認するには、まず店舗の立地パターンの検討から始める必要がある。中心地は個々の店舗の立地決定の結果として形成される商業集積である。中心地体系とは京阪神都市圏のようなある一定の地理空間上で展開される中心地間の機能的な関係である。その構造を形成していくのは、各業種における店舗の立地パターンである。本書では店舗立地パターンの3つの側面に注目する。

第1は、既存店とどのような距離を保って新店舗が立地するかの側面である。この側面は大別すれば、孤立立地と隣接立地に分かれる。孤立立地とは他の店舗と一定の地理的距離を保って立地することであり、隣接立地とは先発店舗の立地場所に隣接して立地することである。ある一定の地理空間を想定すると、孤立的な立地パターンを生み出し、隣接立地は特定の中心地への集中的な立地パターンを形成することになる。

第2は、新店舗の隣接先店舗が同種か異業種かという側面である。隣接立地の際に同業種店舗に隣接するのか異業種店舗に隣接するのか。前者は同業種集積を生み出し、後者は異業種集積を形成する。同業種集積は、例えば婦人服店の集積のように、同じ業種の商品を取り扱う店舗の密集である。これに対して異業種集積は、

表1・2　集積行列　N_{ij}は業種 i の立地場所 j での店舗数

業種	立地場所						業種の周辺分布
	1	2	・	j	・	n	
1	N_{11}	N_{12}	・	・	・	N_{1n}	
2	N_{21}	N_{22}	・	・	・	N_{2n}	業種 i 店舗数の立地場所間での分布パターン（同業種集積）
・							
i				N_{ij}			
・							
m	N_{m1}	N_{m2}	・	・	・	N_{mn}	
立地場所の周辺分布	立地場所 j での店舗数の業種間分布パターン（異業種集積）						

婦人服店と靴店が近い距離をとって立地するというように、異なる商品カテゴリーを取り扱う店舗の密集である。

第3は、以上2つの側面の業種間差異である。婦人服のような業種は同業種で集積する傾向が強いが、ホームセンターは同業種で集積する傾向がないといった、同業種集積の程度に関して業種間での差異は大きい。また、婦人服店は靴店に隣接立地するが、食品店に隣接立地する傾向はない。業種間での隣接立地傾向は業種の組み合わせによって多様に異なっている。この結果、商業集積での業種構成は多様に異なることになる。業種構成とは、どのような業種がどのような規模である地点に集積しているのかということである。中心地の機能はこの業種構成によって、決定的な影響を受けることになる。

3 種の集積理論

京阪神都市圏のような一定の地理空間における中心地の業種構成の全体像は、表1・2のような集積行列で表すことができる。この行列ではm種の業種の立地場所がn個の数の1kmメッシュ・グリッドに区画されてとらえられている。この行列の要素N_{ij}は、業種 i

図1・7 先行研究の構造

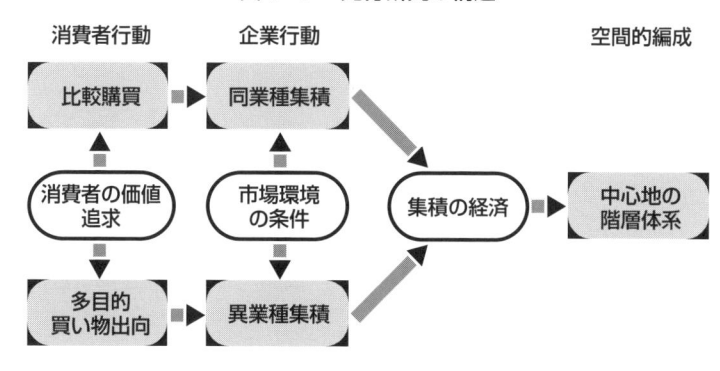

消費者行動 / 企業行動 / 空間的編成

比較購買 — 同業種集積
消費者の価値追求 — 市場環境の条件 — 集積の経済 — 中心地の階層体系
多目的買い物出向 — 異業種集積

（$i＝1,2,\cdots,m$）の店舗の、立地場所j（$j＝1,2,\cdots,n$）での店舗数である。京阪神都市圏では業種数は137業種であり、立地場所数は3788か所であるから、この都市圏での2006年度の13万4129店舗は、137×3788集積行列でその立地パターンがとらえられることになる。

集積行列を中心地体系の構造に関連付け、機能基盤を明らかにするために、従来の理論が示唆する3種の見方から出発するのが便利である。これらの見方は、たんに研究者だけでなく、産業界や行政機関での実務家の思考にも大きい影響を与えてきた。3種の見方とは、異業種集積、同業種集積、そして中心地体系である。これら3種の見方とそれに関連した要因は図1・7に示されている。

同業種集積も異業種集積も、2種の要因によって生じる。1つは価値を追求する消費者行動である。後で詳論するように、消費者は比較購買のベネフィットを生かすために同業種集積地に向かい、ワンストップ・ショッピングなど多目的買い物出向のベネフィットを生かすために異業種集積地に向かう傾向がある。しかし、どのような地点にこれらの集積が形成されるかは、人口の地理的分布や交通ネットワーク、人々の出向パターンなど、空間市場における多様な

市場環境条件に規定されている。

消費者行動と市場環境条件によって、都市圏の各地点に同業種集積と異業種集積が形成される。同業種集積と異業種集積は各地点では多様な形で混じり合っている。この混合を通じて集積の経済の主要なものは、店舗が集積することによってえられる商圏の拡大、それによる個別店舗の売上増加などの利益である。都市圏にどのような中心地体系が形成されるかは、この集積の経済が空間的にどのように編成されるかに依存している。いずれにせよ、この図が示していることは、集積の経済が地理空間的に編成された結果として中心地体系が形成されるということである。

集積行列に議論を戻せば、同業種集積は、集積行列を行の視点から眺めるとき、認識される立地パターンである。各業種の店舗数が業種間にどのように分布しているのかに関心がある。同業種集積と異業種集積は店舗の集積行列を見る補完的な視座である。これらの集積が生み出す経済が、京阪神都市圏のような地理空間上で全体的に編成されるとき、地域の中心地体系が形成されることになる。

本書の構成

本書の以後の諸章は、大別すれば大きく2つの部分に分かれる。第2章から第4章までと第5章以降である。第2章から第4章にかけての課題は、中心地体系の構造識別のための枠組構築とそれによる中心地体系の実証的な導出にある。第5章以降では立地創造によって、この中心地体系がどのような変化の過程にあるかが検討

されている。

第2章から第4章は、図1・7に示した先行研究の構造に従って、店舗立地が生み出す中心地への集積パターンを3つの観点から検討している。中心地への店舗集積パターンを第2章では異業種集積パターンの観点から、また第3章では同業種集積の観点から検討している。いずれの章でも、異業種と同業種の集積パターンについての従来の理論仮説を展望してのち、京阪神都市圏データによる仮説検証を行っている。そのねらいは、中心地体系の階層識別に利用できる中心地体系の構造変数の対比によって行われる。この章で、実証分析に先立って伝統理論が描くイメージとその背景にある基本的想定を展望しているのはこのためである。

この構造変数に基づいて、第4章では京阪神都市圏における2006年度の中心地体系を実証的に導出し、その特質を明らかにする。この特質の解明は、主として中心地体系の伝統理論が描くイメージとの対比によって行われる。この章で、実証分析に先立って伝統理論が描くイメージとその背景にある基本的想定を展望しているのはこのためである。

第5章ではまず、1999年度の中心地体系の構造を導出し、それに照らして2006年度の中心地体系がどのような変化の過程にあるかを考察する。ショッピング・センターの立地創造による、中心地体系の構造変化の主要な局面が明らかになるはずである。第6章ではなぜショッピング・センターが立地創造のイノベータになり得たかを検討する。とくに、1999年以降に開発されたショッピング・センターは、ほとんどの中心地がその商業人口（利用顧客数）の減少に苦悩している中で、著しい商業人口の伸びを示している。その秘密を新しいショッピング・センターの管理システムの特徴から探ろうとするものである。

第7章では最近の十数年間に急速に台頭してきた専門店の立地パターンを取り上げる。専門店はショッピン

グ・センターとならぶ立地創造のイノベータである。彼らの出店パターンは異色であり、街角ショップ（商業集積未成熟地帯）への孤立立地を主要な特徴にしている。この立地創造によって街角ショップの性格は大きく変貌した。最後の第8章では、京阪神都市圏における消費者のショッピング行動を検討する。伝統的中心地体系の背後にあるショッピング行動仮説から、現実の消費者行動がいかに乖離してきたかがこの検討の焦点である。このギャップから近未来の都市圏小売体系の姿が浮かび上がるであろう。

通常の読者の場合、本書の以上のような構成の順序で読み進めていただいてよい。しかし、本書の読者には、立地創造の実態やそれにによって大都市圏の中心地体系がどう変貌しているのか、その分析結果だけを早く知りたいという実務家の方も多いであろう。このような読者は第1章の後に、第2章と第3章の要約のみを読んで第4章へ進まれてもよい。これらの2つの章は商業立地に関する専門的な議論を含んでいるので、後に必要に応じて参照していただければ幸いである。

注

1　R. Spector, *Category Killers: The Retail Revolution and its Impact on Consumer Culture*, Harvard Business School Press, 2005.

2　田村正紀、大型店問題、千倉書房、1981年。

3　田村正紀、日本型流通システム、千倉書房、1986年。

4　W. Christaller, *Die Zentralen Orte in Süddeutschland*, Verlag Von Gustav Fischer / Jena, 1933.（W・クリスタラー、江沢譲爾訳、都市の立地と発展、大明堂、1969年）

5　B. J. Berry, *The Geography of Market Centers and Retail Distribution*, Prentice-Hall, 1967（西岡久夫、鈴木安昭、奥野隆史、小売業・サービス業の地理学――市場センターと小売流通、大明堂、1970年）；B. J. Berry and J. B. Parr, *Markets Centers and*

6 cf. D. F. Mulvihill and R. C. Mulvihill, *Geography, Marketing, and Urban Growth*, Litton Educational Publishing, 1970.（宮沢永光他訳、マーケティングと都市の発展、ミネルヴァ書房、1971年）

7 J. A. Schumpeter, *Theorie der Wirtschaftlichen Entwicklung*, 2. Aufl., 1926.（シュムペーター、経済発展の理論、岩波文庫、1977年）

8 代表事例、先端事例、理論事例についての方法論的議論については、田村正紀、リサーチ・デザイン、白桃書房、2006年を参照。

9 B. J. Berry, *op. cit.*, 1967.

10 http://www.gsi.go.jp/GIS/whatisgis.html

11 日経流通新聞、流通経済の手引き2000年版、日本経済新聞社、1999年。

第2章 異業種集積のパターン

1 異業種集積の理論仮説

中心地理論での異業種集積

異業種集積の古典理論は、クリスタラーによって構築された中心地理論[*1]に含まれている。中心地理論は経済地理学の研究を長い間支配し続けた主要パラダイムである。それとともに、それは意識的あるいは無意識的に、都市計画担当者や商業立地の実務家の思考に深い影響を与えてきた。近年における我が国のまちづくり3法(改正都市計画法、大規模小売店舗立地法、中心市街地活性化法)などの根底にあるのもこの中心地理論に基

中心地には種々の業種が集積している。その業種の組み合わせはきわめて多様である。居住地付近の近隣商店街、郊外型ショッピング・センター、大都市の中心市街地など、これらにおける異業種集積の態様を比較すれば、この多様性を容易に理解できよう。どのような異業種が形成されるのかは、中心地体系における特定中心地の位置を決める重要な要因である。異業種集積の形成のされ方、つまり異業種集積パターンは、中心地体系の構造形成に深く関連している。本章ではこの異業種集積のパターンを明らかにするため、

・どのような異業種が相互に集積する傾向があるのか
・この異業種集積の組み合わせには何らかのパターンがあるのか

といった問題を検討しよう。

づく思考である。

クリスタラー・モデルは、地理空間における諸都市間の中心地性の階層秩序を説明しようとするものであり、異業種集積そのものを理論化しようとしたものではない。しかし、彼のモデルは異業種集積についての理論仮説をその中核部分として含んでいるので、小売店舗の立地パターンの経験的分析に広く適用されている。その代表例はベリーの研究[*3]に見ることができる。以下では、クリスタラーとその後継者たちによって発展した中心地理論を異業種集積モデルと見なしてその理論仮説を簡潔に展望しておこう。

この理論で中心地は都市という単位で概念化されている。中心地とは中心機能を持つ都市である。中心機能の内容は、周囲の地域に財貨とサービスを提供することであり、店舗、飲食店、種々なサービス業の事業所、病院、役所など、その都市の住民や周辺の町村住民に提供される程度に応じて、その都市の中心性が決まる。

中心地理論によれば、地域経済圏などある一定範囲の地理空間を見ると、その圏域に含まれる市町村は提供する業種数の点で階層秩序を形成している。この階層の頂上に位置するのは、その地域経済圏の中核都市の中心市街地である。中心市街地にはもっとも多様な業種が集積している。中心地体系の階層は、この中心市街地を最高階層とし、それより下に漸次、広域型中心地、地域型中心地、近隣型中心地、街角ショップが続くような階層を形成する。中心地階層の特徴は、階層を下るにつれて、各階層の中心地の数がますます多くなるピラミッド型の階層秩序を形成している点にある。

高次の中心地は低次の中心地よりも多くの機能（業種数）を提供し、中心地性は高くなる。小売店舗について言えば、高次の中心地にはより多くの種類の店舗が集積している。つまり、異業種の集積度は中心地の階層

を上がるにつれて多くなり、その都市の住民だけでなく周辺の地域にもそのサービスを提供する程度が大きくなる。

中心地理論によれば、階層秩序形成の理由は2つある。1つは、業種による商圏範囲の相違である。中心地理論によればこの商圏範囲とは、その業種商品を買うために消費者が抵抗なしに移動する最大限の距離である。例えば婦人服を買うために消費者は20kmまで移動するが、たばこを買うためにはせいぜい数百mくらいまでしか移動しないといったものである。

もう1つの要因は、業種によってその損益分岐点売上高が異なるからである。損益分岐点売上高はその業種が市場で経営的に存続できる最小限の売上高である。例えば、食品店1店が立地するためには最低でも年間2千万円の売上がなければ経営的に成り立たない。したがって、その業種に関連した機能はその中心地では提供されないことになる。売上高は人口に大きく依存するので、損益分岐点売上高は最低限必要な支持人口によって表されることもある。

損益分岐点売上高が高い業種は、地理空間での人口密度を一定とすると、より広い商圏範囲を持たなければ提供されない。あるいは商圏範囲を一定とすると、より人口密度の高い都市でしか提供されない。このような商圏の広い業種によって提供される商品は高次商品と呼ばれる。逆に損益分岐点売上高の低い商品は、商圏の狭い業種が提供する商品は低次商品と呼ばれる。商圏の狭い業種が提供する商品は低次商品と呼ばれる。商圏の狭くても成立できる。婦人服は高次商品の代表例であり、食品は低次商品の代表例であると見なされてきた。商品が提供される中心地階層の高さを以下では商品の次数と呼ぶことにしよう。より高い階層で販売されるほどその商品の次数は高くなる。

異業種集積パターンについての古典理論は2つの仮説を主内容にしている。1つは商品次数仮説であり、他は業種包括仮説である。

商品次数仮説によれば、異業種集積は商品の次数が同じような業種間で形成される傾向がある。例えば、最寄り品などの低次商品は相互に密集して、近隣センターなど低次階層の中心地を形成する。買い回り品などの高次商品は相互に密集して高次階層の中心地を形成する傾向がある。

業種包括仮説によれば、高位階層にある中心地は、低位階層の中心地が提供するすべての業種を提供する。例えば、京阪神都市圏で梅田、三宮・元町のような中心市街地へ行けば、他の中心地で見られるような業種のすべてが包括的に立地している。この業種包括仮説は異業種集積パターンについては、次の主張をしていることになる。低次商品は高次商品とともに異業種集積を形成して高い中心地階層の商業集積を形成するが、逆に高次商品が低次商品と異業種集積を形成して低い階層の商業集積を形成することはない。

多目的出向モデル

クリスタラーは中心地の階層化と、高次階層による低次階層の業種包括を主張した。しかし、中心地の構造についてのこの古典仮説の欠陥は、モデルの前提から演繹的に導出されたものではない点にある。彼は異業種小売商からなる空間経済を取り扱った。しかし、小売店舗立地の全体的パターンの導出に際して、異業種間の相互関連を無視した。

彼は各業種の立地パターンを別々に演繹してのち、憶測に基づいて異業種全体の中心地階層パターンについての結論に到達した。この憶測を支えたのは、業種によってその損益分岐点売上高が異なること、および店舗

商圏の地理的制約など空間市場に特徴的な諸制約の産物である。6角形からなる商圏の包括型重層構造[*7]によって描かれる彼の中心地体系モデルはこの憶測の産物である[*6]。

以後の研究者たちは、この欠点を補強しようと努力した。異業種集積を生み出す消費者行動や小売企業行動などをモデル化して、なぜ異業種集積が生じるのかのメカニズムを明らかにしようとした。これらの努力に共通した特徴は、多目的出向の想定を明示的に導入しようとしたことである。多目的出向とは、一度の買い物出向で異なる種類の商品を購買するといった買い物行動である。例えば、都心やショッピング・センターへ出向して、婦人服と食品を同時に購買するといった行動がこれにあたる。

消費者が多目的出向をする理由は、買い物行動の効率化によって、ある期間での買い物費用を節約するためである。買い物出向すれば消費者は買い物費用を負担しなければならない。その内容は、交通費、駐車料、買い物に要する時間の機会費用などである。これらの費用は買い物出向数に比例して増加する。しかし、一度の出向で複数の商品を購買すれば、買い物出向数を減らし、ある期間での買い物費用を削減できるようになる。

異業種を集積させた中心地が形成されると、買い物効率化のために消費者は近隣型中心地などを飛び越して、多目的出向者をより遠くから吸引することによって、異業種集積のより大きい中心地に向かうかもしれない。この結果、異業種集積の大きい中心地の商圏は拡大する。異業種集積地に立地すれば、より多くの需要が得られるという需要外部性が生み出すもっとも重要な集積の経済である。そしてこの需要外部性が、小売商にとってもそのような中心地に立地するインセンティブになる。

多目的出向をどのようにモデル化して小売店舗の空間的配置を分析するのか。これに関しては、理論モデルによって多様に異なっている。それにも関わらず、多目的出向を導入したモデル（以下で多目的出向モデルと呼ぶ）は、古典理論が憶測によって得た結論、つまり中心地の階層が上がるにつれて異業種集積が形成されるということを示している。しかも、異業種の数は上位階層ほど多くなる。要するに、これらのモデルは、多目的出向と小売商の利潤極大化指向が異業種集積を生み出すメカニズムであることを示している。

しかし、この多目的出向モデルは、実際の集積行列データを異業種集積の観点から分析する際には、それほど役立たない。多目的性のコンセプトに含まれる業種カテゴリーが極度に単純化されているからである。このモデル自体は、異業種カテゴリーと低次業種というように始めから単純化しては分析の意味がない。消費者行動を実際に動かし、現実の中心地の機能を特徴付けているように多様な業種をそのものとして、できるかぎり詳細に分析しなければならない。

異業種集積の実証分析では、理論構築では無視された独特の問題が現れる。それはきわめて多様な異業種の集積パターンをどのように分析するのかという問題である。異業種集積の実証分析では、理論モデルにおけるように業種カテゴリーを高次業種と低次業種というように始めから単純化しては分析の意味がない。消費者行動を実際に動かし、現実の中心地の機能を特徴付けているように多様な業種をそのものとして、できるかぎり詳細に分析しなければならない。

異業種集積のパターンは論理的に考えると、業種数が増加するにつれて飛躍的に増加する。消費生活を維持するのに、n個の異なる業種が提供する商品が必要であるとしよう。そして消費者が1回の出向でr種（$r =1, 2, \ldots, n$）の業種で購買するとしよう。消費者が選択する業種の可能性は1からr種までである。多目的性を業種レベルでとらえると、複数業種の商品を購買した消費者は多目的出向をしている。中心地が多目的出

向で購買される業種数の組み合わせのすべてに対応するとすれば、業種数が多いとき、この論理的に考えられる異業種集積パターンは膨大な数になる。例えば、以下の実証分析では１００以上の業種の異業種集積パターンを分析する。この際の論理的に考えられる異業種集積パターン数はきわめて膨大な数になる。[*9]

多目的出向モデルは、どのような異業種集積パターンを取り扱っているのだろうか。このモデルでいう異業種集積や多目的出向の内容はきわめて単純なものである。モデル化に際して、高次商品と低次商品など次数の異なる２種の商品を想定し、次数の異なる商品を提供する業種が共に集積する業種と見なしている。そして、異業種集積では次数の低い業種がより高い次数の業種と共に集積して、より高次の中心地階層を形成することが強調される。[*10] つまり、多目的出向モデルでいう異業種集積は、古典理論の古典種業種包括仮説に対応するような次数の異なる業種間での異業種集積である。しかし、古典理論では、同じ次数の業種間でも集積が起こることを示唆している。多目的出向モデルは、同じ次数の業種間で形成される異業種集積を明らかにしていない。

異業種集積の実際のパターンは、食品と衣服といった次数の異なる異業種集積のパターンにのみ限られるわけではない。アレンツらは、吸引される出向タイプ（単目的出向か多目的出向か）の比率が商業集積の規模によってどう異なるかについての実証研究[*11]を行った。それによれば、次数の異なる業種だけでなく、衣服と靴など同じような次数業種の異業種集積も多目的出向を吸引している。このことは異業種集積のパターンが、たんに異なる次数の業種だけでなく、同じような次数の異業種間でも発生することを示唆している。現実の異業種集積の分析ではこれらの点を無視することはできない。

48

2 異業種集積のタイプ

どのようなタイプの異業種集積が形成されるか

異業種集積は同じ場所に立地するいくつかの業種から構成される。業種構成が異なれば、異業種の集積タイプが異なる。特定集積タイプの全体的な性格はその構成業種が共有する特徴によって決まる。大都市圏ではいくつの集積タイプが形成され、それぞれはどのような業種から構成されるのだろうか。この点を明らかにするために、各立地場所で見られる業種のあらゆる異なる組み合わせを個々に検討することは、分析をいたずらに複雑にするだけである。これに代えて、同じ立地場所に共に立地する傾向の強い業種グループを統計的に導出することにしよう。そしてこの業種グループによって集積タイプを識別することにしよう。

このために、京阪神都市圏における店舗の集積行列データを主成分分析（Principal Component Analysis）にかけてみよう。主成分分析は多くの変数（業種別店舗数）を少数の変数（集積タイプを表す主成分）に縮約する多変量解析手法である（詳細は本書末の付録 I 参照）。この手法によって、相互に独立した集積タイプとその構成業種を明らかにすることができる。これらの主要な結果は表2・2から2・4に示されているが、これらの表は主成分分析のアウトプットの一部であるので、まずアウトプット全体について簡潔に説明しておくことがこれらの表の理解のために必要である。

主成分分析のアウトプットは、表2・1に示すような主成分構造行列で示される。それは行が分析されるm個の業種からなり、列がn個の異業種集積タイプ（主成分）P₁・P₂・……Pₙからなる行列である。いくつ

表2・1 主成分構造行列 rは負荷量（相関係数）

業種	主成分（異業種の集積タイプ）					
	P₁	P₂	・	・	・	Pn
1	r₁₁	r₁₂				r₁n
2	r₂₁	r₂₂				r₂n
・						
・						
m	rm₁	rm₂				rmn

の異業種タイプが生じるかはデータによって異なる。この行列の要素は、各業種 i（$i=1・2・\cdots・m$）と集積タイプ j（$j=1・2・\cdots・n$）の相関係数である。主成分分析ではこの相関度を、集積タイプ（主成分）への業種の負荷量と呼ぶ。この負荷量は特定業種と各集積タイプとの関連度を示す。符号が正であれば、正順の関連を示し、負であれば逆順の関連を示している。特定の集積タイプと高い負荷量を持つ業種が、その集積タイプの構成業種になる。その値の絶対値が1に近づくほど業種の負荷量と集積タイプの関連は強く、0に近づくほど関連は弱くなる。

このように主成分構造行列では負荷量（相関係数）によって集積タイプと各業種の関連が示されることになる。そして各業種が特定の異業種タイプ（主成分）に高い負荷量を示すとき、主成分構造行列は単純構造を持つといわれる。単純構造は明確な異業種集積が発見できたかどうかの目安である。

京阪神都市圏の店舗の集積行列は134業種の店舗が3788のグリッドにどのように立地しているかを示している。この集積行列を主成分分析した結果によれば、主成分構造行列は単純構造を示し、集積業種数は少ないが機能的に無視できない3種の主要集積タイプと、構成業種の特化集積タイプが発見された。主要集積タイプはその構成業種から判断すると、買い回り集積、最寄り集積、生鮮集積である。これらの集積は多数の業種から構成される。一方、特化集積タイプは車関連、和装関連、子供関

50

連の少数の業種が集積する小規模の集積である。主成分構造行列は134行×6列の大きい表であり、限られた紙面にその全体を示せないので、以下では議論の対象となる集積タイプに明らかに関連していると考えられる0・4以上の負荷量を示す業種のみを示すことにしよう。

買い回り集積

業種数から見ると、買い回り集積は都市圏で形成される最大の異業種集積である。買い回り集積は表2・2に示すように42業種から構成される。表2・2では買い回り集積への業種の負荷量（相関係数）が示されている。負荷量が高いほど、その業種はこの集積と強く関連している。表では同時に、他の主要な集積である最寄り集積と生鮮集積に対する、42種の買い回り集積業種の負荷量も示している。

この表のほとんどの業種は買い回り集積は高い負荷量を示すが、他の集積には低い負荷量を示している。これらの業種は買い回り集積においてのみ異業種集積を形成する。2つの集積にまたがってある大きさの負荷量を示す業種は、2種の集積タイプにまたがって異業種集積を形成する傾向がある。例えば、菓子店（洋菓子）、めがね店、日用雑貨店、カメラ店、書店、ファンシー店、総（惣）菜店は、主として買い回り集積に立地すると同時に最寄り集積でも立地する。

負荷量から見ると構成業種の中では、婦人服などアパレル商品、靴、ブティック、宝石・貴金属など、女性ファッションに関連した業種がこの集積の中核を占めている。他の業種はこれらの商品を中核にして異業種集積を形成している。この点は図2・1に示す異業種集積の内部構造によってより明確に示されている。この構造は[*12]どのような業種が相互に隣接立地する傾向が強いかの基本パターンを示している。線分で直接に連結されるほ

表2・2　買い回り集積（主成分P1を中心にした主成分構造行列の部分）
　　　　　有店地区＝3788　太字は有意な負荷量

業種	P1：買い回り集積	P2：最寄り集積	P3：生鮮集積
婦人服店	0.937	0.168	0.151
ブティック	0.911	0.190	0.121
靴店	0.903	0.185	0.138
宝石・貴金属店	0.868	0.075	0.123
衣料品店	0.867	0.095	0.181
洋服店	0.866	−0.011	0.083
下着販売店	0.854	0.123	0.132
かばん・ハンドバッグ店	0.853	0.114	0.174
紳士服店	0.826	0.128	0.111
紳士洋品店	0.784	0.202	0.103
菓子店(洋菓子)	0.780	**0.410**	0.058
化粧品販売	0.773	0.376	0.197
婦人洋品店	0.762	0.245	0.149
デパート	0.750	0.164	0.142
洋品店	0.749	0.266	0.330
CD・DVD・ビデオ店	0.728	0.119	0.165
コンタクトレンズ	0.709	0.266	0.127
楽器商	0.703	0.189	0.098
ジーンズショップ	0.702	0.234	0.150
子供服店	0.688	0.294	0.122
時計店	0.674	0.344	0.364
めがね店	0.673	**0.476**	0.286
日用品雑貨店	0.668	**0.408**	0.274
スポーツショップ	0.653	0.324	0.160
毛皮	0.644	0.031	−0.027
洋服店(注文服)	0.630	0.289	0.150
中古CD・DVD・ビデオ	0.606	0.025	0.098
カメラ店	0.582	**0.400**	0.224
絵具・絵画材料	0.546	0.142	0.154
インテリア用品店	0.543	0.281	0.090
書店	0.541	**0.493**	0.254
ファンシー店	0.518	0.282	0.203
総(惣)菜店	0.499	**0.465**	**0.401**
帽子	0.484	0.170	0.216
食器	0.482	0.151	0.140
古本	0.477	0.356	0.162
革コート店	0.470	0.016	0.111
アウトドア用品	0.464	0.066	−0.019
ディスカウント店	0.454	0.327	0.087
装粧品店	0.425	0.057	0.156
切手・コイン販売	0.422	0.211	0.067
アダルトショップ	0.415	−0.013	0.171

図2・1 買い回り集積の内部構造　実線は強い関連，破線は弱い関連

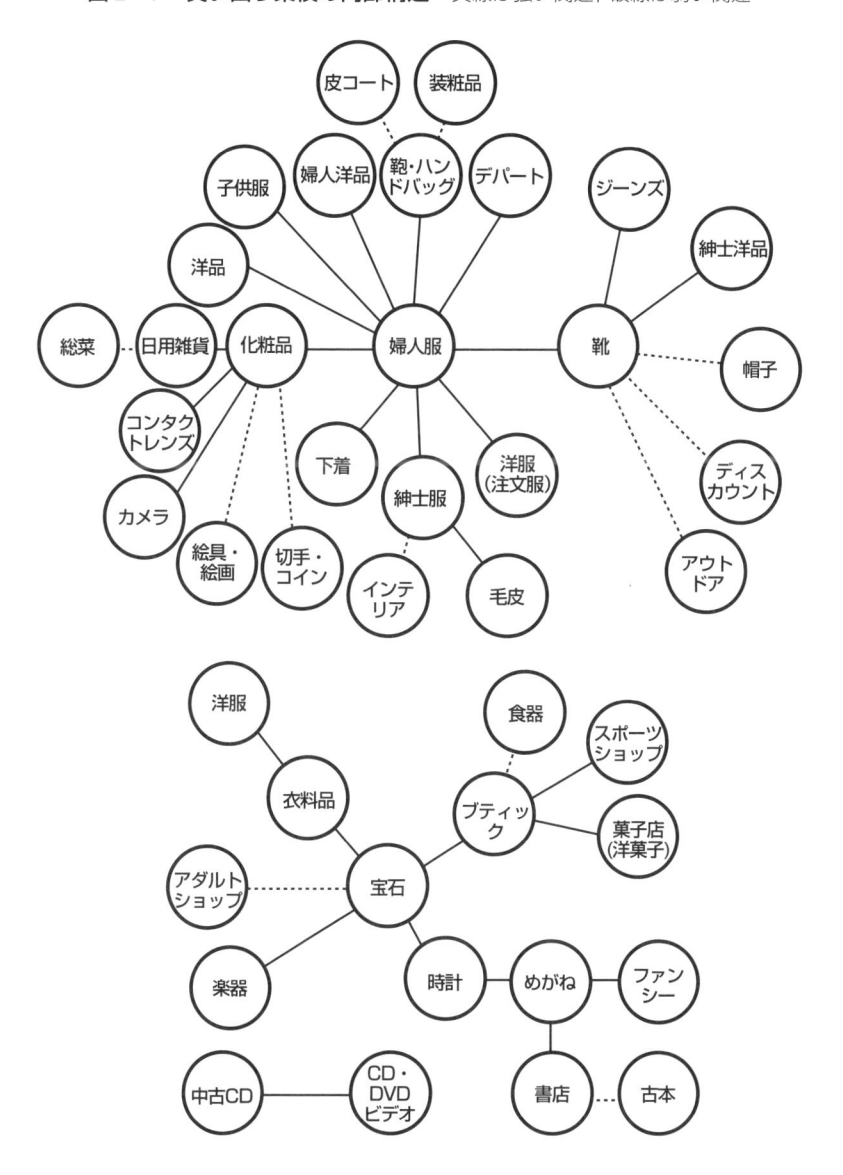

異業種集積を1店舗内に内部化している百貨店の売場のゾーニングなどもこの基本パターンに従っている。

買い回り集積の内部構造は、3種の下位クラスタからなる。第1は婦人服、靴を中心とする買い回り集積の中核クラスタである。この集落には女性を対象にしたファッション関連製品が多い。第2は宝石・貴金属を中核にしたクラスタである。このクラスタには高額商品が多く含まれている。第3のクラスタはCD関連の小さいクラスタである。異業種の内部構造は42種の構成業種種間で見られるもっとも基本的な立地関連性を示している。婦人服などの商品は同じ場所に密集立地する傾向がある。異業種は間接連結業種よりも、直接連結している業種が多くの業種と直接連結しているが、これはこの種の商品が異業種集積の中核商品であることを示すものである。

表2・2の42業種からなる異業種集積が買い回り集積と呼べるのは、これらの業種がいわゆる買い回り品の性格を共有するからである。買い回り品について、消費者は買い物出向前に明確な選好を持っていない。どの商品をより好むかという選好は、買い物過程での商品情報収集を通じて形成される。

買い回り品と呼ばれる商品に共通する特徴はいくつかある。購買頻度が低く、好き嫌いという個人的な嗜好によってこの個人的な嗜好そのものが比較的短期間の間に変化する傾向が強い。このような商品特性のために、流行などによって商品が選択される。さらに、消費者は買い回りしながら情報を収集し、選好を固めるのである。

種々の店舗を買い回りしながら情報を収集し、選好を固めるのである。消費者の買い回り行動は、ウィンドー・ショッピングによって各店舗の商品を見て歩くだけではない。店舗探索、商品探索の過程で衣服の場合には風合いを確かめ、試着したりする。靴などの場合には履き心地を確か

54

める。宝石・貴金属についてはデザイン・輝きを詳細に比較する。買い回り行動は商品実物との接触による情報収集活動でもある。

買い回り品がなぜ最大の異業種集積を形成するのか。その理由は買い回り品の商品特性、商品間での密接な機能関連、およびそのショッピングが娯楽的要素を多分に含むことに関連している。買い回り品の多くは商品特性が多面的である。例えば、衣服の場合、シルエット、色、柄、装飾、素材、風合い、サイズといった側面がある。しかもファッション性が強いので、これらの特徴は絶えず変化している。

一方、これらの側面について個人の嗜好は多様に異なっている。ファッション関連商品に典型的に見られるように、各商品の善し悪しは、トータル・コーディネートの関連で決まり、その商品だけでは決まらない。このような買い回り品について、多様な選択対象の情報を集め、適切な商品を選択するには、実物商品の巨大な集積に直接に接触することがもっとも効率的である。しかも、買い回り品のショッピングは、多くの消費者にとって買い物自体が楽しみであり、娯楽的要素を含んでいる。買い回り品が最大の異業種集積を形成する理由はこれらの点になる。

最寄り集積と生鮮集積

都市圏での異業種集積は、買い回り品や生鮮食品間で形成される。最寄り品と最寄り集積以外にも、最寄り集積に関連した主成分構造行列である。この集積タイプでは20業種が密集する傾向がある。これらの業種が取り扱っている商品の特徴を見ると、まず購買頻度の高い商品や欲求が生じるとすぐに入手したい商品が多く含まれている。しかも、消費者は欲しい商品についての事前知識や欲求を持ち、

表2・3　最寄り集積（主成分P2を中心にした主成分構造行列）
有店地区＝3788　ゴチック数字は有意な負荷量

業種	P1：買い回り集積	P2：最寄り集積	P3：生鮮集積
薬局	0.376	**0.837**	0.211
酒店	0.260	**0.765**	0.327
米店	0.121	**0.744**	0.357
スーパーストア	0.157	**0.718**	0.200
電器店	0.111	**0.683**	0.158
自転車店	0.180	**0.658**	0.241
パン店	**0.431**	**0.610**	0.194
食肉店	0.197	**0.572**	**0.524**
オートバイ販売・修理	0.101	**0.556**	0.059
コンビニエンス・ストア	**0.513**	**0.539**	0.075
生花店	**0.500**	**0.536**	0.344
薬店	**0.467**	**0.530**	0.252
豆腐	0.201	**0.522**	**0.463**
文具・事務用品店	0.338	**0.496**	0.285
菓子店(和菓子)	0.374	**0.484**	**0.445**
表具・表装店	0.143	**0.476**	0.204
ペットショップ	0.242	**0.466**	0.117
菓子店	**0.413**	**0.446**	**0.442**
ゲームソフト販売	0.234	**0.434**	0.034
犬猫ペット店	0.152	**0.401**	0.108

お目当ての商品がなければ、さらに商品探索をするよりも代替品ですます傾向が強い。つまり、これら20種の商品はいわゆる最寄り品である。スーパーストアやコンビニエンス・ストアは、このような商品を総合的に品揃えしている。

買い回り集積に比べると、最寄り集積の構成業種数はほぼ半減する。また、最寄り集積の構成業種の負荷量はより小さくなり、この集積が単純構造を示す程度は低くなる。つまりこの集積への密集傾向はより弱くなり、最寄り集積のみに立地するとは限らない業種をより多く含んでいる。集積へのアイデンティティは買い回り集積に比べるとはるかに弱い。

もう1つの主要な集積タイプは表2・4に示す生鮮集積である。この集積タイプの構成業種は食品のみであり、しかも鮮魚、青果物などの生鮮食品を中心にしている。したがって、この集積タイプは生鮮集積である。生鮮集積は多くの場合、と

表2・4　生鮮集積（主成分P3を中心にした主成分構造行列）
有店地区＝3788　ゴチック数字は有意な負荷量

業種	P1：買い回り集積	P2：最寄り集積	P3：生鮮集積
鮮魚店	0.323	0.365	**0.684**
青果物店	0.257	**0.448**	**0.640**
食料品店	0.338	0.356	**0.500**
乾物店	0.127	0.150	**0.491**
くだもの店	0.275	**0.436**	**0.443**
鮮魚店(川魚)	0.152	0.122	**0.429**
茶販売	0.376	0.383	**0.422**

各集積タイプの市場基盤

異業種間で見られる以上3種の集積タイプは、中心地階層のどのような位置と関連しているのだろうか。この点について概略的な見通しをつけておこう。

このため、まず各集積タイプに関する各立地場所の主成分スコアを計算しよう。主成分スコアは各立地場所（グリッド）が特定の集積タイプの特徴をどの程度に持っているかの指標であり、主成分分析の一部として計算される。例えば、あるグリッドが最寄り集積に高い主成分スコアを示せば、そのグリッドの買い回り集積度は高いということになる。この主成分スコアを各グリッドに付ければ、各集積タイプが位置する中心地体系の階層について概略的な見通しをつけることができよう。

中心地体系の古典理論では、中心地階層を分ける都市のもっとも重要な市場特性はその都市の夜間人口つまり居住人口である。しかし、地理的範囲が都市よりはるかに狭い1kmメッシュを分析単位にする際には、夜間人口に加えて、昼間人口と、商業人口を考慮する必要がある。

くに京阪神都市圏に多く見られる生鮮小売市場を構成している。生鮮集積については、最寄り集積と同じような特徴が見られる。この集積への構成業種の負荷量は低く、また青果物店、果物店などは最寄り集積にも所属する傾向がある。

夜間人口はそのグリッドの居住人口である。しかし、居住人口だけでは十分ではない。大都市圏では職住分離や人口郊外化に伴い人口のドーナツ化現象が生じる。このため都心部の居住人口は低密度になっている。しかし都心部には多数の事業所や学校がある。これらは都市圏全体の居住者の通勤先や通学先になっている。そのため都心部では昼間人口が多くなる。グリッドの人口基盤としては夜間人口だけでなく、昼間人口を考慮する必要がある。

古典理論でも、中心地の商業人口を考慮すると、その中心地の商業人口は大きくなる。言い換えれば、中心地の中心地性が高まるにつれてその商業人口は拡大する。商業人口とはこの場合その都市の商業を利用する人口である。それはその中心地の居住者だけでなく、周辺地域の居住者も含んでいる。同じことは中心地を1kmグリッドで検討する場合にもいえる。そこで第3の人口としてグリッドの商業人口を考慮に入れよう。京阪神都市圏の居住者はこの圏域内でのみ商品を購入するという想定をおくと、グリッドiの商業人口は下の式で計算できる。

さらに、付置地代論によれば、ある地理空間において中心地に近づくほどその地代は高くなる。そこでグリッドの最高商業地価を中心地階層の指標として考慮しよう。*14

これら4つの市場特性は異業種集積のタイプとどのように関連しているのだろうか。表2・5は3種の集積タイプの主成分スコア、つまり各グリッドの買い回り集積スコア、最寄り集積スコア、生鮮集積スコアが、以上のような4つの市場特性と強い相関を持ち、夜間人口とはほとんど相関を持ち、夜間人口とはほとんど相関係数で示したものである。

これを見ると、買い回り集積は、とくに商業人口や最高商業地価と強い相関を持ち、夜間人口とはほとんど相

グリッドｉの商業人口＝
グリッドｉの小売販売額／京阪神都市圏での１人当たり小売販売額

表2・5　各異業種集積タイプの市場基盤

グリッドの市場特性	標本グリッド数	市場特性との相関係数		
		買い回り集積スコア	最寄り集積スコア	生鮮集積スコア
夜間人口(06年)	3,788	0.062	0.795	0.095
昼間人口(00年)	3,788	0.493	0.510	0.107
商業人口(04年)	3,774	0.764	0.219	0.119
最高商業地価(千円／m^2, 06年)	3,215	0.724	0.221	0.131

データ源：住民基本台帳人口，国勢調査，商業統計，地価調査

関がないが昼間人口に対してはかなり相関を持っている。このことは買い回り集積の構成業種が、高次の中心地階層のグリッドに立地する傾向があることを示すものである。

これに対して、最寄り集積は商業人口、最高商業地価との相関が弱い。そして昼間人口よりも夜間人口に高い相関を持っている。このことは最寄り集積のもっとも重要な市場基盤がそのグリッドの居住人口であることを示している。このことから最寄り集積の構成業種が、中心地階層が低次のグリッドに立地していることは明らかである。最後に、生鮮集積スコアはいずれの市場特性とも低い相関を持っている。これは、この数十年間、生鮮市場が衰退・消滅の過程にあることと関連があるように思われる。つまり生鮮集積は立地場所のアイデンティティを持っていない。

以上の発見は、中心地理論が主張する理論仮説との関連で、異業種集積パターンについて何を示しているのだろうか。

古典理論の商品次数仮説によれば、異業種集積は同じような次数の業種間で形成される。高次業種は高次業種間で異業種集積を形成し、低次業種は低次業種間での異業種集積をする。最寄り集積や生鮮集積など低次業種間での異業種集積は、この仮説の予見と一致している。しかし、同じように低次であるといっても、最寄り集積と生鮮集積が異なる集積を形成するということは、異業種集積を生み出す機構がたんに業種の次数だけでなく、その業種の商品の性格にも依存することを示し

図2・2　買い回りスコアと最寄りスコアの関連　標本数＝3788

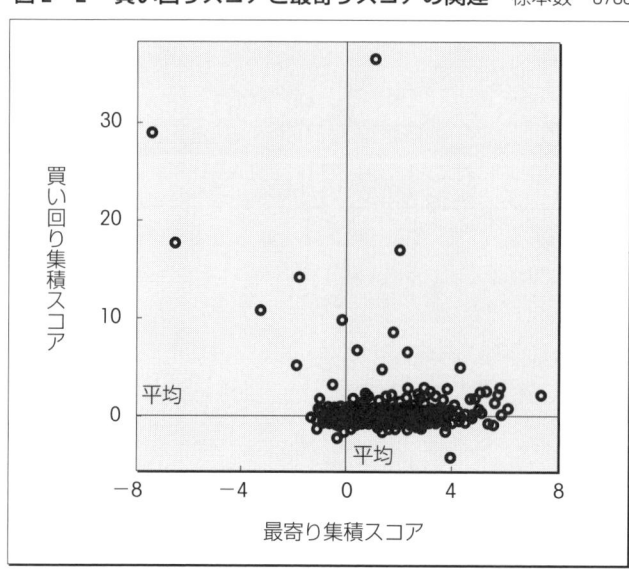

ている。

中心地体系の機能基盤に関連するもっとも重要な発見物は、実証結果が業種包括仮説を必ずしも支持しないという点である。この仮説によれば、上位階層での業種集積は下位階層の業種集積をその一部として含む。したがって、買い回り集積度の高いグリッドは、同時に最寄り集積度や生鮮集積度も高いはずである。そうでなければ、より下位の階層の機能（業種）を高次階層が包括できないからである。

主成分分析の結果は、買い回り集積、最寄り集積、生鮮集積が、相互に関連のない独立の集積タイプであることを示している。このことは買い回り集積と最寄り集積のスコアが共に高いグリッドの存在を否定しない。しかし、買い回り集積スコアが高くても、最寄り集積スコアが低いグリッドも同時に存在する。それらは偶然の産物であって、買い回り集積スコアと最寄り集積スコアの間には統計的な関連はない。

この点は図2・2に明確に示されている。図において各スコアの平均値は0である。最寄り集積スコアの高いグリッドの大部分は買い回りスコアが低い。一方、

60

3 異業種集積の特質

各集積の特徴と集積間の関連

異業種集積の特徴をその構成業種からさらに詳しく見てみよう。業種の中には、特定の集積タイプにのみ帰属する業種がある。これらは特定の異集積タイプのみに高い負荷量を示す単純構造業種である。この種の業種は集積特化業種であり、買い回り集積特化業種、最寄り集積特化業種、生鮮集積特化業種がある。

買い回り集積への特化業種は、婦人服、ブティック、靴、宝石・貴金属、衣料品、洋服、下着、鞄・ハンドバック、紳士服、紳士洋品、化粧品、婦人洋品などのファッション関連業種専門店と、これらの商品を総合的

買い回りスコアがかなり高い十数か所のグリッドがある。これらは京阪神都市圏で中心地性の高い代表的な商業集積グリッドである。これらの高階層の中心地には、最寄り集積スコアが平均を超えるものと平均以下のものがほぼ同数ある。

買い回り集積スコアが高くなり、中心地階層が高くなっても、最寄り業種のような低次階層の業種を包括するとは限らないのである。また、多目的出向が主として高次業種と低次業種にまたがって行われるとする、多目的出向モデルにおける多目的性の内容にも問題がある。多目的出向は次数の異なる業種間をまたがるだけでなく、同じ次数の異業種間でも行われると見なすべきである。

表2・6　構成業種から見た集積タイプ間の関連

		2次的な所属集積タイプ		
		買い回り集積	最寄り集積	生鮮集積
主な所属集積	買い回り集積 構成業種数＝42	集積特化業種数 ＝36（86％） 婦人服など	菓子（洋菓子），メガネ，日用雑貨，書店，カメラ，総菜	総菜
	最寄り集積 構成業種数＝20	パン，コンビニエンス・ストア，薬，菓子，生け花	集積特化業種 ＝12（60％） 薬など	食肉，豆腐，菓子（和菓子），菓子
	生鮮集積 構成業種数＝7		青果物，くだもの	集積特化業種 ＝5（71％） 鮮魚など

に取り扱っているデパートなどである。最寄り集積への特化業種の中核は、薬局、酒、米、電器、自転車などである。生鮮集積への特化業種の中核は鮮魚と青果物である。

しかし、各集積はこれらの集積特化業種のみから構成されているわけではない。業種の中には複数の集積タイプにまたがり高い負荷量を示す業種がある。これらの業種は複数の集積タイプにまたがり、それぞれの集積タイプの他の業種と密集する。これらの業種は複数の集積に0・4を超える負荷量を示している業種であり、特定集積に特化しない非特化業種はタイプの異なる集積にまたがって立地している。

表2・6は以上のような特化型と非特化型の業種が3つの集積タイプでどのように分布しているかを要約している。表2・6の主対角線（北西から東南への線）上のセルは、各集積への特化業種数とそれが各集積の構成業種数に占める比率を示している。これを見ると、集積特化業種の比率は、買い回り集積が86％ともっとも高く、次いで生鮮集積の71％、最寄り集積の60％となっている。

買い回り集積の構成業種の大部分は、この集積に特化して立地する集積特化業種である。このことは立地場所をこの種の集積地に強く限定される業種から構成されていることを意味している。これに対して、最寄り集積

や生鮮集積の構成業種における集積特化業種の比率は低くなる。これらの集積タイプの構成業種は、その立地を必ずしもこれらの集積に限定しない業種から構成されている。

各集積タイプの非特化業種がどの集積タイプにしているかを見れば、構成業種から見た集積タイプ間の競合関係がわかる。買い回り集積は最寄り集積と部分的な所属集積にしている。生鮮集積は最寄り集積と部分的な機能代替関係があり競合している。しかし、もっとも重要な事実は、最寄り集積が買い回り集積と生鮮集積の両方と競合関係にあることである。構成業種の集積特化性からいえば、最寄り集積への特化業種はその構成業種の60％であり、そのアイデンティティを消滅しつつある。

最寄り集積はもともと最寄り品を中心にして、消費者の居住地の近くに立地してきた近隣中心地である。具体的には近隣商店街などのかたちをとって集積してきた。しかし、菓子（洋菓子）、メガネ、日用雑貨、書店、カメラ、総菜などは、今日では最寄り集積よりもむしろ買い回り集積を主要な所属集積にしている。さらに、最寄り集積の構成業種であるパン、コンビニエンス・ストア、薬、菓子、生け花などは、買い回り集積を2次的な所属集積タイプにしている。食品を中心にした最寄り業種の多くが最寄り集積から他の集積へ拡散していること、これが最寄り集積のアイデンティティ消滅の実体である。

この背景には女性の社会進出がある。これは1986年の男女雇用機会均等法の施行以来、とくに増加してきた。総務省統計局「労働力調査」によると、就業者に占める女性の比率は、1975年の32％から2004年の41.1％に増加した。もっとも年齢階層別に見ると、女性の労働化率（15歳以上人口に占める労働力人口の割合）は、お産や育児のため30歳代前半をボトムとし、25〜29歳層と45〜49歳層をピークにするM字型カーブを描く。しかし、お産や育児期の30代前半層でも、出生率の低下や未婚率の上昇によって就業する女性が増

えてきた。今日では、この年令層の女性でも、未婚の場合には約9割、既婚の場合でも約5割が就業している。*15

このような女性の社会進出は、最寄り品カテゴリーを大きく変えただけでなく、最寄り品業種の立地場所に変化をもたらした。もともと専業主婦が多くを占めていた時代では、最寄り品業種の立地場所とは、自宅を出向起点とする最寄り性であった。しかし女性の就業化の増加に伴い、出向起点のかなりの部分が自宅から職場に変化し、それによって職場起点の最寄り性が求められるようになった。

さらに女性就業が増えると、調理などの家事時間が制約される。また家族構成員の個食も増える。この結果、食材を買い自宅で調理することを内食、外部で食事することを外食と呼ぶとすれば、調理済み食品を買い家で食事することを中食という。その典型は総菜である。総菜は今日ではデパ地下、スーパー、コンビニの食品売場の中核をなすだけでなく、種々な専門店も登場している。表2・6で総菜がすべての集積場所に拡散しているのはこの何よりの証拠である。最寄り集積のアイデンティティ低下の主要な理由は、以上のような女性の社会進出である。

主要集積タイプに所属しない業種の立地パターン

買い回り、最寄り、生鮮という3つの主要な集積タイプに所属しない業種は、どのような立地パターンを描くのだろうか。上述のように、これらの主要集積への所属業種は、0・4以上の負荷量を基準にして確定された。しかし、これら3つの集積タイプのいずれにも所属しない業種は、それぞれ孤立立地しているのだろうか。この点を検討するには、これらの非所属業種のそれぞれについて主成分構造行列を再検討してみることが必要

64

表2・7　3種の特化機能集積タイプ

業種	買い回り集積	最寄り集積	生鮮集積	和装関連集積
和装小物	0.047	0.058	0.063	0.864
呉服店	**0.456**	0.353	0.279	0.701
漆器店	0.228	0.024	0.184	0.496
ししゅう	0.117	0.302	0.164	0.460

業種	買い回り集積	最寄り集積	生鮮集積	車関連集積
自動車販売	0.042	0.273	0.116	0.911
中古車販売	0.017	0.144	−0.007	0.733
外車販売	0.008	0.139	0.006	0.497
ガソリンスタンド	0.092	**0.446**	0.122	0.467
自動車部品用品店	0.076	0.163	0.137	0.466

業種	買い回り集積	最寄り集積	生鮮集積	子供関連集積
アニメショップ	**0.484**	0.049	0.064	0.606
おもちゃ店	**0.417**	0.330	0.180	0.464
履物	0.147	0.176	**0.411**	0.452
模型(ホビーショップ)	0.378	0.198	0.041	0.432

である。

この検討によれば、集積行列の分散を要約する程度は低いが、0・4以上の負荷量を持って関連立地する業種がある。それらは少数業種からなる小規模の特化機能集積タイプである。表2・7に示すように、3種の特化機能集積がある。

第1の和装関連集積は、和装小物、呉服店、漆器店、ししゅうからなる。構成業種は少ないが明確な集積を形成する。その中核業種は和装小物と呉服店である。第2は車関連集積である。自動車販売、中古車販売、外車販売、ガソリンスタンド、そして自動車部品用品店からなる。この集積も車に特化した少数の業種からなるが明確な集積タイプを形成している。その中核業種は自動車販売と中古車販売である。最後は子供関連集積である。この集積は、アニメショップ、おもちゃ店、履物、模型(ホビーショップ)からなる。和装や車の集積と比較すれば、この集積タイプの構成業種の負荷量は相対的に低く、集積としてのアイデンティティは弱い。

表2・8 特化機能集積タイプの市場基盤

市場特性	標本グリッド数	市場特性との相関係数		
		和装関連集積スコア	車関連集積スコア	子供関連集積スコア
夜間人口（06年）	3788	0.00	0.24	0.03
昼間人口（00年）	3788	0.05	0.21	0.04
商業人口（04年）	3774	0.00	0.15	0.12
最高商業地価（千円／m^2, 06年）	3215	0.10	0.08	0.08
12時間交通量（百台, 99年）	3741	0.30	0.34	−0.01

データ源：夜間人口, 昼間人口, 商業人口, 最高商業地価は表2・5に同じ。12時間交通量は「道路交通センサス」

表2・8によって、和装関連集積の市場基盤を見ると、グリッドの一般的な市場特性としての夜間人口、昼間人口、商業人口、そして最高商業地価との関連はほとんどない。和装関連集積は特定地域に特化した集積である。和装関連集積スコアを調べてみると、ごく少数のグリッドにおいてのみ、きわめて高い値をとっている。例えば、そのトップ10の内7つのグリッドは、京都市の中京区、上京区、東山区に立地している。よく知られているように、京都市は日本で最大の和装関連商品の生産地であり、和装関連商品のヘビー・ユーザーがいる御茶屋、料亭が集積している。和装関連集積はこのように京都特有の都市資源を基盤にしている。

車関連集積の市場基盤は夜間人口や昼間人口である。しかしその関連度はそれほど強いとはいえない。むしろこの集積タイプはそのグリッドの12時間交通量により強い関連を持っている。これはこの集積タイプが交通量の多いロードサイドに集積する傾向が強いことを示している。最後の子供関連集積は、乳幼児や幼稚園児、小学生が多い地区の駅周辺などでよく見かける。しかし、その市場基盤は明確ではない。生鮮集積と同じようにこの特化機能集積タイプも消滅しつつある集積であろう。

京阪神都市圏に見られる137業種の中には、異業種集積に参加しない業種が多くある。とくに店舗数が少ない業種は、切手・コイン販売、装粧品店、ア

ダルトショップ、アニメショップなどの例を除けば、その大部分は異業種集積に参加しない。例えば、質流れ店、ネクタイ、テニスショップ、味噌販売、人形店、小鳥ペット店、スキー・スノボショップ、旅行用品店などがこの例である。

しかし、店舗数が多い業種でも、異業種集積に参加しないかなりの数の業種がある。例を挙げると、贈答品店、家具店、園芸店、衣料品（制服・作業服）、ゴルフショップ、祝儀用品、ホームセンター、真珠、魚ペットショップ、模型、アイスクリーム、洋裁店、日本人形、アウトドア用品などの業種である。

これらの異業種集積形成に参加しない業種には、その業種だけで同業種集積する業種と、孤立立地する業種があるはずである。この点を明らかにするには、次章での同業種集積の検討が必要になる。

▼要約▲

本章では異業種集積のパターンが、中心地階層の区分とどのように関わるかという問題を検討した。中心地理論は、中心地体系の階層区分を主として中心地に集積する業種数によって行ってきた。単なる異業種数が階層区分の基準変数として使えるのか。この問題の検討がこの章の中心課題であった。このために、先行研究の展望と京阪神都市圏事例による異業種集積パターンの検証を行った。

中心地には多様な業種の店舗が集積する。異業種集積は、この集積業種数に着目した商業集積の側面である。クリスタラーによる中心地体系の古典理論によると、異業種集積は2種のパターンからなる。1つは商品の次数仮説であり、同じような次数の業種間で異業種集積が進む傾向が強い。買い回り品など高次商品の業種は、相互に集積して高次階層の中心地を形成し、最寄り品など低次商品の業種は、相互に集積して低次階層の中心地を形成する。

67　第 2 章　異業種集積のパターン

他の1つは業種包括仮説であり、高次階層の中心地は低次階層中心地のすべての業種を包括すると主張している。異業種集積の観点からいえば、包括仮説の主張は、低次商品は高次商品とともに異業種集積を形成して高次中心地となるが、逆に高次商品が低次商品と異業種集積を形成して低次中心地を形成することはないということである。中心地理論ではその古典理論の理論的基礎を強固にするために、その後、異業種集積の多目的出向モデルが発展した。この理論は、異業種集積形成のメカニズムを多目的出向による消費者の買い物費用の削減に求めている。異業種集積では消費者は1度の買い物で複数商品を購入することができる。それによって、交通費や買い物時間を節約できるので、異業種集積の大きい中心地に向かう傾向が生じる。このことはインセンティブになって異業種集積が進行するというように、需要増などの外部経済を発生させることになる。これが異業種コンセプトが単純であるので、現実の異業種集積のパターンを検討するには使えない。

本章では異業種数だけを階層区分基準として使ってよいかという問題を検討するために、現実の多様な異業種の立地パターンを主成分分析によって検討した。その結果によると、主要な異業種集積は買い回り集積、最寄り集積、生鮮集積などである。たしかに古典理論が予見するように、同じ次数の業種間での異業種集積が形成される。高次業種である買い回り業種での異業種集積形成、低次業種である最寄り品種での異業種集積形成が行われている。しかし、京阪神都市圏での異業種立地パターンの全体像は、中心地体系の古典理論や多目的出向モデルが予見するよりもはるかに複雑なパターンであり、これらの集積タイプ以外にも、自動車、和服、子供関連の機能特殊的な異業種集積の存在が確認された。

中心地の階層区分にこれらの異業種集積パターンはどのように関わるのだろうか。この点から見ると重要な発見

68

物は、京阪神都市圏での異業種集積が業種包括仮説に沿うような形では形成されていないことである。高次階層での中心地の業種構成は、下位階層中心地の業種構成を包括する形では必ずしも形成されていない。さらに、都市圏に立地する多様な業種のすべてが異業種集積形成に参加しているわけではない。

中心地理論は中心地体系の階層区分を主として中心地に集積する業種数によって行ってきた。しかし、実証結果から見ると、単なる集計的な業種数は中心地階層を区分する際の機能基盤として必ずしも適切なものではない。むしろ買い回り集積関連の業種数、最寄り品関連の業種数がより適切な機能基盤である。生鮮集積はそのアイデンティティが風化しつつあり、またその構成業種の性格が最寄り品業種ときわめて類似通しているので、この業種数を最寄り品関連の業種数に加えた、非買い回り業種数を階層区分基準の1つとして利用してもよいであろう。さらに、特化機能集積に関連した業種はすべてのグリッドに関連しないので、中心地階層の区分に際しては除外しても差し支えないと考えられる。

注

1　D. S. West, B. von Hohenbalken and K. Kroner, "Tests of Intraurban Central Theories", *The Economic Journal*, Vol. 95, March 1985.
2　W. Christaller, *Die Zentralen Orte in Süddeutschland*, Verlag von Gustav Fischer / Jena, 1933. (W・クリスタラー、江沢譲爾訳、都市の立地と発展、大明堂、1969年)
3　B. J. Berry, *The Geography of Market Centers and Retail Distribution*, Prentice-Hall, 1967 (西岡久夫、鈴木安昭、奥野隆史、小売業・サービス業の地理学─市場センターと小売流通、大明堂、1970年)；B. J. Berry and J. B. Parr, *Markets Center and Retail Location: Theory and Applications*, Prentice-Hall, 1988. (奥野隆史、鈴木安昭、西岡久雄訳、小売立地の理論と応用、大明堂、1992年)
4　中心地理論では、この距離を「到達範囲」という用語で呼ぶ。
5　中心地理論では、この売上高を「成立閾」という用語で呼ぶ。

6 H. Beguin, "Christaller's Central Place Postulates: A Commentary", *The Annals of Regional Science*, Vol.26, 1992.

7 このモデルの紹介については、奥野隆史、高橋重雄、根田克彦、商業地理学入門、東洋書林、1999年。

8 例えば、B. C. Eaton and R. G. Lipsey, "An Economic Theory of Central Places", *The Economic Journal*, Vol.92, March 1982; A. Ghosh, "The Value of a Mall and Other Insights from a Revised Central Place Model", *Journal of Retailing*, Vol.62, Spring 1986.

9 業種数をnとし、消費者がr（r∨1）個の業種の商品を購買するときを多目的出向とすると、多目的出向での異業種の組み合わせパターンの数は、下に示す囲みの式の通りである。

10 B. C. Eaton and R. G. Lipsey, A. Ghoshの前掲論文、またB. G. C. Dellaert et al., "Investigating Consumers' Tendency to Combine Multiple Shopping Purposes and Destinations", *Journal of Marketing Research*, Vol.35, May 1998. を参照。

11 T. A. Arentze, H. Oppewal and H. J. P. Timmermans, "A Multipurpose Shopping Trip Model to Assess Retail Agglomeration Effects", *Journal of Marketing Research*, Vol.42, February 2005.

12 買い回り集積行列データ（N＝3788）に基づく42業種間相関行列について、リンケージ・クラスタ分析（J. M. Kamen, "Quick Clustering", *Journal of Marketing Research*, Vol.7, No.2, May 1970.）を適用した。

13 L. P. Bucklin, "Retail Strategy and the Classification of Consumer Goods", *Journal of Marketing*, October, 1962.

14 cf. S. Brown, *Retail Location: A Micro-Scale Perspectives*, Avebury, 1992.

15 総務省統計局「労働力調査」。

$$nCr = \frac{n!}{(n-r)!} = \frac{n \times (n-1) \times (n-2) \times \cdots \times 1}{(n-r) \times (n-r-1) \times (n-r-2) \times \cdots \times 1}$$

第3章 同業種集積のパターン

中心地の商業集積には、異業種が集積するだけではない。同業種でも多数の店舗が集積することがある。この集積が同業種集積と呼ばれるものである。多くの商業集積も中心地体系は異業種集積と同業種集積の多様な形での混合から成り立っている。異業種集積とともに、同業種集積も中心地体系の機能基盤として作用しているかもしれない。この点を確認するために、本章では同業種集積の立地パターンに関する従来仮説の展望と検証をしてのち、この集積が異業種集積とどのように関連するのかを検討しよう。

各業種の店舗は地理空間市場でどのように立地しているのだろうか。誰でも日常経験から、婦人服のような業種は大都市の中心市街地に密集し、一方、食料品店やコンビニは広い地理空間にわたって分散立地していることなどを知っている。つまり、業種によってその同業種集積パターンが異なっている。しかし、都市圏に見られる多様な業種について、その同業種集積パターンを体系的に検討した研究はほとんどない。

とくに多様な業種が立地している大都市圏について、各業種の立地パターンを検討した研究は皆無に近いといってもよい。ロジャーズ*1やポッター*2の研究は、大都市圏ではなく、中小都市域を取り上げた研究である。ベリー*3の研究は、大都市圏の小売商業の数少ない実証研究の1つである。しかし、業種としては集計度の高い少数の業種カテゴリーに限定しているので、同業種の立地パターン研究としては限られたものである。しかも、彼の研究は半世紀も前の研究であり、現在の大都市圏の環境条件を反映していない。

同業種集積研究のこのような現状から見ると、まず同業種集積の立地パターンについての従来の理論仮説を展望した上で、京阪神都市圏の同業種における立地パターンを検証することが必要になる。

72

1 同業種集積の理論仮説

最小差別化の原理

異業種集積の立地パターンは、前章で検討したように、2つの側面を含んでいた。1つは孤立立地か隣接立地かの側面であり、他はそれがどのような異業種の間で見られるのかという側面である。しかし、同業種の集積に関するかぎり、後者の側面の問題は発生しない。同業種集積については、店舗が孤立立地して分散型のパターンになるのか、それとも隣接立地によって特定場所へ集中が生じるのかという側面のみが問題になる。

同業種集積の古典理論は経済学の領域で現れた。それは今日、最小差別化の原理として知られるホテリング・モデル[*4]である。ホテリング・モデルはもともとわずかの価格差異が存在しても価格戦争は起こらず、売り手が結託しなくても価格安定が生じること、そしてその際の条件を明らかにしようとしたものである。しかし、ボールディング[*5]はホテリング・モデルが同業種集積の古典理論になった理由は、そのモデルが空間競争に適用できる一般原理であることを主張し、それに最小差別化の原理という名前を与えた。最小差別化の原理によれば、差異を破壊することなく、できるかぎり既存製品に似たものを提供する、つまり同業種であることが新店舗立地のような市場参入の条件になる。

ホテリング・モデルが同業種集積の古典理論になった理由は、そのモデルが空間競争に特徴的な要因を含み、空間市場での競争者の立地パターンを分析対象の一部にしたからである。空間競争に特徴的な要因とは、各売り手への相対的距離とその移動に要する交通費によって、顧客の店舗選択行動が影響されるということである。

ホテリングは、例えば500mの海岸線にある海水浴場での2軒のアイスクリーム屋の競争のような状況を想

定し、その立地がどこに決まるかをモデル分析した。このような市場は1直線上にあるので線分市場と呼ばれている。

線上に顧客が均等に分布しているとすれば、より長い線分を確保した売り手がより多くの顧客を吸引できる。ホテリングの推論によれば、より多くの顧客を確保するために、売り手が線分市場で立地移動を繰り返したとしても、最終的には線分の中央に二人の売り手が隣接して立地するというかたちで収束する。つまり、市場の中心点が立地競争の均衡点である。この推論はいくつかの想定に基づいている。要約的に述べれば、売り手は利潤極大化を目指し工場渡し価格で販売する、効用最大化を目指す消費者が線分市場に均等に分布している、線分市場は長さが限られており、そこでの移動交通費は一定である、消費者は移動交通費を負担し価格によってのみ売り手選択を行う、需要は完全に非弾力的で同質的である、などである。

同業種集積については、従来、多くの経験的観察が積み重ねられてきた。それらの帰納的一般化を代表するのはネルソンのいう累積的吸引の理論*6である。この帰納理論の主張によれば、同じ商品を取り扱う一定数の店舗は、広範に分散して立地するよりも相互に密接あるいは近接して立地するならば、より多くの売上を上げることができる。店舗集積はこの累積的吸引の結果に他ならない。ホテリング・モデルの結論は、この累積的吸引理論に代表されるような、多くの地域で経験的に観察される同業種集積を説明する理論的基礎を与えるものと評価された。

しかし、同業種店舗が市場の中心点に集中立地するというホテリングの結論は、3種の要因の混合物が生み出したものである。第1は、同業種であるといっても商品の品質に相違があったり、またそれを販売する店舗のサービスに差別化が存在したりすることである。したがって、このモデルの予見によれば、他の条件が同じ

74

であるとすれば、商品に品質上の相違があればあるほど、また店舗の差別化機会が大きい業種ほど、分散立地よりも集中立地する傾向が強くなる。

第2は、店舗の市場範囲が消費者の移動交通費の存在によって地理空間的に制約されるという空間市場の特質である。一般に店舗からの距離が遠くなるほど、吸引できる消費者の比率は低くなる。各地点からの吸引比率を標高にたとえれば、店舗の商圏はその立地点を頂点とする円錐、あるいは山型を描くことは多くの立地経済モデルや商圏モデルが示すところである。

実際、消費者は買い物に際しては、ホテリングが想定した移動交通費だけでなく、買い物時間の機会費用など他の費用も負担する。これらの費用の総額は消費者費用と呼ばれる。店舗商圏が広くなるかどうかは、消費者がこの費用を負担するかどうかに依存している。そしてこれは高額の家電品の購買と食料品の購買を比較しても容易に理解できるように、商品によって多様に異なっている。

第3は、ホテリングが設定した種々の想定である。その中でもとくに同業種立地の地理的分布という点から見ると、両端を限定された線分市場という想定と、売り手が2つの店舗のみであるという想定が問題になる。現実の地理市場は線分市場ではなく2次元の面市場である。また、この市場では多数の店舗が競合し絶えず参入と退出を繰り返している。これらの現実的な想定を導入すれば、市場の中心に集中立地するというホテリングの結論はどうなるだろうか。

ホテリング以降の研究はこの問題に挑戦した。この挑戦の結果、ホテリングの結論が彼の想定に依存しているということが明らかになった。これらの想定をより現実的なものに代えると、競合市場は1地点に集中する代わりに分散立地するようになる。例えば、需要が弾力的になると、立地分散化の傾向が現れる。また、店舗

立地点からの距離が増加すると需要が一定率で減少するという線形市場や、消費者の留保価格（その商品を買ってもよいと考える上限値）が存在するという想定を置くと、分散化の傾向が現れる。

図3・1　立地分布の類型

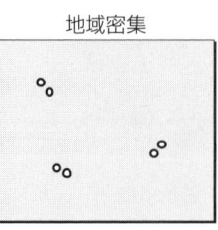

分散立地　　　地域密集　　　集中立地

線分市場の想定に代えて2次元の平面市場を想定し、そこで競争者の数が増えてくると、立地様式はより複雑になる。イートンとリプセイ[*9]は、そのような分析の1つで地域密集 (local clustering) の原理を明らかにした。その空間分布のパターンは、図3・1に示すように分散立地と集中立地の中間に位置するものである。そこではすべての企業が1か所に集積せずに少数ずつ密集しながらそれらの集積が分散している。

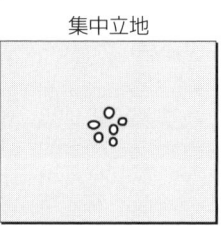

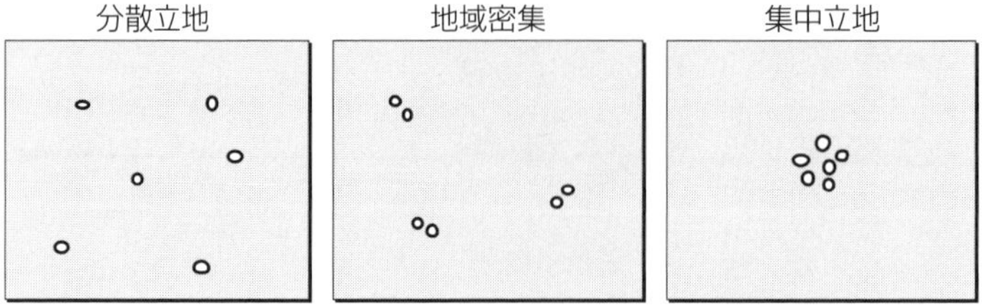

この例が示すように、通常の平面的な地理市場での店舗分布様式には多様なパターンがある。ホテリング・モデルのように、店舗が2店舗しかないという想定のもとでは、その空間分布の特徴を記述するカテゴリーは集中か分散かの2つのカテゴリーしかない。つまり隣接して立地するのか離れて立地するのかどちらかである。集中か分散かの2分法は2人の競争者しかいない複占状態というモデルの想定から派生するカテゴリーである。ホテリング以後の研究成果は、通常の地理空間での店舗立地の分布様式を記述するには、集中か分散かの2分法では不十分であることを示している。

いずれにしてもホテリング・モデルは2企業の中心地点集中の想定をより現実的な方向に緩和すると、かえって逆に空間的

な分散傾向を示す。したがって、ホテリング・モデルは同業種集積を説明できないと批判された。これがホテリング・モデルの想定を検討した経済学の結論であった。

商品分類論

しかし、この結論にも例外があった。それは差別化された製品の想定である。小売商が差別化商品を取り扱うという想定を明示的に導入すると、店舗密集の傾向が表れる。*10 この例外は同業種集積が、各業種の取り扱い商品の性質に依存していることを示唆している。実際に地理学での多くの実証研究は、業種によっては同業種集積が生じる多くの事例があることを示している。

これらの事例に見られる一般的傾向は、同業種集積の程度が商品の次数と逆の関係にあることである。前章でも述べたように、商品の次数とは中心地理論に源流を持つ理論概念である。高次商品とは宝石や婦人服のような商品である。高次商品の特徴は、より耐久的で高価であり、その商圏範囲が広く、それを獲得するための消費者の移動距離は長い。したがってこの種の商品を取り扱う小売店舗の商圏人口は大きい。これに対して、低次商品とは新聞、食品、ベーカリーのような消費者の移動距離が短い商品であり、その商圏人口と需要は小さい。*11 この結果、高次商品になるほど、同業種集積度が高くなるというのが地理学の結論である。

業種によって店舗立地パターンが異なることは、ホテリング・モデルでも暗示的に示唆されていたことである。彼のモデルでは、業種での製品差別化の程度が立地パターンの業種間差異を生み出す要因であった。しかし、市場や流通の実証研究に従事することが多いマーケティング・流通研究者がこのようなことに気づかないはずはない。店舗立地パターンに関連した商品分類概念を詳細に展開したのは、マーケティング理論の商品分

類論である。

ホテリング以前に、コープランドは消費財を消費者の購買慣習に基づいて最寄り品、買い回り品、専門品に分類し、マーケティングや流通の様式がこれらの商品カテゴリーによって大きく異なることを指摘していた。[*12] その古典的な定義によれば、最寄り品は、消費者が頻繁に、即座に、最小限の努力で購入しようとする商品である。買い回り品は、消費者が商品の選択と購買に際して適合性、品質、価格、スタイルなどの比較をすることを特徴にした商品である。そして、専門品はかなりの消費者層が特別な購買努力を習慣的にあえてしようとする商品である。

マーケティング理論では、その後、これらの行動差異を生み出す要因について、論争を経てより精緻な理論が展開されている。[*14] これらの商品分類論は全体として業種による立地パターンの相違について次のような仮説を示している。

まず、最寄り品業種の立地パターンは分散的になる傾向がある。最寄り品の特徴は消費者がその商品の購買に特別な努力を払わない。店舗に行ってお目当ての品目がないと、代替品ですましてしまうような品目である。したがって、最寄り品については消費者のアクセス便宜性を重視して店舗が立地する。一方、人口は分散的に分布しているから、最寄り品業種の立地パターンは分散的になる傾向がある。

買い回り業種の立地は特定の地点に集中立地する傾向がある。買い回り品では消費者は希望する商品を入手するために特別な努力を払う。しかし、消費者はどのような品目が市場で入手できるかについての正確な知識を、ファッション変化などにより購買前に持たないことが多い。種々な店舗を訪問して

比較購買仮説

商品比較しながら、情報を収集し希望する商品を絞り込んでいく。消費者が比較購買を行うためには、同種の店舗ができるだけ密集している方が便利である。

専門品業種は、消費者から、また同業種店舗から離れて立地することができる。専門品の場合にも、買い回り品と同じように、消費者は希望する商品を入手するために特別な努力を払う。しかし、買い回り品の場合、消費者は買い物出向以前に希望する商品についての十分な知識を持っていない。消費者はこのお目当ての品目を購買するために特別な努力を払うのである。専門店の立地ではアクセス便宜性はそれほど重要でなく、また比較購買の必要性も低いから同種店舗が密集する必要もない。

商品分類論や同業種集積の実証研究の累積によって、ホテリング・モデルは近年、幾分かの再評価を受けるようになった。例えば、イートンとリプセイは、このような商品分類論や実証研究の蓄積を意識しながら、消費者の比較購買への企業の立地反応を経済学的に厳密に理論化しようとした。彼らの理論モデルの焦点は、同業種集積があれば、比較購買のための消費者費用が削減されるという点にある。

同じような試みは他にもある。ウェッバー[*16]はホテリング・モデルに消費者の不確実性を導入すると、店舗立地の安定的な中心点集中が生じることを示した。消費者の不確実性とは消費者が特定小売店で望ましい商品を発見することが不確実であるということである。大規模な商業集積へ出向くことによって、消費者はこの種の不確実性を削減できる。

ド・パルマらは[*17]、ホテリング・モデルを再定式化して、消費者と小売商が十分に異質的であるときには、最

小差別化の原理が維持されることを示している。彼らの分析によれば、消費者嗜好の異質性が大きくなればなるほど、わずかに差別化した小売製品の需要が大きくなる。同質商品の場合、消費者はもっとも近くの中心地を飛び越えて他の中心地へ移動しないが、製品差別化が行われている業種の場合には、遠く離れた中心地でもその差別化商品の効用は、追加的な移動費用に値するようになる。

比較購買仮説に関する種々なモデルの共通点は、同業種集積を生み出す機構として、消費者の買い物不確実性を強調する点である。買い物に際して望ましい商品が購買できるかどうか。この買い物不確実性がある場合、比較購買ができる場所に消費者が探索に出かければ、その期待利得は探索費用を上回る可能性がある。このため同業種店舗が密集して比較購買をできるようにすれば、より多くの消費者を吸引できるということである。

したがって、同業種集積度は、その業種の買い物不確実性によって変わることになる。

買い物不確実性や店舗探索性向には、どのような業種要因が関連しているのだろうか。この点に示唆を与えてくれる枠組は消費者探索理論である。この理論は情報経済学やマーケティング論での消費者行動研究にまたがっている。しかし、ミラーがその展望論文*18でいうように小売分析とは十分に統合されていない。とくに、消費者探索と小売立地パターンとの関係については、消費者探索が小売集積を生み出すという大ざっぱな指摘があるだけで今後の研究課題として残されている。

同業種集積に関わる以上の理論仮説が示唆している重要な点を要約しておこう。第1は、すべての業種は同じように同業種集積をするわけではなく、業種間でその集積度にはかなりの変動があるということである。第2に、特定地点への同業種集積はとくに消費者の買い物不確実性が大きい業種で進行する傾向がある。買い回り品、比較購買、高次商品など、カギになる概念に若干の相違があるとはいえ、比較購買によって不確実性を

80

削減したい消費者にとっては、同業種集積が魅力的な買い物場所になることを示唆している点では変わりはない。第3に、このような同業種集積地が地理空間的にどのように集中し分布するかについては多様な可能性がある。

2　業種別の同業種集積パターン

実証における問題

2006年度における京阪神都市圏の店舗の集積行列は、100を超える業種と3788か所の立地場所からなる。このデータから各業種の同業種集積パターンを明らかにすることが、中心地体系の機能基盤の明確化を目指した実証課題である。以上で検討した、同業種集積の既存理論は同業種店の立地の地理的分布が集中するか分散するかに焦点を合わせ、なぜ立地集中が生じるかの要因に関していくつかの理論仮説を提出してきた。しかしこれらの理論やその仮説はこの実証課題の解決にはほとんど無力である。

第1に、同業種店舗の立地パターンといっても、実証問題ではどのような地理的空間を基準にして集中、分散を考えるのかという問題がある。基準になる地理空間（メッシュ）には2種ある。1つは、すべての業種にわたって共通の地理空間を設定する考え方である。共通の地理的空間として考えられるのは、京阪神において何らかの店舗が1店でも存在しているような地理的範囲である。京阪神都市圏ではこのようなメッシュ・グリ

ッド数は3788か所ある。他の1つは、その特定業種iの店舗が存在するグリッドである。これは業種間で大きく異なっている。

共通地理空間を基準にして測る場合、業種iの店舗が1店舗以上存在するグリッド数の比率（％）で測定できる。この比率をその業種iの立地グリッド比率と呼ぼう。一方、特定業種の店舗総数を基準にして測る場合、特定業種店舗総数に対する、グリッド別店舗数の最大値のシェアは、この基準でみた店舗の空間集中の1指標となろう。この指標を最大集積シェアと呼ぼう。

図3・2のAに示すように、その店舗数が多い業種ほど、立地グリッド比率は高くなる傾向がある。つまり店舗数の多い業種は有店地区で地理的に分散して立地している。そして、図3・2のBが示すように、立地グリッド比率が高くなると、最大集積シェアは低くなる傾向がある。つまり有店地区で広く分散している業種は、特定グリッドへの店舗集中が低くなるということである。

このように、共通地理空間を基準にして、各業種の集中・分散を測ると、それは業種の店舗総数によって決まってしまう。このため、集中・分散の業種間差異を分析するには、各業種の総店舗数を基準にして、それが地理空間で集中しているのか分散しているのかを検討する必要がある。

集中・分散を測る基準が明確になったとしても、問題が片付いたわけではない。先行研究では、地理的分布パターンの概念が貧困だからである。多くの理論モデルはこのパターンを集中か分散かの2分法でとらえている。しかし、小売商業がもっとも発展した形態で存在している大都市圏では集中といっても多様な集中形態が

図3・2 店舗数，立地グリッド比率，および最大集積シェア
店舗総数が30店以上の業種　2006年

A 立地グリッド比率と店舗数の関連

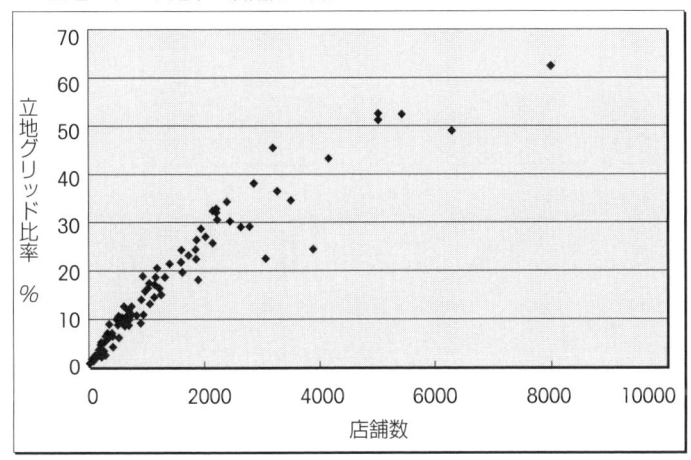

B 最大集積シェアと立地グリッド比率の関連

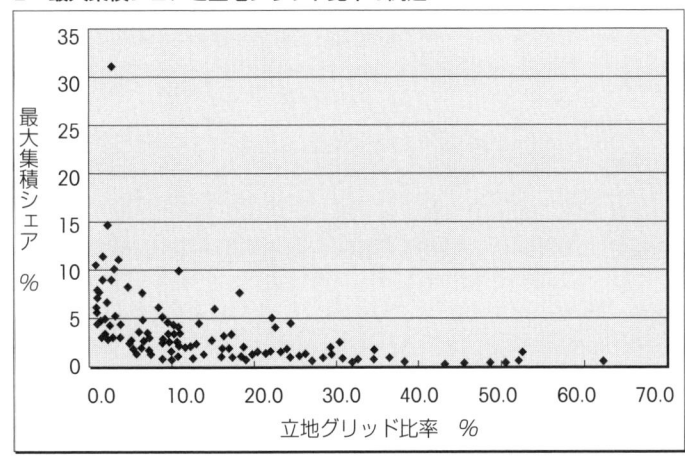

ある。前述のように、イートンとリプセイの地域密集の概念は、中心地点への集中以外にも多様な集中形態が存在する可能性を示唆している。

図3・3 3種の分布パターン

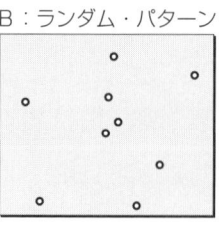

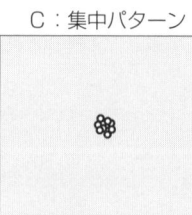

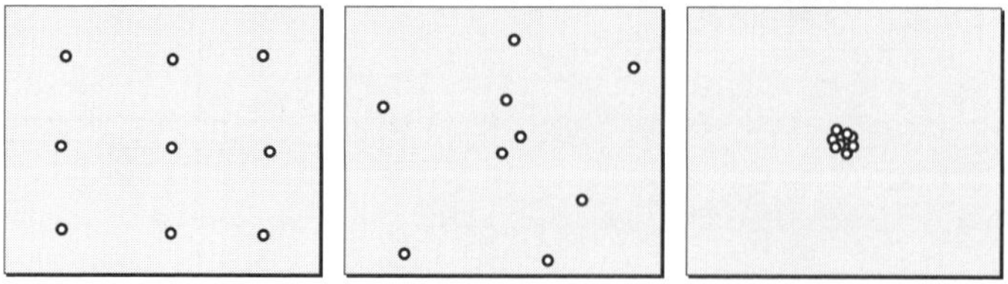

A：規則的パターン　　B：ランダム・パターン　　C：集中パターン

同じことは店舗の空間的分散についてもいえる。分散がランダムに分散しているのか、それとも一定の店舗間距離といったある規則性を持って分散しているのか。このような多様な分散様式がある。さらに、大都市圏での多様な業種についての同業種集積を実証する際に生じるこれらの問題に関して、同業種集積の先行研究は何らの示唆も与えない。

地理的分布パターンの確率モデル

このため、ひとまず同業種集積の先行理論から離れて、京阪神都市圏での多様な業種の地理的分布パターンを計量地理学の成果[*19]に基づいて分析することにしよう。その際に依拠する理論モデルは、付録Ⅱで詳論する空間地点パターンの確率モデルである。このモデルはメッシュ・データのような正方形で区画されたある地理的領域での、店舗立地のような事象の地理的分布パターンが図3・3の3種のいずれであるかを識別する便利な方法を提供している。この方法はランダム・パターンを基準にして、分布パターンの識別を行う点に特徴がある。ランダム・パターンとは、都市圏の各グリッドは店舗立地が生じる等しい確率を持っており、また都市圏での店舗立地グリッドの位置は他のいかなるグリッドの位置とも独立しているということである。ランダム・パターンで店舗が都市圏に立地している場合に、グリッドの店舗数の分布はよく知られたポアソン分布[*20]に従う。

観察数をNとすると、分散・平均比率の観察値と1の差異は$[2/(N-1)]^{1/2}$の標準誤差を持つことが知られている。したがって次式のt値を使って自由度（N−1）のt検定を行うことができる。[21]

$$t値 = (観察された分散・平均比率 - 1) / [2/(N-1)]^{1/2}$$

この有意性検定の結果によって

分散・平均比率−1＞0、つまり分散・平均比率＞1ならば、集中パターン
分散・平均比率−1＝0、つまり分散・平均比率＝1ならば、ランダム・パターン
分散・平均比率−1＜0、つまり分散・平均比率＜1ならば、規則的パターン

である。

ポアソン分布の特性はその平均と分散が等しい点にある。この特性を利用すれば、その業種の有店グリッドでの店舗数の平均と分散が等しければ、その業種の立地パターンはランダム・パターンということになる。つまり、分散を平均で除した比率、分散・平均比率が1であれば、その業種の立地パターンはランダム・パターンである。

グリッド間での店舗数の差異が小さくなるにつれて、グリッド間での店舗数の分散は小さくなる。すべてのグリッドの店舗数が同じであるという極限状態では分散は0であり、分散・平均比率も0になる。この場合、その業種の店舗立地パターンは、一定の距離を保った規則的パターンになる。分散・平均比率が1より小さくなり0に近くにつれてこのような規則的パターンに従う傾向が強まっていく。

一方、その業種の店舗数がいくつかの特定地点に集中立地する傾向が強い場合には、グリッド間での店舗数の分散は大きくなる。その際の分散・平均比率は1よりも大きくなる。その際の店舗数分布の形状は店舗数の大きい方向へ長い裾を持つ歪みのある形状になるはずである。したがってこの場合にはその業種の立地パターンは集中パターンに従っている。このように分散・平均比率は、同業種店舗の集積効果を表している。それが大きくなると集積効果が大きくなり、ゼロに近

85 | 第3章 同業種集積のパターン

づくと集積効果はなくなっていく。

メッシュ・データについて、観察された店舗数分布がポアソン分布からどの程度に乖離しているのかは、観察された分散・平均比率と1との差異の有意性検定によって、前ページの囲みのように検証できる。

規則的パターンに従う業種

統計的検定に必要な標本数が得られる、店舗数が30以上の業種について、それらの空間分布パターンを以上のポアソン・モデルを使って識別してみよう。分散・平均比率が1よりも有意に小さく、したがって集積効果の小さい業種は、表3・1に示す43業種である。ポアソン・モデルを基準にして識別すれば、これらの業種は規則的な分散パターンを示す業種である。

表3・1を見ると、各業種の立地グリッドに1店舗前後立地している業種が多い。またその小さい分散は、これらの業種がある特定グリッドに集積する傾向がないことを示している。しかし、業種によって立地グリッド数、各業種の有店グリッド数は大きく異なっている。この商圏の地理的範囲を推計することによって、規則的パターンの内容を明らかにしてみよう。

業種iの商圏のおおよその地理的範囲が正方形で表せるとすれば、その支持正方形商圏の1辺の距離 A_i は、各グリッドの平均店舗数が1に近く、またグリッド間で均等に分散しているような規則的パターン業種の場合、下の囲みに示す式によって推計することができる。

$$A_i = \sqrt{\frac{京阪神都市圏有店グリッド数(=3788)}{業種iの立地グリッド数 \times 業種iのグリッド当たり平均店舗数}}$$

表3・1　規則的パターン業種　分散・平均比率が有意水準5％で1以下になる業種

業種	1kmメッシュ当たりの店舗数平均値	1kmメッシュ当たりの店舗数分散	1kmメッシュ当たりの分散・平均比率VMR	(VMR-1)のt検定量	立地メッシュ数	店舗間距離の推定値(km)
鮮魚店（活魚）	1.06	0.06	0.06	-3.6	31	11.1
小鳥ペット店	1.07	0.06	0.06	-5.1	59	8.0
菓子店（あめ類）	1.09	0.09	0.08	-3.7	33	10.7
スキー・スノボショップ	1.10	0.09	0.08	-4.0	40	9.7
ホームセンター	1.10	0.11	0.10	-11.9	345	3.3
サーフショップ	1.10	0.15	0.13	-6.5	115	5.7
旅行用品店	1.11	0.15	0.14	-3.7	38	10.0
テニスショップ	1.15	0.18	0.15	-5.5	86	6.6
質流れ品	1.16	0.18	0.16	-5.5	87	6.6
みそ販売	1.17	0.20	0.17	-5.0	72	7.3
犬猫ペット店	1.25	0.27	0.22	-10.9	387	3.1
アイスクリーム	1.21	0.27	0.22	-7.9	210	4.2
フォーマルウェア	1.17	0.27	0.23	-5.8	113	5.8
装粧品店	1.14	0.26	0.23	-3.6	44	9.3
模型	1.22	0.28	0.23	-8.0	218	4.2
かさ店	1.21	0.30	0.25	-5.4	104	6.0
ゲームソフト販売	1.22	0.31	0.25	-8.9	287	3.6
囲碁・将棋用品	1.12	0.29	0.26	-3.0	34	10.6
切手・コイン売買	1.31	0.38	0.29	-3.9	62	7.8
ペットショップ	1.31	0.41	0.32	-10.6	479	2.8
魚ペットショップ	1.20	0.40	0.33	-7.5	251	3.9
洋品店（学生服）	1.28	0.46	0.36	-7.5	282	3.7
ベビー・マタニティー用品	1.20	0.44	0.36	-6.3	197	4.4
手袋	1.24	0.45	0.36	-5.5	150	5.0
菓子店（豆菓子）	1.33	0.49	0.37	-3.5	61	7.9
園芸店	1.36	0.56	0.41	-11.1	723	2.3
洋裁店	1.31	0.55	0.42	-5.6	187	4.5
菓子店（せんべい）	1.32	0.59	0.45	-5.5	200	4.4
人形店	1.28	0.57	0.45	-2.7	50	8.7
くだもの店	1.43	0.68	0.47	-7.5	409	3.0
ファンシー店	1.41	0.73	0.52	-5.3	246	3.9
アウトドア用品	1.28	0.67	0.52	-2.9	78	7.0
絵具・絵画材料	1.32	0.74	0.56	-3.8	150	5.0
帽子	1.40	0.91	0.65	-2.4	97	6.2
模型（ホビーショップ）	1.19	0.79	0.66	-3.0	153	5.0
外車販売	1.48	0.99	0.67	-4.6	381	3.2
ゴルフショップ	1.31	0.89	0.68	-4.6	414	3.0
祝儀用品	1.38	1.10	0.79	-2.5	285	3.6
ディスカウント店	1.38	1.13	0.81	-2.9	471	2.8
自転車店	1.81	1.48	0.82	-4.5	1220	1.8
豆腐	1.63	1.35	0.83	-3.1	665	2.4
贈答用品	1.54	1.33	0.86	-2.7	772	2.2
茶販売	1.66	1.46	0.88	-2.1	604	2.5

京阪神都市圏の有店地区は1kmグリッドで3788か所ある。これを京阪神都市圏での総市場圏と見なすと、業種iの1店舗当たり対象商圏の1kmグリッド数は、業種iの立地グリッド数に業種iの1km当たり平均店舗数を乗じたもの、つまり業種店舗数で、京阪神都市圏の有店1kmグリッド数を除することによって得られる。

この業種iの1店舗当たり対象商圏の1kmグリッド数は、1グリッドの面積が1km²であるから、そのまま対象商圏の正方形面積（km²）を表している。したがって、それが1辺何kmの正方形になるかは、その平方根をとることによって得られる。このように計算された支持正方形商圏の1辺の距離の推定値Aiは、店舗間の距離の近似的な指標である。店舗間の距離間隔は市場規模が小さくなると、それだけ長くなる。

表3・1には各業種についてこの距離が示されている。この距離間隔で店舗が1店舗ずつ分布しているというのが規則的パターンの特徴である。京阪神都市圏での業種iの店舗総数は、非大型店業種についてはその業種の市場規模の近似的な指標である。

表3・1の多くの業種は店舗間距離の短いものが多い。しかし、移動距離の長い商品もかなり含まれている。それらは鮮魚（活魚）、菓子店（あめ類）、スキー・スノボショップ、旅行用品、装粧品、囲碁・将棋用品、切手・コイン売買、菓子店（豆菓子）、人形店など、専門的性格を持つ商品である。したがって、低次商品による分散化傾向の説明力は弱い。商品分類論では最寄り品が分散化傾向を示すだけでなく、専門品も分散化傾向を示すとこの点で商品分類論による説明力は中心地理論よりも高いといえる。

これらの業種は、先行研究が指摘するような特徴を持っているだろうか。中心地理論によれば、低次商品が分散化傾向を示すと予測している。低次商品の特徴は移動距離の短さにある。店舗間距離の特徴は移動距離に直接的に影響する。

経済学や探索理論における比較購買仮説で指摘されるような商品特性を、規則的パターン業種は持っている

88

図3・4 規則的パターン業種での，店舗間距離と分散・平均比率の市場規模別の関連

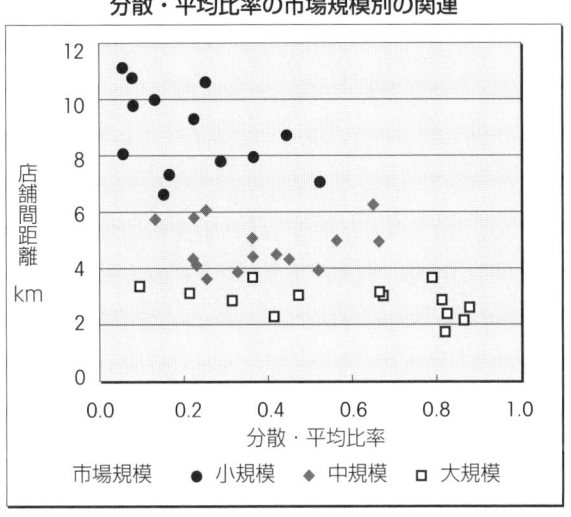

(縦軸：店舗間距離 km、横軸：分散・平均比率、凡例：市場規模 ●小規模 ◆中規模 □大規模)

だろうか。表3・1の業種店での取扱商品の多くは、いわゆる定番商品が多く、技術革新やファッションによる商品の変化サイクルが短いとはいえない。また、品質や価格の分散が大きい商品も少ない。したがって、消費者の購買不確実性が小さい商品が多い。表3・1に含まれる商品の多くは、探索価値に関するかぎり、比較購買仮説のイメージにほぼ合致している。しかし、探索費用については市場規模や購買延期の可能性に関してかなり多様である。

表3・1に示す業種の空間分布の特徴は、それが分散的であるだけでなく、分散の仕方が規則的であるという点にある。この規則性に関しては先行研究のいずれも何も語っていない。この分散の規則的パターンの内容は、ある一定の距離を保って1店ずつ立地しているということである。この規則的パターンはいかなる機構によって生み出されるのだろうか。

この問題をとくカギは、業種間での店舗間距離の変動である。この変動の意味は図3・4が示している。図3・4を見ると、規則的パターンを示す業種では、分散・平均比率（集積効果）が増加するにつれて店舗間距離が減少している。前述のように、分散・平均比率が減少すると、店舗の空間分布はますます規則的なパターンを強め

表3・2　ランダム・パターン業種
(分散・平均比率－1)が5％以下で有意でない業種

業種	1kmメッシュ当たりの				立地メッシュ数	店舗間距離の推定値(km)
	店舗数平均値	店舗数分散	分散・平均比率VMR	(VMR－1)のt検定量		
ししゅう	1.53	1.61	1.05	0.7	343	2.7
ネクタイ	1.47	1.54	1.04	0.3	68	6.2
スーパーストア	1.98	1.99	1.01	0.2	1251	1.1
鮮魚店(川魚)	1.38	1.27	0.92	－0.6	125	4.7
オートバイ販売・修理	1.81	1.76	0.97	－0.6	1237	1.3
ガソリンスタンド	1.85	1.77	0.96	－1.2	1728	1.1
ジーンズショップ	1.35	1.21	0.90	－1.2	273	3.2
食器	1.41	1.14	0.81	－1.5	122	4.7

ることになる。

一方、店舗間距離はその推定式から明らかなように店舗数が多くなると短くなる。京阪神都市圏での業種店舗数はその業種の市場規模を反映しているから、店舗間距離が長くなるとその業種の市場規模は小さくなる。この点は図3・4で店舗間距離の長い業種を一瞥しただけでも明らかである。

その業種の市場規模が小さくなればなるほど、店舗間の距離は拡大することになる。したがって、図3・4に示される関連は、分散・平均比率が小さく、したがって同業種店舗の集積効果が低い業種ほど、もし市場規模が小さければ、ますます長い店舗間距離を保って規則的に立地しなければ店舗が存続できないことを示している。店舗の規則的な立地パターンを生み出す機構は、業種の市場規模の狭隘性と、低い同業種集積効果の相乗効果である。同業種集積効果が低く、かつ市場規模が狭隘になると、その業種店舗はますます長い一定の距離を保って1店ずつ立地する規則的な立地パターンを示す傾向が強くなる。

ランダム・パターンに従う業種

分散・平均比率が1に近く、ランダム・パターンに従うと考えられる業

種は、表3・2に示す8業種である。これらの業種は、ほぼポアソン分布に従っており、集中型でも規則的な分散型でもない。グリッドによって1店だけ立地するところもあれば数店立地するところもある。このため店舗間距離は必ずしも一定の距離を規則的に保つということはない。

表3・2には店舗間距離の推定値が示されているが、その精度は規則的パターンに比べて低い。ランダム・パターンは、規則的パターンと集中パターンの中間領域であり、分散と集中を生み出す諸力が混合している。

集中パターンに従う業種

分散・平均比率が1より有意に大きい業種は、表3・3に示す63業種である。分散・平均比率が大きくなればなるほど、その業種の空間分布はますます特定地点に集積するようになる。63業種の間ではこの分散・平均比率はかなり大きく異なっている。とくに、真珠、婦人服店、宝石・貴金属店、ブティック、書画・骨董品商、和装小物、衣料品店、洋服店、靴店などの分散・平均比率はきわめて高い。これらは集中型の代表的な業種である。

これらの業種については、同業種集積についての先行研究の予見がよく該当する。これらの業種は高次商品であり、買い回り品である。その品種と価格の分散は大きく、買い物不確実性は大きい。このため比較購買によって不確実性を削減できるので、この種の業種の集積は消費者の探索価値を高め、探索費用を削減できる。

この結果、この種の集積は消費者をより遠方から吸引できることになり、その集積効果は大きい。

しかし、表3・3の集中型業種には、分散・平均比率が1を若干程度上回る多くの業種も含まれている。お

表3・3　集中パターン業種
分散・平均比率が有意水準5％で1以上になる業種

業種	1kmメッシュ当たりの 店舗数平均値	店舗数分散	分散・平均比率（VMR）	VMR-1のt検定量	立地メッシュ数	業種	1kmメッシュ当たりの 店舗数平均値	店舗数分散	分散・平均比率（VMR）	VMR-1のt検定量	立地メッシュ数
真珠	2.89	92.01	31.86	224.7	107	めがね店	2.23	5.90	2.65	36.3	973
婦人服店	4.17	109.83	26.37	548.2	935	自動車部品用品店	1.78	4.65	2.61	34.4	916
宝石・貴金属店	2.75	51.60	18.76	330.2	692	楽器商	1.75	4.40	2.52	21.3	393
ブティック	3.59	66.52	18.53	363.0	859	生花店	2.37	5.65	2.38	36.3	1,385
書画・骨董品商	2.22	31.83	14.32	192.0	418	青果物店	2.16	4.85	2.25	24.3	759
和装小物	3.02	39.49	13.07	81.4	92	洋服店(注文服)	1.84	1.04	2.21	17.3	411
衣料品店	2.19	22.76	10.37	193.3	852	自動車販売	2.61	5.63	2.16	36.1	1,935
洋服店	2.21	19.22	8.69	72.5	179	日用品雑貨店	1.91	4.06	2.13	23.1	840
靴店	2.18	18.13	8.34	124.4	576	デパート	1.72	3.66	2.13	12.3	240
靴下	2.45	17.39	7.11	82.0	361	米店	2.54	5.32	2.09	31.3	1,640
紳士服店	2.05	13.64	6.65	90.2	510	子供服店	1.85	3.43	1.85	11.6	373
履物	2.05	11.70	5.71	59.6	322	書店	1.91	3.50	1.83	18.5	999
化粧品販売	2.67	14.66	5.48	115.0	1,317	コンタクトレンズ	1.71	2.99	1.75	9.8	343
中CD・DVD・ビデオ	1.81	9.90	5.48	34.4	119	文具・事務用品店	2.01	3.50	1.74	16.0	926
かばん・ハンドバッグ店	2.00	10.93	5.47	58.3	341	毛皮	1.80	3.09	1.72	4.6	83
呉服店	2.37	12.14	5.12	97.2	1,116	インテリア用品店	1.69	2.90	1.72	13.5	714
CD・DVD・ビデオ店	1.61	7.44	4.63	51.8	408	スポーツショップ	1.67	2.79	1.67	11.8	622
日本人形	1.71	7.38	4.32	27.4	137	漆器店	1.62	2.58	1.60	3.4	65
紳士洋品店	1.89	7.84	4.14	35.2	252	衣料品店(制服・作業ума)	1.56	2.46	1.58	9.1	492
酒店	3.39	13.59	4.01	103.6	2,346	菓子店	1.87	2.92	1.56	10.5	711
婦人洋品店	2.00	7.81	3.90	41.6	412	食料品店	1.75	2.67	1.53	13.1	1,235
菓子店(洋菓子)	2.14	8.32	3.89	69.4	1,155	カメラ店	1.70	2.57	1.51	9.1	640
洋品店	2.06	7.73	3.74	46.1	565	古本	1.58	2.28	1.44	6.6	447
薬局	3.41	11.99	3.52	76.7	1,856	食肉店	1.98	2.80	1.42	9.5	1,031
電器店	2.73	9.23	3.38	74.9	1,987	表具・表装店	1.71	2.42	1.41	8.4	821
家具店	1.75	5.75	3.28	41.3	656	乾物店	1.38	1.91	1.39	2.8	104
菓子店(和菓子)	2.48	8.07	3.25	53.1	1,118	薬店	1.82	2.44	1.34	7.9	1,084
電気機器販売	1.90	5.74	3.03	28.5	397	中古車販売	1.84	2.26	1.23	5.9	1,310
下着販売店	1.67	4.91	2.94	21.7	250	総菜店	1.71	2.08	1.22	3.5	535
コンビニエンス店	2.55	7.15	2.81	56.8	1,978	パン店	1.91	2.32	1.22	5.2	1,174
鮮魚店	1.96	5.34	2.72	36.1	883	おもちゃ店	1.43	1.71	1.20	2.7	365
時計店	1.96	5.30	2.70	30.0	624						

図3・5 集中パターン業種における最大集積シェアと分散・平均比率の関係

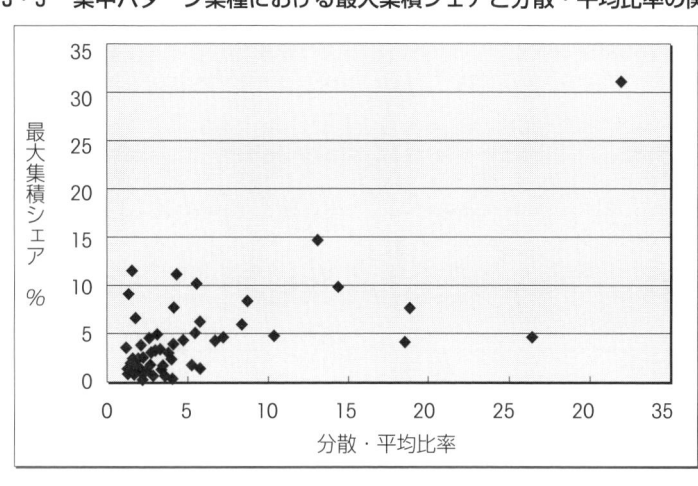

もちや店、パン店、総菜店、薬店、乾物店、食肉店、食料品店、菓子店などの、いわゆる低次商品、最寄り品業種も含まれている。この点では、同業種集積についての地理学、マーケティング論、経済学の従来の予見は当てはまらない。これらの最寄り品業種の分散・平均比率が1よりも有意に大きくなるのは、これらの業種が孤立立地することが少なく、商店街、市場（イチバ）などに複数店が集積立地するからである。

先行研究における地理的集中の概念はそれほど精緻なものではない。その多くは市場の中心地点への集中を議論している。同じように、ポアソン・モデルの集中概念もその内容はそれほど豊かなものではない。ポアソン・モデルはランダム・パターンを基準に規則的パターン、集中パターンを識別する。しかし、ポアソン・モデルは集中パターンを識別できるが、その集中パターンそのものがどのような様式であるかについては何も語らない。

同じ集中パターンでも、地理空間における集中の様式は1つではない。この点を端的に示すのは図3・5である。ポアソン・モデルによれば、分散・平均比率が高くなるにつれて空間

表3・4 最大集積シェアと集中様式

店舗数シェア順位	店舗数シェア　%					
	婦人服	ブティック	衣料品	真珠	和装小物	書画・骨董
1	4.5	4.1	4.8	31.1	14.7	9.9
2	3.3	4.0	3.9	8.1	13.7	4.8
3	2.7	2.2	2.6	4.2	8.6	4.1
4	2.6	2.0	1.8	3.9	4.3	2.5
5	2.4	1.8	1.4	2.9	3.2	1.8
6	2.3	1.6	1.1	2.9	3.2	1.8
7	1.5	1.5	1.0	2.6	2.9	1.4
8	1.4	1.3	1.0	1.9	2.5	1.4
9	1.0	1.3	0.7	1.6	2.2	1.3
10	0.9	1.1	0.7	1.3	2.2	1.3
分散平均比率	26.37	18.53	10.37	31.86	13.07	14.32
最大集積店舗数	174	127	90	96	41	92
総店舗数	3895	3084	1870	309	278	929

的集中も高くなる。しかし図3・5を見ると、分散・平均比率が高くなるにつれて、最大集積グリッドの店舗数が総店舗数に占める比率、つまり最大集積シェアの増加の仕方は業種によって多様である。

最大集積シェアは集中パターンの様式にどのように関連しているのだろうか。表3・4はとくに分散・平均比率の高いいくつかの業種について、最大集積シェアが集中の様式とどのように関連しているかを例示している。婦人服、ブティック、衣服などの業種では、最大集積シェアは高くはない。このことは店舗数シェアがトップ10のグリッド間でも、そのシェアは比較的なだらかに傾斜して低下していくことを示している。最大集積シェアの高くない業種での集中の様式はいわば多階層型の集中である。

これに対して、最大集積シェアの大きい真珠、和装小物、書画・骨董のような業種では、トップ10間でも店舗数シェアはなだらかな階層を描かない。これらの業種の集中様式の特徴は少数地点への相対的集中が高いことである。例えば、真珠では京阪神都市圏の真珠店の31・1％が特定グリッドに集中し、また和装小物では14・7％が特定グリッドに集中している。最大集積シェアが

図3・6　集中パターン業種における3分位市場規模別の
最大集積シェアと分散・平均比率の関係

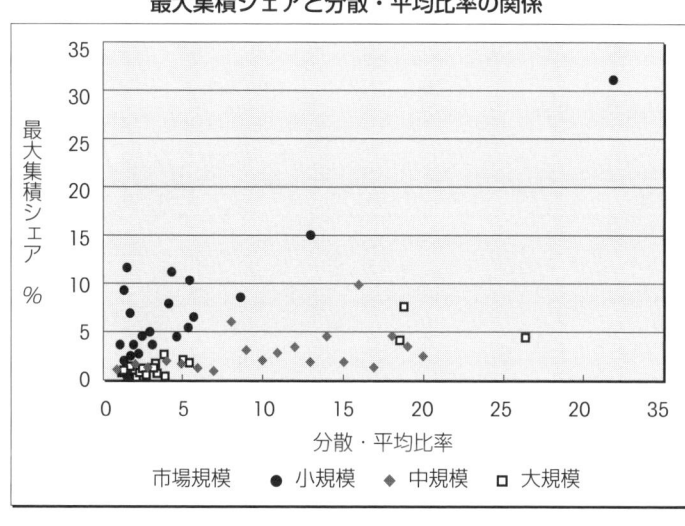

（縦軸：最大集積シェア %、横軸：分散・平均比率）
市場規模　● 小規模　◆ 中規模　□ 大規模

高くなると、集中様式はこのような少数地点集中型になる傾向がある。

それでは業種を多階層型の集中と少数地点集中に分ける主要な要因は何だろうか。それは、規則的パターンの様式を分ける要因と同じく、その業種の市場規模である。

図3・6はこの点を明確に示している。

この図では業種の市場規模（京阪神都市圏での各業種の総店舗数）をほぼ同じ数に3分割した上で、各業種の最大集積シェアと分散・平均比率をプロットしたものである。この散布図は最大集積シェアと分散・平均比率の関係が市場規模に依存していることを示している。言い換えれば、集中パターンが多階層型集中になるか少数地点集中になるかは市場規模に依存している。市場規模が中規模や大規模であるときには、分散・集中比率が高まっても、最大集積シェアがわずかしか増加しない。したがってこの場合には集中様式は多階層型になる。一方で、とくに市場規模が小さいとき、分散・平均比率が高く集積効果が大きくなると、最大集積シェアが急速に高まり少数地点集中型の集中パターンが現れる。

少数地点集中型の業種がどの地点（グリッド）に集中

表3・5　最大集積シェアSの回帰分析　標本数N＝63

説明変数	モデル1		モデル2		モデル3	
	回帰係数	t値	回帰係数	t値	回帰係数	t値
定数	3.642	6.066	1.901	3.726	1.455	4.222
分散・平均比率 V	0.543	8.859	0.914	13.126	0.955	15.622
市場規模 M	−0.00129	−5.744	−0.00026	−1.181		
相互作用項 V＊M			−0.00022	−7.045	−0.00024	−10.357
調整済み決定係数	0.635		0.799		0.797	

するかは、地点が歴史的に形成してきた生産・流通拠点優位性に依存している。前章でもふれたように和装小物については、京都市の中心グリッドがこの種の優位性を持っている。真珠についても同じである。神戸市中央区の旭通5丁目付近（96店）や明石町（25店）に際だって大きい真珠店集積がある。神戸市は日本の真珠の加工・流通の80％を占めている。御木本幸吉が養殖真珠に成功して以来、真珠は高級品であるためその需要は欧米への輸出に頼ってきた。そのため、三重、四国、九州などの養殖場から地理的に近い国際貿易港であった神戸に、自然と真珠が集まるようになった。さらに、神戸市の北にそびえる六甲山が安定した北光線をその麓に供給し、真珠の選別に欠かせない自然光を神戸の街に提供しているという地形的事情が付け加わる。神戸に真珠加工店が集積することになったのは、以上のような歴史的経緯によるものである。[*22]

表3・5は以上の点を回帰分析によって確かめたものである。相互作用項のないモデル1よりも、それを説明変数に含むモデル2と3の方が、説明力が高くなるから、分散・平均比率と市場規模の間には相互作用がある。また、モデル2と3では説明力にはほとんど差はないが回帰係数のt検定から見ると、モデル3の方が優れている。モデル3を式で書くと、下の囲みのようになり、分散・平均比率Vが最大集積シェアSに与える影響

$$S = 1.455 + 0.955V − 0.00024V＊M = 1.455 + (0.955 − 0.00024M)V$$

は、市場規模Mが増加するにつれて減少していくことがわかる。

図3・7　同業種店舗集積の放射モデル

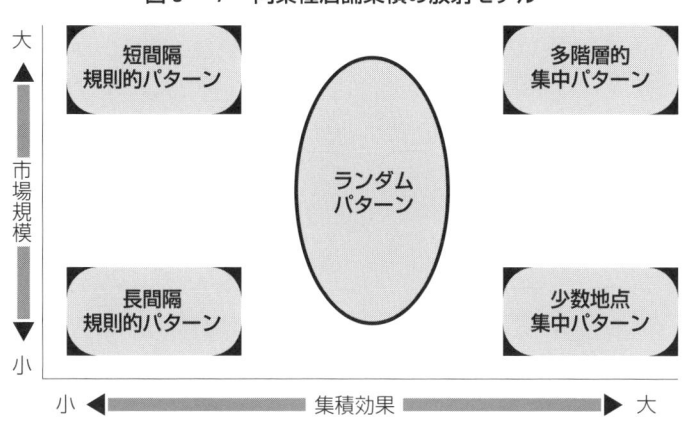

大　　　　　　　　　　　　　　　　　　　　　　　　　大
↑　　短間隔　　　　　　　　　　　多階層的
　　規則的パターン　　　　　　　　集中パターン
市
場
規　　　　　　　　ランダム
模　　　　　　　　パターン

↓　　長間隔　　　　　　　　　　　少数地点
　　規則的パターン　　　　　　　　集中パターン
小
　小　←　　　　　集積効果　　　　　→　大

同業種集積の放射モデル

以上の分析によって、同業種集積の空間パターンは図3・7のような放射モデルに要約することができる。ランダム・パターンを中核にして、長間隔規則的パターン、短間隔規則的パターン、少数地点集中パターン、多階層的集中パターンの4類型が放射状に位置している。5類型間の境界は明確なものではなく、ファジー領域を含みながら図のように位置している。

これらの配置図のどこにある業種が位置するのか。それを決める要因はその業種の同業種集積効果と市場規模である。集積効果はその業種の空間分布の分散・平均比率によって決まる。この比率の値が1の場合には、集積効果があるともないともいえない。そのためその業種は集積しているとも分散しているともいえないランダム・パターンで立地する。

比率の値が1以下の場合には、同業種集積の効果は小さい。このため、たとえあるグリッドに店舗が立地しても、1店などきわめて少数の店舗が立地する。この種の空間分布が規則的パターン

97　第3章　同業種集積のパターン

3 同業種集積は中心地体系の機能基盤か

同業種と異業種における集積タイプの関連

同業種集積は多様であり、放射モデルに示すような5種のタイプがある。これらのタイプはどのように関連しているのだろうか。この検討は、同業種集積が中心地体系の機能基盤として作用するかどうかの確認のため不可欠である。同業種集積や異業種集積についての以上の分析結果に基づいて、集積についての業種データベースを構築してこの検討を行ってみよう。検討はデータが利用可能な116業種を対象

になるのは店舗間距離が等間隔だからである。市場規模が小さいときには店舗間距離は長く、市場規模が大きくなるとこの距離は縮まる。

分散・平均比率が1より大きくなるにつれて集積効果が高まり、ある特定のグリッドに多くの同業種店舗が集中するようになる。しかし、この集中の様式もその業種の市場規模によって異なっている。市場規模が小さい業種では、集中はきわめて少数のグリッドに集中する。これらのグリッドへの集中度は飛び抜けている。しかし、市場規模が大きくなると、きわめて少数のグリッドへの集中が大きくなるということはない。各グリッドへの集中度（店舗シェア）を大きい順序に並べた場合、その減少率はなだらかであり、多階層型の集中を示すことになる。

98

表3・6　同業種集積と異業種集積の関連

同業種集積タイプ	異業種集積タイプ				全体
	買い回り集積	非買い回り集積	特化機能集積	集積不参加	
集中型	48	30	11	11	100
標本数	30	19	7	7	63
分散型	19	21	9	51	100
標本数	10	11	5	27	53
全体	35	26	10	29	100
標本数	40	30	12	34	116

注）カイ自乗独立性検定の有意確率 <.000

にして行われる。

さらに、業種数が116しかないので、分析に必要な標本数を確保するために、タイプの数の縮約を行おう。縮約されるタイプは中心地体系の機能基盤の点から見ると類似しているタイプである。同業種集積については、ランダム・パターンと規則的パターンを統合して分散型と集中型（集中パターン）の2タイプとする。異業種集積については、買い回り集積はそのままであるが、最寄り集積と生鮮集積を統合して非買い回り集積とする。また、車関連集積、和装関連集積、子供関連集積を統合して特化機能集積とする。これら3種の異業種集積タイプに入らない業種を集積不参加業種とする。

これらの縮約された集積タイプをクロス集計すれば、表3・6のような結果が得られた。統計的検証では、異業種集積タイプと同業種集積タイプが独立であるという仮説は棄却される。これらタイプは相互に関連がある。その関連についての重要な発見物は、買い回り集積や非買い回り集積など、主要な異業種集積は、同業種集積の傾向が強い集中型の業種を構成業種にしているということである。

同業種集積に関して集中型の立地パターンに従う業種は、異業種集積としての買い回り集積か非買い回り集積のいずれかの構成業種になる傾向が強い。

とくに集中型業種の半数近くは買い回り集積の構成業種になる。非買い回り集積の構成業種をあわせると、同業種集積における集中型業種の78％は主要な集積の構成業種になっている。一方、同業種集積を形成する傾向が弱い分散型業種について見ると、その51％は異業種集積タイプの構成業種にならない。しかし、これらの業種は同業他社が少ない場合には、何らかの異業種集積タイプの構成業種になることもある。

集積規模拡大に伴う集積様式の変化

次に、異業種集積と同業種集積の関連を、立地場所（グリッド）を分析単位にして検討してみよう。グリッドでの異業種集積度を業種数で測り、また同業種集積度を業種当たり店舗数で測ると、図3・8に示すように2種の集積間にはJ字型の明確な関連がある。

この図で右上方向へ移動すればするほど、グリッドの集積店舗数（＝業種数×業種当たり店舗数）は多くなり集積規模が拡大する。逆に左下方向へ移動すれば集積規模は小さくなる。集積規模はそのグリッドの商業人口の大きさも同時に意味している。したがって、この図は、中心地の規模が大きくなり、中心地体系の階層が上がるにつれて、異業種集積と同業種集積がどのように形成されていくか、つまり、商業集積経路を示すものである。

商業集積経路の主内容は次のようなものである。

・集積規模が小さく、低い中心地階層にあるグリッドでは、集積規模の拡大は主として異業種集積の拡大によって行われる。同業種集積を伴わない異業種数の拡大が低い階層での集積規模拡大の主要経路である。

・集積規模が商業人口から見て3万人を超えたあたりから、さらに一層の拡大には集積様式の大転換が必要に

100

図3・8　商業集積経路　有店地区＝3788
△は商業人口3万以上，・は3万未満のグリッド

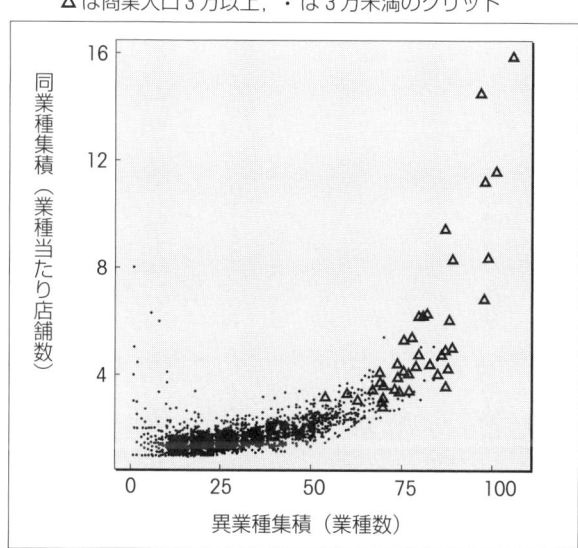

データ源：京阪神1kmメッシュ・データ　2006年

なる。それは集積規模拡大の主要経路を異業種集積から同業種集積経路に変える大転換である。このような大転換を含むために、全体としての商業集積経路はJ字型曲線を描くことになる。

しかし、このようなJ字型の商業集積経路にも例外がある。それは図中の左下方で同業種集積が相対的に高いいくつかのグリッドである。これらのグリッドでは、異業種数の増加を伴わない同業種集積が行われている。これらは和装関連、真珠、書画・骨董などの業種における少数地点集中パターン（図3・7）の集中地区である。

概念的には、同業種集積は中心地体系の階層を区分する機能基盤である。しかし、その集積パターンは異業種集積と密接な関連がある。異業種数が増加すると、各業種での同業種集積も逓増的に増加していく傾向にある。このため中心地体系の構造を統計的に検証する際には、異業種集積を考慮に入れると、同業種集積は階層識別には付加的な情報をそれほど提供しない。異業種集積が大きくなることが、同時に同業種集積も大きくなることを意味するからである。

▼要約

同業種集積は異業種集積と並ぶ商業集積の基本パターンである。本章では、この同業種集積パターンが中心地の階層区分とどのように関わるのかという問題を取り扱った。そのために先行研究の展望と京阪神都市圏事例による同業種集積パターンの検証を行った。

同業種集積の程度は業種間で大きく異なっている。先行研究によれば、この業種間差異は買い物不確実性によって生じる。買い物不確実性の大きい品種ほど同業種集積の傾向が強くなる。同業種集積の大きい品種は買い物不確実性を削減できる。このベネフィットのために、同業種集積が大きくなると、より多くの消費者をその中心地に吸引できるようになる。これによって、同業種集積の大きい中心地の店舗は、需要増などの外部経済を達成できるのである。先行研究の以上のような予見は、京阪神都市圏データによってもほぼ支持されている。

しかし、先行研究は種々の業種の同業種集積の程度を確定する実証手続きに関してはほとんど示唆も与えないし、また同業種集積の地理的分布パターンについては何も語っていない。この点に関しては、ポアソン分布に基づく空間地点パターンの確率モデルの方が有効である。このモデルによって、各業種の立地パターンが規則的分散型、ランダム分散型、集中型のいずれであるかを確定できる。この分散・平均比率は同業種の集積効果を表すものである。

しかし、確率モデルはとくに規則的分散型と集中型に関して、現実のデータに見られるさらに多様な地理的分布のパターンを区別できない。そのパターンとは、規則的分散型の場合には店舗間距離が短距離か長距離かのパターンであり、集中型の場合には多層的集中かそれとも少数地点集中型かということである。これらのパターンの識別

には各業種の市場規模を導入する必要がある。分散・平均比率（同業種集積効果）に加えて、この市場規模を考慮すれば、同業種集積の多様な地理的パターンを整合的に説明することができる。この章ではそれを同業種集積の放射モデルに要約している。

同業種集積は異業種集積とも密接な関係にある。この関係は異業種集積が進行するに伴い、同業種集積はある段階から逓増的に増加するというJ字型の商業集積経路曲線によって描かれる。このことは同時に、中心地への商業集積がまず異業種集積から始まり、その集積のある段階から同業種集積が急速に進むということである。このような関係のために、同業種集積と異業種集積はそのタイプに関しても関連を持つことになる。すなわち、同業種集積に関して集中型の業種は、異業種集積に関しても買い回り集積や非買い回り集積の参加業種になる傾向が強い。同業種集積と異業種集積の間に、このような密接な関係が存在するので、異業種集積度が大きくなることは、同時に同業種集積も大きくなることを意味することになる。とくにこれは中心地体系の上位階層間の識別に際して生じることになる。同業種集積は基本的な集積パターンであるにも関わらず、中心地体系の上位階層間の識別に際しては、同業種集積を表す変数は、異業種集積を表す変数と同時には、中心地階層の識別基準として利用することはできない。

注

1 A. Rogers, *Statistical Analysis of Spatial Dispersion*, Pion Limited, 1974.
2 R. B. Potter, *The Urban Retailing System*, Gower, 1982.
3 B. J. L. Berry, *Geography of Market Centers and Retail Distribution*, Pretice-Hall, 1967.（西岡久夫、鈴木安昭、奥野隆史、小売業・サービス業の地理学――市場センターと小売流通、大明堂、1970年）
4 H. Hotelling, "Stability in Competition", *The Economic Journal*, Vol.39, March 1929.
5 K. E. Boulding, *Economic Analysis, Volume I: Microeconomics*, fourth edition, Harper & Row, 1966.

6 R. L. Nelson, *The Selection of Retail Locations*, F. W. Dodge, 1958.
7 S. Brown, "Retail Location Theory: The Legacy of Harold Hotelling", *Journal of Retailing*, Vol. 65, No. 4, 1989.
8 S. Brown, "Retail Location at the Micro-Scale: Inventry and Prospert", *The Service Industry Journal*, Vol. 14, No. 4, 1994.
9 B. C. Eaton and R. G. Lipsey, "The Principle of Minimum Differentiation Revisited: Some New Developments in the Theory of Spatial Competition", *Review of Economic Studies*, Vol. 42, No. 1, 1975.
10 cf. M. Fujita and J. Thisse, *Economics of Agglomeration: Cities, Industrial Location and Regional Growth*, Cambridge, 2002.
11 P. T. Kivell and G. Shaw, "The Study of Retail Location", in L. A. Dawson ed., *Retail Geography*, Wiley, 1980.
12 M. T. Copeland, *Principles of Merchandising*, A. W. Shaw Company, 1924.
13 American Marketing Association, "Report of the Definition Committee", *Journal of Marketing*, Vol. 13, October 1948.
14 R. H. Holton, "The Distinction between Convenience Goods, Shopping Goods, and Specialty Goods", *Journal of Marketing*, Vol. 23, July 1958; D. J. Luck, "On the Nature of Specialty Goods", *Journal of Marketing*, July 1959; L. P. Bucklin, "Retail Strategy and the Classification of Consumer Goods", *Journal of Marketing*, October 1962.
15 B. C. Eaton and R. G. Lipsey, "Comparison Shopping and the Clustering of Homogeneous Firms", *Journal of Regional Science*, Vol. 19, No. 4, 1979.
16 M. J. Webber, *The Impact of Uncertainty Upon Location*, MIT Press, 1972.
17 A. De Palma et al., "The Principle of Minimum Differentiation Holds under Sufficient Heterogeneity, *Econometrica*", Vol. 53, 1985, pp. 767-81.
18 H. J. Miller, "Consumer Search and Retail Analysis", *Journal of Retailing*, Vol. 69, No. 2, Summer 1993.
19 A. Rogers, *op. cit.*, Pion, 1974; P. A. Rogerson, *Statistical Methods for Geography*, Sage, 2001.
20 ポアソン分布は、まれにしか起こらない事象の数の分析によく使われる。たいていの統計学入門書ではその解説をしている。例えば、A・D・アクゼル、J・ソウンデルパンディアン、鈴木一功監訳、ビジネス統計学 上、ダイヤモンド社、2007年などを参照。
21 A. Rogers, *op. cit.*, Pion, 1974.
22 http://www.enyhoo.net/sinju.html

第4章 大都市圏での中心地体系

同業種や異業種の集積によって多様な中心地が形成される。ある経済地域で形成される多様な中心地は、全体としてどのような体系を形成するのだろうか。京阪神都市圏のような大都市圏では、京都、大阪、神戸など、中核大都市の中心市街地が多様な業種からなる巨大な商業集積を誇り、都市圏全体にわたり顧客を吸引している。さらに、その都市圏外からも観光、ビジネスに関連して来訪した買い物客を吸引する。一方、ベッドタウンとなっている住宅都市の駅前やロードサイドなどでは、少数の業種が集積するにすぎず、店舗数も少ない。このような街角ショップではその商圏は狭く、近隣の住民を顧客として吸引しているにすぎない。そして、これら両者の間には様々な規模の中心地がある。

中核都市の中心市街地から街角ショップにいたる種々な中心地の集積は、重層的に多様に重なり合い、階層的な中心地体系を形成している。高次階層の中心地の商圏は、下位階層の中心地の商圏を地理的に包含する傾向がある。消費者は、低次の中心地に購買したい商品カテゴリーがなければ、より高次の中心地へ出向することになる。また、理論的にも、複数の市町村からなる地理的領域で、市町村を中心地体系の分析単位として設定すれば、これらの市町村の間に中心地体系の要素が存在することはすでにクリスタラーによって何十年も前に発見されている。*1 この体系では中心地が体系の要素としての機能、つまりどのような種類の店舗がそこに集積するかが要素の属性である。クリスタラーは南ドイツの諸都市を経験的素材としながら、中心地がどのように組織化されるのかの理論モデルを定式化した。彼の導出した体系の組織化原理は階層化であった。この原理によって、中心地とその諸属性間の相互依存関係が制約されることになる。

クリスタラーは、当時の都市化の状態と消費者や小売商の行動について、いくつかの想定のもとに彼のモデルを

106

1 伝統的中心地理論の基本的特徴

構築した。しかし、その後、都市化の状態、消費者行動、小売商行動について大きい変化が起こり、小売景観は大変化をとげた。このような変化がとくに激しかった現代の大都市圏において、中心地体系はどのような形を取って存在しているのだろうか。伝統的な中心地理論が描くビジョンは現代でも妥当するのだろうか。伝統的な中心地理論が描く中心地体系のイメージを概観してのち、京阪神都市圏における現在の中心地体系を導出してみよう。本章では伝統理論が描く中心地体系のイメージを概観してのち、京阪神都市圏における現在の中心地体系を導出してみよう。

伝統的中心地理論の想定

ある一定の地理領域で種々な小売店舗がどのように集積して中心地を構成し、その中心地が地理的にどのように分布するのか。この様相は小売の空間的編成と呼ばれている。クリスタラーが創始した中心地理論は、小売店舗だけでなく、行政機関、病院など種々な機能の空間的編成を対象にしているが、小売が機能の中核を占めていることは確かである。彼は中心地を都市という分析単位でとらえ、地方経済圏など、ある経済領域に存在する複数の市町村間で機能が空間的にどう編成されるのかのモデルを示した。それによれば、機能集積という点から見ると、市町村は中心地体系と呼ばれる階層秩序によって空間的に編成される。この中心地理論は小売の空間的編成の基本的な規範モデルであると見なされてきた。*2

この理論によれば、中心地の階層は提供され階層的な空間編成は中心地理論の基本的な理論的予見である。

る機能によって識別される。中心地理論でいう機能とは、前述のように人々に提供される種々なサービスであり、小売店舗、行政サービス、病院などを含む。通常の用語法では、機能とは事業所の業種に他ならない。中心地体系の頂点には、多様な業種が集積する最高位の中心地があり、底辺にはきわめて限定された業種からなる中心地がある。この間には種々な階層の中心地が介在する。中心地の階層があがるにつれて、より下の階層には無い機能（業種）を提供するようになる。

地方経済圏の市町村は中心地体系のいずれかの階層に所属している。中心地理論では、各階層は相互に明確に区分される部類である。各階層の中心地は他の階層とは異なる独自の中心地機能（業種）と人口水準を持っている。各階層の独自性は、上位階層の中心地が下位階層のすべての業種を持つだけでなく、それに加えて新しい業種を持つことによって生じる。階層独特の人口水準は、この機能の独自性によって生じると見なされている。*3

第2章でふれたように、中心地理論では商圏範囲と損益分岐点売上高が中心地体系形成の基礎である。食品などの低次商品を扱う店舗は、損益分岐点売上高は低く商圏範囲も短いので、経済圏で分散的に多くの小規模な近隣型中心地を形成する。一方、婦人服や宝石・金属などの高次商品は、損益分岐点売上高が高く商圏範囲も長い。この種の業種店は経済圏の中心地点に大規模な集積を形成する。経済圏の中核都市がこの種の中心地である。この両端の間に、商圏範囲と損益分岐点売上高に依存して、種々な商品の組み合わせからなるいくつかの階層の中心地が形成される。

クリスタラーは、中心地体系を導出するに際して、いくつかの想定をおいた。*4 まず、クリスタラーは多様な業種の小売商からなる地理領域を考える。この領域で人口は均等に連続的に分布し、所得は均一である。また

108

地形状況や交通条件はどの地点でも一様である。そして消費者の買い物出向について次のように想定した。

- 一種類の商品を購買するといった単一目的の出向。
- 出向の起点は自宅。
- その商品が購買できる最近隣距離のセンターへの出向（最近隣中心地利用仮説）。
- 徒歩あるいは公共交通機関での移動。消費者間でのモビリティの相違はない。
- 店舗のみでの購買。
- 価格と品揃えにのみ反応。
- 消費者の満足は商品入手によってのみ測られる。
- また供給側についていえば、クリスタラーが想定する小売商は次のような特徴を持っている。
- 利潤極大化を目指す独立小売商。
- 同種商品を販売する小売商の費用条件（間接費と購買費用）は同じ。
- 店舗は単一の商品カテゴリーを取り扱う。
- 店舗を商圏内消費者の移動距離が集計的に最小になる地点に立地しようとする。
- 立地選択は自由。
- 不動産評価は小売商の利益にいかなる貢献もしない。
- 小売のイノベーションは発生しない。
- 集積の経済は存在しない。

これらの想定のもとに、クリスタラーは各業種店の空間的パターンを別々に演繹し、これらを推論によって

全体的パターンに合成した[*5]。その中心地体系は、大きさの異なる正6角形の商圏の重層的な階層からなる。上位階層のセンターは、下位階層のセンターのすべての業種を包括的に含んでいる。また上位階層のセンターと商圏は、下位階層のセンターの商圏も包括している。このように階層をあがるにつれて、下位階層の業種と商圏を包括する階層構造の存在が、クリスタラー・モデルに代表される伝統的中心地理論の基本的主張である。

揺らぐ中心地体系

クリスタラーは1920年代までの南ドイツの状態を経験的素材として念頭に置きながら、彼のモデルを構築した。彼のモデルはこの時代の地方経済圏ではかなり該当した。この時代では、多くの地方経済圏は中核都市とそれを取り囲む中小都市や農村地域の町村から構成される。そこでは中核都市を頂点とする階層的な中心地体系が存在した。これらは南ドイツ以外の地方経済圏についても行われたいくつかの実証研究でも示されている[*6]。

たしかに、クリスタラーの時代では、以上のような想定はそれほど非現実的なものではなかった。これらの想定は、経済成長によって消費社会が多くの経済発展国で到来する以前での、消費者のむしろ典型的な買い物行動パターンを表すものであった。当時の消費者の実体は家庭の専業主婦であった。彼女たちは余暇・自由時間に乏しく、多様な家事労働に忙しく従事していた。家事労働のうちでも、食品を中心にした買い物は主婦の重要な仕事であった。

家庭には大容量の冷蔵庫がまだ普及していなかったので、食品の買い物は頻繁に行う必要があった。マイカーが普及していないため、移動は徒歩あるいは公共婦なので、その買い物出向の起点は自宅であった。専業主

110

交通機関に限られていた。また、時間的余裕も少なかったので、買い物は多くの場合、最近隣距離の中心地で行われた。

今日のように種々の無店舗販売が利用できない時代では、商品は店舗でのみ購買できた。買い物は商品入手を主目的として課業指向的に行われた。したがって、どの店舗を選ぶかは主として価格と品揃えによって決まり、望む商品を入手できるかどうかが消費者満足を規定した。これらの買い物行動は、日本でも高度経済成長が始まる1960年代以前では、きわめて一般的なものであった。

一方、供給側についてもクリスタラーの想定は、分析上の単純化のための想定は、ほぼ現実的なものであった。大都市の都心部における百貨店を除けば、大型店舗はほとんど存在しなかった。多くの小売商は限定された品種を取り扱う中小小売商であった。小売業態のイノベーションはほとんど行われず、大都市の百貨店と多数の業種専門的な中小小売店からなる二重構造が小売セクターを長きにわたって支配していた。

このような小売景観を一変させたのは、米、英、独、仏、日本などの経済発展国における第2次世界大戦後の経済成長と、それに伴う消費社会の到来である。それに伴い、とくに大都市圏では計画的ショッピング・センターなど、小売業の多様な発展が生じた。この結果、クリスタラーの想定の多くは非現実的なものに変わってしまったのである。*7

経済成長は都市への人口集中とそこでの郊外化をもたらした。郊外化によって、大都市とその周辺の中小市町村を隔離していた田野に次々に住宅開発が行われ、市町村の視覚的境界が消滅した。こうして、大都市の周辺領域には巨大な都市圏が形成された。この大都市圏では中核都市の人口が減少し、周辺都市の人口が急増するというドーナツ化現象が現れた。

経済成長は消費者の所得を向上させるとともに、多くの消費技術の革新を消費者にもたらした。そのうちとくに冷蔵庫、洗濯機などの家電商品と自動車の普及が重要である。家電商品の普及は女性の家事労働を軽減し、女性の社会進出を促進した。家事労働は軽減されたとはいえ、働く女性は時間に追われている。このため、一回の買い物出向が増加した。専業主婦の比率が減少して、自宅を出向起点にしない買い物出向で複数の商品カテゴリーをまとめ買いするという多目的買い物出向が一部の最寄り品種以外には成り立たなくなったということである。

自動車の普及によって、消費者はその移動における公共交通の制約から解放された。消費者はいつでも自分の望む方向に長距離を短時間で移動できるようになった。自動車の普及は、多目的買い物出向の指向と結びつき、クリスタラーの中心地体系のもっとも重要な想定を非現実的なものにした。それは最近隣中心地利用仮説が遠くの中心地にも出かけるようになった。

経済成長はパートなど多様な就業機会を生み出すとともに就業者の所得を上昇させる。この結果、女性や若者が自分の所得でほしいものを自由に選択できるようになった。家族の購買代理人としての専業主婦以外にも、買い物行動は商品の入手だけでなく、買い物の過程そのものを楽しむ娯楽型買い物や、将来の買い物に備えたウィンドー・ショッピングなど、冷やかしを多く含むようになった。これによって消費者は価格と品揃えだけに反応するのではなく、中心地における種々なアメニティを要求し始めるようになった。

消費社会の到来による消費者行動の変化は、それに伴う小売商側の変化と相互作用しながら形成されたものである。小売商側の変化のうちとくに重要なのは、都市化の進展と人口の郊外化に伴い、総合量販店、食品ス

ーパー、各種の大型専門店が急速に成長したことである。これらは当初、大都市の非中心部に立地したが、人口の郊外化に伴い、郊外都市に急速にチェーン展開を始めた。

さらに、郊外には計画型ショッピング・センターが開発された。それらの多くはとくに日本では総合量販店を核店舗にして、種々な専門店をテナントとして配置したものであった。これによって多目的出向に対応できる商業施設が郊外にも立地するようになった。さらに、これらのショッピング・センターは、巨大な駐車場を整備して車によるアクセスに対応しようとした。同じように、大型専門店は郊外に孤立立地するとともに、場合によっては密集立地してパワー・センターを形成するようになった。

このような消費者側と小売商側の両方の発展によって、クリスタラー・モデルの想定のうち、とくに消費者行動についての想定の多くが当てはまりにくくなった。要約すれば、消費者行動については、多目的の買い物出向や自宅以外の出向起点の増加、車利用によるモビリティの拡大がある。供給側については、百貨店以外にも総合量販店や大型専門店が成長し、中心市街地だけでなく、郊外にもショッピング・センターやパワー・センターが多く立地するように変化したのである。

揺らぎへの理論的・実証的対応

消費者と小売商側でのこのような変化によって、クリスタラー・モデルが示す伝統的中心地体系には大きい揺らぎが生じているはずである。しかし、このような中心地体系の揺らぎについての研究は驚くほど立ち後れている。

たしかに、理論面の対応としては、中心地形成のメカニズムのより精緻な理論化が進行した。[*9] とくに経済地

理学は、単一目的出向の代わりに多目的出向の想定を導入すれば、中心地体系のパターンがどのように変わるかをモデル分析によって検討した。*10 例えば、イートンとリプセイ、マリガンは、小規模中心地に立地する小売店が多目的出向を行うようになると、規模の大きい中心地に立地する小規模中心地に立地する小売店に競争優位性を持つことを示した。また、A・ゴーシュは低次と高次の2階層の体系を想定して多目的出向行動を導入すると、より高次の階層はより低次の階層が提供しない機能を新たに提供するだけでなく、低次階層の機能のすべてを包括的に提供するというクリスタラー・モデルと同じ特徴を持つことを示している。さらに商業集積形成に際して、製品差別化が果たす役割が詳細にモデル化された。*11

経済地理学の対応は、一般に、クリスタラーの想定をより現実的な想定に変えた場合に、中心地体系のパターンにどのような変化が起こるのかを、演繹的に導出しようとするモデル分析である。それらの分析は中心地理論の理論的基礎を強固にすることに貢献しているが、中心地体系の現実的変化に関してはほとんど何も語っていない。

一方、実証研究について見ると、大都市や大都市圏での現実的変化に対して2種の流れがある。まず、クリスタラー・モデルが依然として妥当するという検証型の実証研究である。*12 この種の研究の特徴は、大都市内部や大都市圏を避けて、農村地域を後背地に持つ中小の地方経済圏を選ぶ点にある。これらの研究はクリスタラー・モデルと同じような中心地体系の存在を検証している。その中心地体系は地方経済圏の中心都市を頂点とする階層構造を示している。

しかし、クリスタラー以後、その想定の妥当性を再考させるような変化がとくに激しい地域は、大都市圏やその中核都市内部である。そこでの消費者行動と小売業の発展は、クリスタラーの想定のほとんどを非現実

なものにした。この大都市圏で小売店舗は空間的にどのように編成されているのだろうか。現在にいたるまで、この問題に本格的に取り組んだ研究は、ベリーらによる先駆的研究以外にほとんど見られない。

彼らは、自動車が普及し小売分散化が進行し始めていた、1950年代後半のシカゴ大都市圏の中心地体系に中心地理論を適用した。この都市圏ではクリスタラー・モデルの想定と異なり、購買力と人口は不均等に分布していた。これらが低い郊外地域では、中心地は広く分散して地理的に広範囲の商圏を対象にしていた。しかし、購買力と人口密度の高い大都市内部では、中心地はより近接して立地し、その商圏の地理的範囲は狭くなる傾向があった。

ベリーらの観察によれば、大都市内部での中心地体系は、街角の小規模な最寄り集積、近隣ショッピング・センター、地域ショッピング・センターと広域ショッピング・センター、そして最高位の中心市街地へとあがる中心地階層を基本とする。これは農村部での村を底辺として、町、市、地方中心都市へとあがる中心地階層に対応するものである。そして、大都市圏では基本的な中心地階層以外にも、郊外に向かってのびる高速道路や都市幹線沿線上にリボン状に広がる商業集積、自動車街、歓楽地区、輸入品マーケット、家具地区などからなる多様な専門化した中心地が形成される。

これらの観察に基づき、ベリーは大都市圏での小売の空間的編成に関して、2つの基本的特徴を指摘している。第1に、商業集積の形成が自然発生的に形成されるよりもむしろ計画的に行われるようになった。この結果、大都市圏での単位は個々の店舗から全体的な計画的ショッピング・プラザに変わった」*14のである。ショッピング・センターに代表される計画的中心地から構成されるようになっている。

*13
*14

第2に、大都市圏内部では専門化が中心地階層組織の分節にとって代わる。ベリーの主張によれば、「もっとも近代的な大都市地域における小売業の地理を理解するための鍵となるのは、段階が幾層にも積み重なっている中心地階層よりは、むしろ立地の専門化である、都市内部に特徴的な業務の分布様式と置き換えられる」ことになる。こうして、「中心地階層の古典的分布様式は崩れ、都市圏内部についてのベリーらの実証研究は、中心地理論を大都市圏で評価しようとしたほとんど唯一の試みである。彼の観察は都市を分析単位にした中心地体系だけでなく、シカゴのような大都市内部での中心地の空間的編成にまで及んでいる。しかし、大都市圏の中心地体系が全体としてどうなるかに関していえば、必ずしも明確なビジョンを示していない。
　中核都市の中心市街地を頂点とする中心地体系が存在することを指摘しながら、一方で商業集積の計画化や専門化によって伝統的な階層が崩壊したことを指摘している。それでは計画的ショッピング・センター、リボン状の商業集積、さらには機能的に専門化した商業集積が、依然として存在する中心地階層とどのような関連を持って存在しているのか。この点については明確な分析がない。そしてこれはベリーらの分析がシカゴのような大都市内部での空間的編成にまで立ち入ることの、その分析単位を都市にしたり、それより狭い空間的領域にしたりすることによって分析上の整合性を欠くことにも由来している。
　ベリーらの実証研究は1950年代のアメリカの1大都市圏、シカゴ地域を対象にした事例研究である。この観察に基づいた新しい概念の中で、とくにリボン状商業集積、機能的に専門化した商業集積の概念などが他の大都市圏についてどの程度に適用できるのかは明らかではない。また、1960年代以降、先進諸国の主要都市圏ではショッピング・センターだけでなく、多様な形の小売業態やその集積が流通先端企業によって計画

2 中心地性の基準

分析単位と中心地性指標

的に開発された。大型量販店、中小スーパー、大型専門店とその集積であるパワー・センター、倉庫型小売業、コンビニエンス・ストアなどがその例である。[*18]

しかし他方で、中心地理論は、多くの国での小売立地に関する公共政策に大きい影響を与え続けている。[*19] 公共政策の主張は、中心地階層の維持である。それを象徴的に示すのは経済圏での中核都市の中心地性の維持である。この観点から中核都市郊外への大型店の出店などが公共政策的に規制されてきた。日本でも近年におけるまちづくり3法を支えるイデオロギーもその例である。その背後にはクリスタラーの亡霊がうろついている。

このような現状から見ると、今何よりも必要なことは大都市圏商業集積についての新しい基礎調査である。これにより、小売商業の発展を中心地体系の変貌と明確に関連付け、大都市圏での新しい中心地体系の姿を明確にすることが必要である。これによって初めて、中心地体系の維持政策や小売業の新しい発展の意味を評価できる枠組を確立することができよう。

中心地体系は従来の研究では都市を分析単位として行われてきた。しかし、第1章でもふれたように、小売

商業の中心地を分析するに際して、都市という分析単位はますます不適切になりつつある。高密度人口集積の進んだ大都市圏では、同じ都市内部で多数の中心地が形成され機能的に分化している。とくにこの傾向は大都市圏の中核都市で著しい。また人口の郊外化と自動車の普及によって、郊外都市では大型店やショッピング・センターが、衛星都市の中心商業街区を離れて立地するようになった。行政区画としての都市を分析単位にする限り、大都市圏に特徴的なこれらの商業発展を体系的に分析することはできない。

とくに大都市圏での商業の空間的編成を分析するには、都市よりも狭い地理的範囲を分析単位として設定する必要がある。このような分析単位を使わなければ、小売商業の新しい発展が伝統的な中心地体系とどのように関連するかについて、詳細な分析を行うことはできない。そこで、都市を1つの中心地と見なすのではなく、市圏の中心地体系を導出しよう。それらの中心地が相互にどのように関連しているのかを検討するのである。したがって、以下では中心地という用語は、もっぱら1kmグリッド内における小売店舗の集積の意味で使用されることになる。

京阪神都市圏ではどのような中心地体系が形成されているのか。これを確定するには、各商業集積の階層所属は、この中心地性の切れ目を基準にして確定されることになる。階層が適切に設定できると、中心地性の同階層内での分散は、異階層間での分散に比べてはるかに小さくなるはずである。

中心地性は商業集積が中心地として機能している程度である。この中心地性を測定するためにどのような指標を使えばよいのであろうか。結論を先駆けていえば、中心地性の指標としては、次の4種の指標が使用され

る。

- 買い回り業種数
- 非買い回り（最寄り品＋生鮮品）業種数
- 大型店面積
- 商業人口

これらを中心地体系変数と呼ぶことにしよう。最初の3つは中心地の機能基盤に関わり、商業人口は機能成果に関わっている。これらの指標を使う理由を以下で述べよう。

(1) 買い回り業種数と非買い回り業種数

クリスタラーの古典的定義に従えば、中心地性とは中心地の提供機能がその中心地内人口によって必要とされる機能を超えている程度である。例えば、ある中心地の小売店舗数がその中心地内の人口が必要とする数を超えている程度に応じて中心地性は高くなる。この場合、この中心地の小売業は、この中心地の居住者だけでなく、中心地の周辺地域の居住者も吸引して彼らにサービスを提供していることになる。この定義は中心地性の2つの補完的な指標タイプを示唆している。1つは中心地の機能基盤であり、他の1つは中心地の機能成果である。

中心地を支える機能基盤の相違によって、中心地の階層分化が生じる。クリスタラー・モデルでは、この分化は業種包括原理によって要約される。第2章でも指摘したように、この原理の主張によれば、ある階層の中

心地の機能は、それより下位の中心地の機能を包括する。上位の階層の中心地で集積している業種は、下位の中心地での集積業種に新しい業種を追加したものである。中心地階層があがるにつれて、それ以下の階層には見られない新しい業種が新たに集積していくのである。

この定義をふまえて、中心地階層の従来の実証研究では、機能基盤の指標として中心地に集積している業種数や業種別店舗数などがもっともよく使われている。さらに、たんに業種数を使うだけでなく、業種の特性を明確にして中心地階層の識別に使っている。例えば、ベリーとギャリソン[22]は業種の損益分岐点売上高人口を推定して業種の順位付けを行っている。より高い階層に所属する業種は、より大きい損益分岐点売上高人口を持っているはずだからである。

デイヴィーズ[23]はより複雑な指標を考案している。彼はまず各業種1店舗の立地係数をC＝t/Tによって測る。ここで、t＝業種tの1店舗、T＝中心地体系を考える経済圏全体での業種tの総店舗数である。中心地の業種tの店舗数にこの立地係数を乗じて、その業種についてのその中心地の中心地性の値を計算する。その中心地全体の中心地性、つまりデイヴィーズの用語での機能指数は、その中心地に集積する全業種の中心地性の値の総和である。さらに彼は業種ごとの店舗規模の差異を考慮するために、各業種の従業者数によって加重した機能指数によって中心地全体の中心地性を測定するのである。

しかし、機能基盤についてのこの従来の指標にはいくつかの問題点がある。

まず、各業種を個別に取り扱い、業種間の関連を考慮していない。例えば、ベリーによる業種ごとの損益分岐点売上高人口の推定は、立地における業種間の関連、とくに立地場所による需要外部性の影響を無視している。中心地における業種集積の特質は、中心地階層があがるにつれて、異業種集積が進行することの

120

ある。その際、どのような業種間での異業種集積が進むかについては、第2章で明らかにしたように、買い回り集積、最寄り集積、生鮮集積の3つの異業種集積タイプがある。各業種の需要外部性はどのような異業種集積タイプに立地するかによって大きく異なってくる。

これら3種の集積軸は相互に独立であるが、業種によっては2つの軸にわたって帰属する業種がある。とくに最寄り集積と生鮮集積では重複業種が多い。したがって、実質上、異業種集積の基軸は、買い回り集積と非買い回り集積（最寄り集積＋生鮮集積）の2種と見なすことができよう。これらの基軸が独立であるということは、実際の中心地での全体集積タイプには、買い回りと非買い回りの両方の集積度が高いタイプ、一方の集積だけが高いタイプ、両方の集積がともに低いタイプがあることを意味する。

これらの全体集積タイプの空間的な編成様式を見れば、大都市圏での中心地の機能分化を識別することができる。機能分化が中心地階層と関連しているのか、それとも同じ階層での機能分化であるのか。ベリーが明らかにしなかった機能分化と中心地階層の関連が明らかになるはずである。以上の諸点を考慮して、以下の分析では買い回り業種数と非買い回り（＝最寄り＋生鮮）業種数を機能基盤の指標として採用しよう。特定業種がどの異業種集積タイプに属するかについては、第2章で行った異業種集積の主成分分析の結果に基づいて判定した。

(2) 大型店面積

しかし、従来の機能基盤指標における最大の問題点は、中心地体系に揺らぎをもたらしている各種大型店についての集積指標が導入されていないことである。具体的には、百貨店、総合量販店、大型専門店などである。

これらの大型店は、従来は各種の業種店で取り扱われていた商品分野をその品揃えの中に包括している。百貨店、総合量販店の品揃えを業種専門店で供給するとすれば、多数の異なる業種店が必要になる。百貨店や総合量販店は、多様な業種を統一的な統制のもとに内部化している。この意味で百貨店、総合量販店は内部化された異業種集積である。

百貨店や総合量販店の品揃えを構成する各業種の売場面積規模は、その業種の専門店の売場面積をはるかに超えて大規模である。例えば大型店の食品売場を例にとれば、その規模は食品関連の業種専門店の十数倍に及ぶことも珍しくはない。同じことは家電などの大型量販店についてもいえよう。同時に内部化された大型店の食品売場は、内部化された異業種集積であるだけでなく、とくにこれらの大型店を中心にした大規模商業集積の多くが、各都市の中心市街地を離れて立地してきたことによるものである。現在の中心地体系はこれらの大型店集積を抜きにして語ることはできない。

大型店は形式的には1つの業種カテゴリーとしても扱えるが、機能的に見るとこれを他の業種専門店と同列の業種カテゴリーとして扱うと、商業集積の特質を見誤ることになる。したがって大型店を大規模に内部化している異質の業種カテゴリーを大規模に内部化している異質の業種カテゴリーとして扱うことになる。最近の数十年における伝統的中心地体系の揺らぎは、とくにこれらの大型店を中心にした大規模商業集積の多くが、各都市の中心市街地を離れて立地してきたことによるものである。各種の大型専門店はあいよってパワー・センターを形成する。ショッピング・センターの核店舗として、多様な業種専門店をその周囲に計画的に集積させている。

各メッシュ・グリッドでの規模以上の店舗を大型店というのか。大型店規制との関連では各メッシュでの大型店売場面積を使用する。どの規模以上の店舗を大型店というのか。大型店規制との関連で見れば、大型店の法的基準は過去数十年間に多様に揺れ動いてきた。3000㎡、1500㎡、1000㎡、500㎡など、立地都市や大

122

型店種別、さらには法改正のたびにその基準面積が揺れ動いている。以下ではこのような政治的に決められた基準ではなく、中心地体系での機能という観点から、大型店とは1店の売場面積が5000㎡を超える店舗であると定義している。5000㎡という規模は、大型店の代表業態であるスーパーの平均売場面積にほぼ該当する（第5章図5・3―B参照）。グリッドの大型店売場面積は、この規模以上の大型店売場面積の各グリッドにおける総計である。このような指標を使用すれば、中心地体系に揺らぎをもたらしている大型店集積を捕捉することができよう。

機能成果

各グリッドの中心地性を測るには、以上のような機能基盤に関わる指標だけでは不十分である。機能基盤は中心地性の構造特質をとらえているにすぎない。クリスタラーの古典的定義は、中心地性をとらえるもう1つの側面を含んでいる。それは機能成果と呼ぶべき側面である。彼によれば、中心地の機能がその中心地内部の住民だけでなく、それ以外の人口にも提供される程度に応じて中心地性が高まることになる。

もちろん中心地性はその機能基盤によって規定されるが、その規定関係は一義的ではない。構造的な機能基盤は同じであっても、機能成果は異なる場合がある。例えば、各都市の中心市街地は機能基盤から見ると十分な集積があるけれども、郊外居住者の吸引など、機能成果の達成には苦しんでいる。したがって、各グリッドの中心地性を評価するには、機能基盤に加えて機能成果についての指標を導入することが必要になる。

以下の実証分析では、この機能成果の指標として商業人口を導入する。商業人口については、第2章でも簡単にふれたが参照の便宜上再掲しておこう。グリッドの商業人口とは、そのグリッドの商業集積を利用する人

口である。京阪神都市圏での1kmメッシュ・グリッドiの商業人口（MGi）については、下の囲みに示す式によって推定することができる。

商業人口の推定に際しての想定は、中心地体系が考えられる地理的範囲（例えば京阪神都市圏）の居住者はその領域内のいずれかの中心地で買い物をするということである。つまり、ここでは京阪神の居住者は、京阪神内に立地するいずれかの中心地を利用して、その買い物のほとんどを行っていると見なしているのである。商業人口を推定するには、京阪神都市圏のようなその居住者のほとんどが買い物をする、自足的な地理的領域を確定する必要がある。

商業人口に都市圏人口1人当たり小売販売額を乗じれば、そのメッシュの小売販売額になる。中心地性の経年的変化などを評価する際には、商業人口はとくに便利である。小売販売額の場合には、消費者所得などそのときのマクロ経済の影響を受ける。ある中心地の小売販売額の増減は、吸引顧客数だけでなく、1人当たり購買額の変化の影響を受ける。しかし、商業人口の場合には吸引顧客数の変化のみを表しているので、中心地性の評価にはより適切な指標である。

クリスタラー流にいえば、中心地の成果指標は、この商業人口と居住人口の差額、あるいは居住人口に対する商業人口の比率である。このような指標は都市を中心地体系の分析単位にする際には有用である。しかし、1kmメッシュなど、より狭い地理的領域を分析単位にするときには、統計分析の障害になる異常値を発生させやすい。またこれらの指標は

グリッドiの商業人口　$MG_i = \dfrac{\text{グリッドiの小売販売額}}{\text{京阪神都市圏での人口1人当たり小売販売額}}$

京阪神都市圏での人口1人当たり小売販売額 $= \dfrac{\text{京阪神都市圏の総小売販売額}}{\text{京阪神都市圏での総人口}}$

3 京阪神都市圏の中心地体系

中心地階層の区分技法

中心地階層を先験的に決めるのではなく、データに基づき自然的に導出するにはどのような方法があるだろうか。コンピュータの性能が低く、多変量解析技法を利用できなかった時代では、中心地体系の実証的な階層区分は、まず、中心地性の指標を1つの指数に統合化することから始まった。そしてこの指数に基づいて中心地をいくつかの階層グループに分類した場合に、グループ間差異がグループ内差異よりもできるだけ大きくなるように分類することが試みられた。*24 しかし、現代の流通景観から判断すると、大都市圏における商業集積については、その中心地性の指標を1つに絞り込むことはできない。1つの指標では、大型店や機能的専門化などを通じて複雑に分化している、中心地体系を自然的にとらえることができない。

これまでの分析が示したように、大都市圏での中心地体系の階層分化は、買い回り集積、非買い回り集積、大型店売場面積、商業人口からなる中心地体系変数を基盤にしている。中心地体系の階層区分問題とは、これら4変数に基づいて中心地をいくつかの階層グループに区分した場合に、グループ間差異がグループ内差異よ

りもできるだけ大きくなるように分類するにはどうすればよいかということである。クラスタ分析は、複数の分類基準を使ってこのような分類を行うための手法である。ここで、クラスタとは分類対象（メッシュ・グリッドの商業集積）の部分集合であり、4変数について類似したパターンを持つ対象のみが含まれている。つまり、クラスタは中心地体系変数からみた中心地のタイプである。

クラスタ分析には多様な技法がある。従来よく利用されてきた技法は、そのうち階層的技法と呼ばれるものである。階層的手法は同じ商業集積をグループに結合しながら、次第にデンドローム（系統図）と呼ばれるクラスタの階層図を形成していく。これによって、商業集積間の階層的関係が明らかになる。しかし、商業集積の数が50以上になると、この系統図がきわめて複雑化するので、その解釈はきわめて難しくなる。

京阪神都市圏を1kmグリッドで区画すると、その有店地区は3788か所ある。このような多数の地区を階層的技法で分類して解釈することは不可能である。しかし、クラスタ分析ではこの種の大量データに対応できる非階層技法が近年急速に発展してきた。この技法は系統図を描かずに対象をクラスタに分けるだけである。しかし、非階層手法にもいくつかあるが、以下ではクラスタ数を事前に決定せずに、データから自然に導出できる手法として2段階クラスタ分析を使用した。

クラスタ分析でクラスタ数を自動判定させた場合には、析出されるクラスタ数はデータ構造に依存している。商業集積に関わる変数の分布は一般に歪みを持つデータ構造とは、クラスタ化に使われる各変数の分布である。商業集積に関わる変数の分布は一般に歪みを持つ分布であり、平均に対して大きい分散を持っている。これは商業集積が階層的に分布しているか、あるいは同じ階層でも機能的に分化しているかのいずれかによるものである。

しかし、2段階クラスタ分析を始めとして非階層技法は、中心地体系における階層分化や機能分化に対応し

た全体的なクラスタ構造を一度に析出しない。一度の計算で析出されるクラスタは、明確なプロフィールを持つ少数のクラスタと、それ以外の残余クラスタの混合物である。クラスタに属するメンバー（グリッド）数は、明確なプロフィールを持つクラスタでは少なく、残余クラスタの混合物では多くなる傾向がある。2段階クラスタ分析の以上のような特性を考慮して、クラスタ分析を2回目以降は残余クラスタの混合物へ逐次的に適用することにした。これによって階層の異なる中心地タイプを逐次的に析出できる。そして各段階で析出されるクラスタがどのような性格のものであるか、そのクラスタが上記4変数についてどのような値になるかによって判断することにした。

中心地体系の階層構造

2006年度の京阪神大都市圏データへ2段階クラスタ分析を逐次的に適用すると、3788のメッシュ・グリッドは図4・1に示すような個数のクラスタへ分類される。この図でクラスタ2、4、7の残余クラスタを除く残りのクラスタは、何らかの中心地タイプを示しているクラスタである。

この点を各クラスタの中心地体系変数の平均値によって示すと表4・1のようになる。中心地のタイプの名称は、これらの平均値、各タイプに含まれるセンター数、そして逐次的クラスタ分析における抽出された順序に従って命名されている。逐次的なクラスタ分析は、明らかに階層の異なる中心地と各階層におけるの機能分化タイプを析出するのに成功している。

図4・2はこれらの中心地タイプが形成している中心地体系と、各タイプ間に見られる体系変数上の有意差の有無を示している。京阪神都市圏では階層は5つの段階からなる。この階層の最高位には、京都市、大阪市、

図4・1 2段階クラスタ分析の逐次的適用によるクラスタとそのメンバー数
（カッコ内数字）

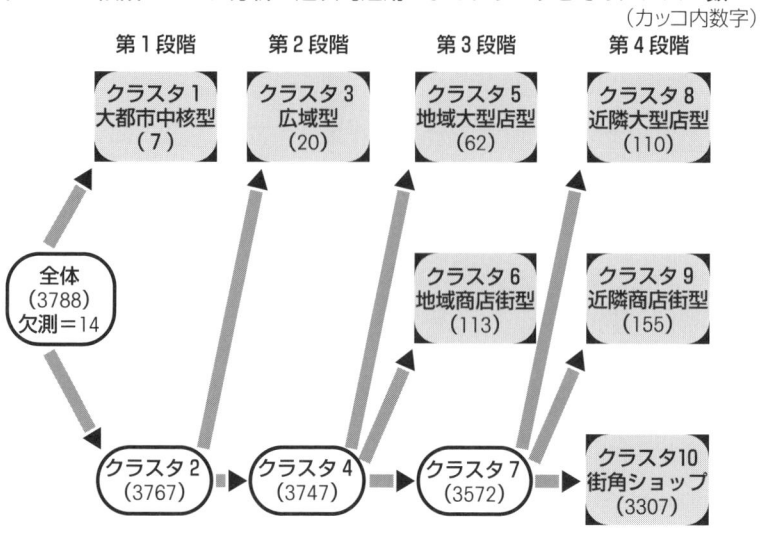

| 第1段階 | 第2段階 | 第3段階 | 第4段階 |

- クラスタ1 大都市中核型（7）
- クラスタ3 広域型（20）
- クラスタ5 地域大型店型（62）
- クラスタ8 近隣大型店型（110）
- クラスタ6 地域商店街型（113）
- クラスタ9 近隣商店街型（155）
- 全体（3788）欠測＝14
- クラスタ2（3767）
- クラスタ4（3747）
- クラスタ7（3572）
- クラスタ10 街角ショップ（3307）

神戸市の3大都市の中核型が位置し、以下、広域型、地域型、近隣型、街角ショップという段階から構成されている。前述のように、シカゴ都市圏での観察に基づき、ベリーらは大都市圏では中心地の階層分化よりも機能分化が空間的編成の基本原理になると主張した。しかし、この主張とは対照的に、京阪神都市圏では地域と近隣の階層での大型店型と商店街型への機能分化が見られるが、全体としての中心地体系は階層構造を基本にしている。

階層を下るにつれて、中心地数はますます多くなる。各中心地の地理的位置は、表4・2に要約されている。階層を下るにつれて、中心地の位置は地理的に広域的にますます分散的に立地する傾向がある。このような中心地体系の全般的な構造は、伝統的な中心地体系と同じである。

大都市圏中心地体系の諸特徴

しかし、大都市圏での中心地体系の細部に立ち入ってみると、伝統的な中心地体系とは異なるいくつかの特徴

表4・1　中心地タイプ別の中心地体系変数の平均値

中心地のタイプ	平均値				中心地数	図1のクラスタ番号
	買い回り業種数	非買い回り業種数	大型店面積(m^2)	商業人口（人）		
大都市中核型	39.1	23.9	136,470	289,938	7	1
広域型	31.3	20.7	36,371	84,371	20	3
地域大型店型	18.7	15.3	33,381	20,699	62	5
地域商店街型	25.9	22.1	9,259	23,713	113	6
近隣大型店型	10.5	11.6	15,984	9,664	110	8
近隣商店街型	17.3	19.1	1,673	14,012	155	9
街角ショップ	3.1	5.9	265	2,166	3,307	10

注）業種数は2006年数値，大型店面積と商業人口は2004年数値
データ源：業種数はNTT職業別電話帳，大型店面積と商業人口は商業統計や住民基本台帳人口による。

図4・2　中心地体系と中心地体系変数の有意差

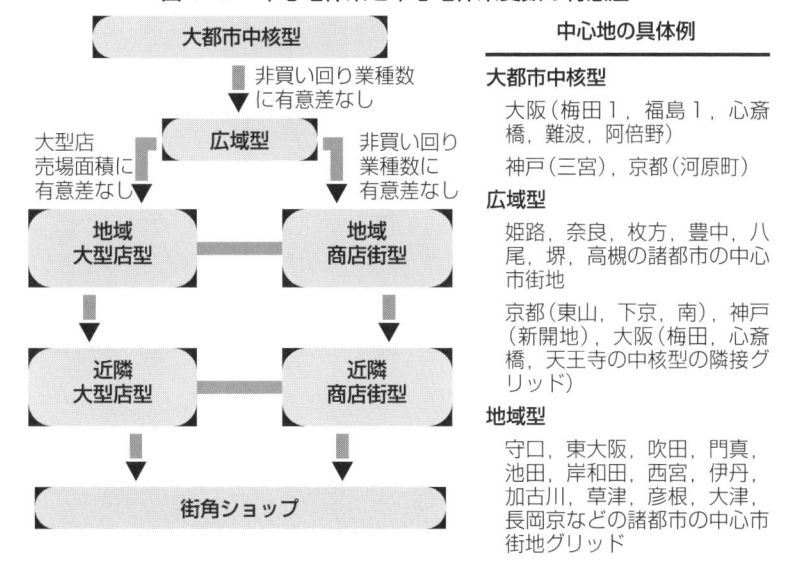

大都市中核型
　↓ 非買い回り業種数に有意差なし
広域型
　大型店売場面積に有意差なし ↙　　↘ 非買い回り業種数に有意差なし
地域大型店型　　　地域商店街型
　↓　　　　　　　　↓
近隣大型店型　　　近隣商店街型
　↓　　　　　　　　↓
街角ショップ

中心地の具体例

大都市中核型
大阪（梅田1，福島1，心斎橋，難波，阿倍野）
神戸（三宮），京都（河原町）

広域型
姫路，奈良，枚方，豊中，八尾，堺，高槻の諸都市の中心市街地

京都（東山，下京，南），神戸（新開地），大阪（梅田，心斎橋，天王寺の中核型の隣接グリッド）

地域型
守口，東大阪，吹田，門真，池田，岸和田，西宮，伊丹，加古川，草津，彦根，大津，長岡京などの諸都市の中心市街地グリッド

・矢印は中心地階層の低下を示し，直線は機能分化を示す。
・注記のない方向線，直線で結ばれたタイプ間では中心地体系変数はすべて有意差がある。
・有意差はt検定5％水準による。

表4・2 中心地タイプの地理的分布

中心地タイプ	地理的位置の構成比 ％				計	中心地数
	大都市中心区	大都市非中心区	隣接衛星都市	非隣接衛星都市		
大都市中核型	100	0	0	0	100	7
広域型	40	25	20	15	100	20
地域商店街型	30	29	20	20	100	113
地域大型店型	6	15	31	48	100	62
近隣商店街型	17	43	32	20	100	155
近隣大型店型	5	19	30	46	100	110
街角ショップ	3	14	20	62	100	3307

注）大都市中心区とは，京都市（左京区，北区，中京区，下京区），大阪市（北区，福島区，西区，浪速区，天王寺区），神戸市（東灘区，灘区，中央区，兵庫区）である。

がある。表4・1の中心地体系変数以外に、中心地タイプの諸特徴を判断する際に必要な他の諸特徴を要約すれば、表4・3のようになる。これに基づき、伝統的な中心地体系とは異なる特徴に焦点を合わせながら、京阪神都市圏での中心地体系を検討してみよう。

(1) 大都市中核型

最高位にはこの都市圏での3大都市の中核型がある。その中心地数はあらゆる階層のうち最少である。それには京都市の法林寺門前町、大阪市の梅田、心斎橋、難波、天王寺、神戸市の三宮・元町に関わるメッシュ・グリッドが含まれている。これらは3大都市の中心市街地の核地点である。

大都市中核型はすべてに関して圧倒的な優位を持っている。これらの中心地を利用する商業人口の平均値は30万人に近い。2004年度の小売販売額の平均は約3000億円であり、約4560億円をトップに数千億円の中心地が並んでいる。平均6・3店の大型店（売場面積500０m²以上）が集積するだけでなく、異業種、同業種の集積が最高度に発展している。非常に高い地価は、これらの中心地が大都市圏中心都市の中核地区に位置することを示している。

表4・3 中心地タイプの他の諸特徴

中心地タイプ	中心地タイプの特徴：上段数字は平均値，下段数字は標準偏差				
	小売店舗数 04年	物販業種当たり店舗数 06年	大型店数 04年	小売販売額（百万円）04年	最高商業地価（千円／m²）06年
大都市中核型	1,038	10.5	6.3	299,575	8,028
	452	4.0	2.3	94,224	4,141
広域型	376	4.4	1.9	87,175	2,112
	216	2.1	1.4	42,111	2,597
地域商店街型	262	3.2	0.9	24,501	1,040
	109	1.0	0.8	8,022	876
地域大型店型	125	1.9	1.6	21,387	329
	58	0.5	0.8	7,098	339
近隣商店街型	155	2.4	0.2	14,478	602
	74	0.6	0.4	2,790	401
近隣大型店型	69	1.6	1.2	9,985	197
	40	0.4	0.4	4,679	213
街角ショップ	24	1.3	0.0	2,238	135
	34	0.4	0.2	2,980	197
全体	44	1.5	0.2	4,949	224
	84	0.8	0.5	16,068	579

データ源：小売店舗数，大型店数，小売販売額は商業統計，物販業種あたり店舗数はNTT職業別電話帳，最高商業地価は国土交通省地価公示による。

他のタイプの中心地には見られない大都市中核型の特徴は、巨大な百貨店が集中立地していることである。表4・4に示すように我が国の主要百貨店が巨大店舗によって大きい売上高を上げている。表中にはないもう1つの大都市中核型（福島1）にはヨドバシカメラの巨大店舗が立地している。大都市中核型の中心地機能はこれらの巨大店舗によってその大部分を支えられているといってよい。

大都市圏では、中心地体系の頂点に位置する中核型が複核化する。伝統的中心地体系では、中核型の数は多くの場合に1つだけである。しかし広域的に都市化した大都市圏では、中核型が複核化している。大都市圏内に存在する巨大都市のそれぞれが中核型を持っている。これは大都市圏内のそれぞれの巨大都市の中核型を頂点とする中心地体系がそれぞれの巨大都市の中心地体系の複合体であることに対応している。京阪神都市圏の中心地体系は、京都市、大

表4・4 大都市中核型における主要百貨店

店舗名	総売場面積(m²)	2005年度の売上(百万円)
大阪梅田：		
阪急百貨店梅田本店	50,821	170,610
阪神百貨店	53,719	110,859
大丸梅田店	40,416	66,932
大阪心斎橋：		
大丸心斎橋店	37,490	87,008
そごう心斎橋店	40,780	47,731
大阪難波：		
高島屋大阪店	90,193	161,323
大阪阿倍野：		
近鉄百貨店阿倍野店	73,097	135,344
京都河原町：		
高島屋京都店	62,446	103,415
大丸京都店	50,830	83,604
神戸三宮：		
大丸神戸店	50,656	100,789
そごう神戸店	42,563	56,405

データ源：百貨店調査年鑑（ストアーズ社）2006年

阪市、神戸市の中核型を頂点とする3種の中心地体系の複合体である。

中核型の複核化は巨大都市の規模に対応してその内部でも形成されることがある。京都市、神戸市では、中核型の数は1つであるが、もっとも人口規模の大きい大阪市では、中核型が梅田、心斎橋、難波、阿倍野というように複核化している。このような巨大都市内部での複核化は、東京23区での銀座、日本橋、新宿、渋谷、池袋などでも見られる現象である。

(2) 広域型

大都市中核型の次に位置する中心地タイプは広域型である。これには3大都市の中心市街地周辺地区、副都心地区にある中心地や、大都市圏の広域中核都市である高槻、枚方、豊中、八尾、堺、姫路、奈良など、人口規模の大きい諸都市の中心市街地の中心地が含まれている。

表4・2に示すように、広域型の地理的位置は大都

市中区から離れるにつれて傾斜的に少なくなっている。大都市中核型と比べると、広域型は非買い回り業種数に関しては遜色がないが、買い回り業種数、大型店売場面積、商業人口などでは大きい格差がある。2004年度の小売販売額の広域型の平均は871億円である。地価の高さは、広域型が大都市圏の主要商業地区や広域中核都市の中心商業地区に位置していることを示している。

(3) 地域・近隣階層での機能分化

伝統的中心地体系と比べると、現在の大都市圏中心地体系のもっとも重要な構造特質は、図4・2に示すように、広域型の階層に続く次の2つの階層、つまり地域および近隣の階層において、商店街型と大型店型に機能分化することである。地域階層水準では中心地数の65％が商店街型、35％が大型店型である。近隣階層では中心地数の59％が商店街型、41％が大型店型である。これらの比率から見ると、大型店型が地域、近隣の階層では伝統的な商店街型と並んで中心地体系を支える2本の柱になっている。「まちづくり」のコーラスのもとに、大型店型は公共政策的に排除されてきたが、現代の中心地体系では不可欠の部分として定着している。

商店街型の階層から見ると、地域商店街型は、3大都市の非中核地区の主要商業街区、上記の広域中核都市を除く衛星都市の中心商業地区からなる。広域型と比べると、非買い回りの商業種店数では遜色がないが、買い回り業種店数や大型店売場面積ははるかに小さい。これらに対応して、その商業人口の平均は、2万3713人であり、広域型の約4分の1である。その地理的位置は大都市の中心、非中心地区に均等に分布し、あわせて60％が大都市内部に分布する。

次の階層に位置する近隣商店街型の規模はさらに小さい。この中心地は体系変数のすべてにおいて地域商店

街型よりも小規模になっている。その商業人口は1万4012人で、地域商店街型の6割程度である。この中心地は、周辺の住民が食品など日常生活品を購買するために利用する、近隣商店街からも構成されている。近隣商店街型の地理的位置は、大都市の非中心地区がもっとも高くなるが、大都市とその他の都市との割合は地域商店街型と同じく6対4である。

次に、地域と近隣の階層では、大型店型という機能分化が形成される。上位の広域型と、地域大型店型では、大型店集積は同規模であり、売場面積は3万m²を超えているが、買い回り店や非買い回り店の業種数ではかなり少なくなる。地域大型店型は、大型店と専門店テナントを中心に構成されている。その商業人口は2万699人と、広域型の4分の1程度である。その地理的位置の80％は、地域商店街型とは対照的に、大都市の衛星都市域に集中している。地域大型店型の大型店数と最高商業地価から判断すれば、この中心地の実態は1から2店の核店舗を持つショッピング・センターである。

地域大型店型の下の階層には近隣大型店型がある。地域大型店型と比べると、大型店売場面積は1万598m²と半分以下である。買い回りおよび非買い回りの業種数も一段と少なくなる。これらの機能基盤に対応して、その商業人口は9664人と地域大型店型の半分以下になる。近隣大型店型の地理的位置の分布も地域大型店型と同じように衛星都市域に集中している。

中心地階層という点から見ると、地域大型店型は地域商店街型と同じ階層に位置し、また近隣大型店型は大型店型と商店街型ではその中心地体系隣商店街型と同じ階層にある。しかし、同じ階層にあるといっても、大型店型と商店街型ではその中心地体系変数のすべてについて有意差がある。機能基盤の点では、大型店型は大型店売場面積において優位であるが、業種数では少なくなる。これは大型店自体が従来の業種店を内部化した組織である影響を大きく受けている。

134

また、商業人口は商店街型の方が若干高くなる傾向がある。

しかし、大型店型のもっとも重要な特徴はその立地場所にある。表4・3が明確に示しているように、大型店型中心地の地価は商店街型に比べてはるかに低い。地域階層レベルでは、商店街型が104万円であるのに対して大型店型は32・9万円であり、近隣階層レベルになると商店街型が60・2万円であるのに対し、大型店型は19・7万円である。伝統的な商店街型に比べると、大型店型の地価は4割ほど低い。このことは、大型店型の商業集積形成が立地創造的に行われて来たことを示すとともに、商店街型の立地場所の地価が不動産評価における収益還元法の観点から見ると、著しく高値安定的であることを示しているといえよう。この背後には税制など種々の要因がある。

(4) 街角ショップ

中心地体系の最下層には街角ショップがある。商業集積という点から見ると、これらは10業種足らずの小規模の集積であり、商業集積としては未成熟地区である。しかし、街角ショップには食品スーパーや各種の大型専門店チェーンの店舗が分散立地する。第7章で詳論するように、街角ショップは立地創造の舞台としての多くの可能性を秘めている。街角ショップは非隣接衛星都市を中心に都市圏に広く散在している。

要約すれば、大都市圏での中心地体系は次のような構造的特質を持っているといえよう。

1　大都市圏中心地体系は、その圏内の複数巨大都市の中核型のそれぞれを頂点とする中心地体系の複合体である。

2　中心地階層は、大都市中核型、広域型、地域型、近隣型、街角ショップの5段階である。この階層構造の

全体は伝統的中心地体系と似ている。しかし、大都市圏中心地体系は次のような点で伝統的中心地体系とは異なっている。

3 その大都市中核型は複核化している。この複核化は巨大都市間だけでなく、とくに人口集積の大きい大阪市のような都市中ではその内部でも複核化する。

4 地域、近隣の階層では商店街型と大型店型に機能分化している。この立地パターンから見ると、前者は大都市内部を中心に立地し、後者はその衛星都市域に集中的に立地している。この立地パターンから見ると、大型店型は人口の都市集中に伴って生じた人口の郊外化に対応して計画的に形成されたものである。

5 大型店型は既存の商業集積を離れて立地創造的に立地している。その立地は自動車の普及という交通体系の大変化に対応したものである。

このような中心地体系はクリスタラー以後の小売景観の大変化によって生じたものである。その形成要因から判断すれば、この構造は未だ安定したものではなく、むしろ大きい変化の過程にあると考えられる。次章以降の課題は、この変化過程を詳細に探求して、その基本的な推進要因と中心地体系構造との関連を明らかにすることにある。この作業によって、以上で明らかにした大都市圏中心地体系の諸特徴を、この変化過程の1局面として位置付けることができよう。

▶要約◀

クリスタラーがほぼ20世紀の前半に構築した中心地体系の古典理論は、意識的あるいは無意識的に実務家の商業立地に関する想念を支配してきた。この理論によれば、都市圏での商業集積は中核都市の中心市街地を頂点とし、

その下に広域型、地域型、近隣型、街角ショップと続く階層秩序によって編成される。この階層原理の中心原理は包括原理である。上位階層の中心地は下位階層のすべての業種（機能）を包括し、それに支えられて上位階層の商圏は下位階層の中心地のその傘下に包括している。このような階層構造は、大都市圏で人口の郊外化が進むまでは、多くの都市圏で経験的にも観察されてきたものである。

　このようなイメージをベンチマークにして、本章では現代の中心地体系がそれからいかに逸脱しているかを京阪神都市圏事例によって明らかにした。逸脱は現在の都市圏がクリスタラーの時代から大きく変貌したことにある。その内容は人口の郊外化、自動車の普及、女性の社会進出、大型店や郊外型ショッピング・センターの成長などである。これらの制度的発展によって、古典理論の基本的想定はほとんど非現実的なものになってしまった。これに対応する古典理論の修正の試みが多目的出向モデルなどによって行われてきたが、現実構造の変化から見るときわめて不完全なものである。

　本章では商業集積パターンについての2章、3章の分析結果をふまえて、中心地の買い回り業種数、非買い回り業種数、大型店面積、商業人口を設定し、これに基づいて京阪神都市圏の3788の中心地のクラスタ化を試みた。その結果、中心地階層は大都市中核型、広域型、地域型、近隣型、街角ショップからなり、骨格的には古典理論の予見と合致している。中心地体系の伝統的イメージと大きく異なる点は、地域と近隣の階層で生じる。この階層では中心地は商店街型と大型店型の2つに機能分化している。その数からいえば、大型店型は商店街型に並ぶ中心地タイプとして構造的に定着している。

　しかし、両者の性格は大きく異なる。商店街型は自然発生的な商業集積であるのに対して、大型店型は計画的に形成される商業集積である。大型店型は商店街型に多く見られる業種専門店を少数の店舗内に内部化している。食料品などの同業種集積よりはるかに大規模に同業種を1企業内に内部化するだけでなく、総合量販店などのように

品揃えの拡大を通じて異業種集積をも内部化している。しかも大型店は、その地価から判断すると、既存商業集積から離れて立地創造的に立地している。大型店型は伝統的中心地体系にとっては明らかに異質な要素である。中心地体系の構造変化はこの大型店型を基軸として生じている。その内容の検討は次章以降の課題である。

注

1 W. Christaller, *Die Zentralen Orte in Süddeutschland*, Verlag Von Gustav Fischer / Jena, 1933（江沢譲爾訳、都市の立地と発展、大明堂、1969年）

2 J. D. Forbes, "Central Place Theory —An Analytical Framework for Retail Structure", *Land Economics*, pp.15-22; C. S. Craig, A. Ghosh and S. McLafferty, "Models of Retail Location Process: A Review", *Journal of Retailing*, Vol. 60, No.1, pp.5-36.

3 B. J. L. Berry and W. L. Garrison, "The Functional Bases of the Central Place Hierarchy", *Economic Geography*, April 1958, pp.145-154.

4 B. J. Berry, The Geography of Market Centers and Retail Distribution, Prentice-Hall, 1967（西岡久夫、鈴木安昭、奥野隆史、小売業・サービス業の地理学—市場センターと小売流通、大明堂、1970年）；B. J. Berry and J. B. Parr, *Markets Centers and Retail Location: Theory and Applications*, Prentice-Hall, 1988（奥野隆史、鈴木安昭、西岡久雄訳、小売立地の理論と応用、大明堂、1992年）；H. Beguin, "Christaller's Central Place Postulates: A Commentary", *The Annals of Regional Science*, Vol.26, 1992.

5 クリスタラーの中心地体系の導出手順は商業地理学の入門書に紹介されている。例えば、奥野隆史、高橋重雄、根田克彦、商業地理学入門、東洋書林、1999年を参照。

6 B. J. Berry, *op.cit.*, 1967；R. B. Potter, *The Urban Retailing System: Location, Cognition, and Behavior*, Gower, 1982.

7 S. Brown, "Retail Location: the Post Hierarchical Challenge", *International Review of Retail, Distribution & Consumer Research*, Vol.1, Issue 3, April 1991.

8 消費主体化の概念については、田村正紀、流通原理、千倉書房、2001年を参照。

9 G. F. Mulligan, "Agglomeration and Central Place Theory: A Review of the Literature", *International Regional Science Review*, Vo.19, No.1, 1984.

10 B. Eaton and R. Lipsey, "An Economic Theory of Central Places", *The Economic Journal*, Vol.92, 1982, pp.56-72; G. Mulligan, "Central Place Population: a Microeconomic Consideration", *Journal of Regional Science*, Vol.23, 1983, pp.83-92; A. Ghosh, "The Value of a Mall and Other Insights from a Revised Central Place Model", *Journal of Retailing*, Vol.62, No.1, 1986, pp.79-96.

11 M. Fujita and J. Thisse, *Economics of Agglomeration: Cities, Industrial Location and Regional Growth*, Cambridge University Press, 2002.

12 W. D. Davies, "Centrality and the Central Place Hierarchy", *Urban Studies*, February 1967, pp.61-79; J. G. Stabler and P. R. Williams, "The Changing Structure of the Central Place Hierarchy", *Land Economics*, Vol.49, Issue 4, November 1973, pp.454-458; R. B. Potter, *op. cit.*, 1982.

13 B. J. L. Berry and W. L. Garrison, "Recent Developments of Central Place Theory", *Papers and Proceedings of the Regional Science Association*, Vol.4, 1958, pp.7-120; B. J. L. Berry and W. L. Garrison, "A Note on Central Place Theory and the Range of a Good", *Economic Geography*, Vol.34, 1958, pp.304-311; B. J. L. Berry, *op. cit.*, 1967; B. J. Berry and J. B. Parr, *op. cit.*, 1988.

14 B. J. Berry, *op. cit.*, 1967, 邦訳68ページ。

15 B. J. Berry and J. B. Parr, *op. cit.*, 1988, 邦訳196ページ。

16 ibid.

17 この種の批判については、S. Brown, "Retail Location Theory: Evolution and Evaluation", *The International Review of Retail, Distribution, and Consumer Research*, Vol.3, April 1993.

18 日本でのこの業態の空間的展開については、荒井良雄・箸本健二編、日本の流通と都市空間、古今書院、2004年。

19 S. Brown, *op. cit.*, April 1993; C. Elger, "Planning Christallerian Landscapes: The Current Renaissance of Central Place Studies in East Germany", *The Service Industries Journal*, Vol.17, No.1, January 1997; R. Schiller, *The Dynamics of Property Location*, Spon Press, 2001.

20 W. Christaller, *op. cit.*, 1935.（江沢譲爾訳、前掲書、1969年）

21 B. J. Berry, *op. cit.*, 1967（西岡久夫、鈴木安昭、奥野隆史、前掲書、大明堂、1970年）；B. J. Berry and J. B. Parr, *op. cit.*, 1988（奥野隆史、鈴木安昭、西岡久雄訳、前掲書、大明堂、平成4年）；R. B. Potter, *op. cit.*, 1982.

22 B. J. L. Berry and W. L. Garrison, *op. cit.*, April 1958, pp.145-154.

23 W. D. Davies, *op. cit.*, February 1967, pp.61-79.

24 R. B. Potter, *op. cit.*, Grower Publishing Company Limited, 1982.

25 この手法はBIRCHと呼ばれる圧縮技法を使って、まずクラスタ特性木（Feature Tree）を構築し、その後にクラスタ数の自動計算基準を赤池の情報量基準あるいはSchwarzのベイジアン基準のいずれかを使って自動的に計算している。以下の分析ではクラスタ数の自動計算基準として赤池の情報量基準を使い、距離としてはユークリッド距離を使った。この手法の技術的詳細については、"TwoStep Cluster Analysis"、http://www1.uni-hamburg.de/RPZ/software/SPSS/algorith.120/twostep_cluster.pdf

第5章 変化の軌跡

京阪神都市圏の事例（2006年度）で見ると、都市圏の中心地体系は、伝統的中心地体系と同じように、大都市中核型、広域型、地域型、近隣型、街角ショップの5段階からなる階層構造を示している。しかし、各階層の内容に立ち入れば、この中心地体系は、伝統的体系とは異なり、次のような特質を持つものであった。

・大都市中核型の複核化。

　この複核化は京都、大阪、神戸の3大都市間だけでなく、とくに人口集積の大きい大阪市のような都市ではその内部でも複核化する。

・地域型、近隣型の階層における商店街型と大型店型への機能分化。

　前者は大都市内部を中心に立地し、後者はその衛星都市域に集中的に立地している。

・既存の商業集積を離れた大型店型の立地創造的立地。

　立地創造とは、商業地としては低位にある地点で、多くの顧客吸引を実現するような商業集積を創造することである。

このような特質は、どのような過程から生成してきたのであろうか。この章では、日本全体のトレンドを背景として押さえながら、京阪神都市圏に焦点を据え、1999年度と2006年度におけるその中心地体系の比較分析によってこの過程を検討してみよう。中心地体系にどのような変化が生じているのか。それを生み出した原動力は何か。これらを明らかにすることによって、現在の中心地体系を歴史的変化の中に位置付けることがねらいである。

142

1 中心地体系の変化 1999—2006年

図5・1 2段階クラスタ分析の逐次的適用によるクラスタとそのメンバー数(カッコ内数字)1999年

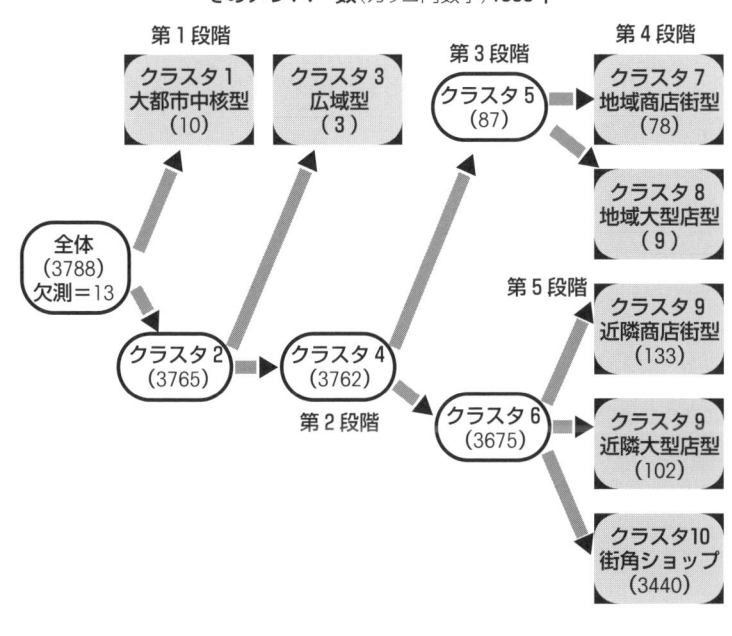

第1段階
- クラスタ1 大都市中核型 (10)
- クラスタ3 広域型 (3)

第3段階
- クラスタ5 (87)

第4段階
- クラスタ7 地域商店街型 (78)
- クラスタ8 地域大型店型 (9)

全体 (3788) 欠測=13

- クラスタ2 (3765)
- クラスタ4 (3762)

第2段階

- クラスタ6 (3675)

第5段階
- クラスタ9 近隣商店街型 (133)
- クラスタ9 近隣大型店型 (102)
- クラスタ10 街角ショップ (3440)

1999年の中心地体系

中心地体系の変化を1999年と2006年の比較によって検討しよう。2006年度はNTT職業別電話帳に基づく多様な小売業種のメッシュ・データベースが得られる最近の時点であり、1999年度はその種のデータが得られるもっとも古い時点である。しかし、第1章でも論じたように、この比較分析はたんにデータの利用可能性から行われるのではない。もっとも重要な理由は、この期間が日本流通システムの新しい構造をまさに発生させようとしている最初の期間だからである。1999年は都市圏小売商業の新しい変化の多くが芽生え始めた最初の年である。

1999年における京阪神都市圏の中心地体

表5・1 中心地性指標から見た中心地タイプの比較

中心地タイプ	買い回り業種数		非買い回り業種数		大型店面積(m²)		商業人口(人)	
	1999年	2006年	1999年	2006年	1999年	2004年	1999年	2004年
大都市中核型	41	39	25	24	110,810	136,470	240,734	289,938
広域型	27	31	22	21	2,442	36,371	158,981	84,371
地域商店街型	27	26	22	22	24,923	9,259	33,769	23,713
地域大型店型	11	19	9	15	39,304	33,381	23,745	20,699
近隣商店街型	25	17	23	19	2,444	1,673	18,873	14,012
近隣大型店型	14	11	15	12	15,380	15,984	12,279	9,664
街角ショップ	4	3	7	6	230	265	2,457	2,166

データ源：表4・1と同じ

系はどのような状態だっただろうか。2006年度の分析と同じ手法によって検討してみよう。分析対象の京阪神都市圏は、06年度と同じく1辺が1kmのグリッドからなる碁盤目状の1kmメッシュに区画され、各グリッドについて中心地性指標が測定された。グリッドの総数は3788である。各グリッドの中心地性指標としては、同じように、買い回り業種数、非買い回り業種数、大型店面積、そして商業人口を用いる。これらは中心地体系における各グリッドの階層上の位置を決める変数であり、中心地体系変数とも呼ぶべき性格の変数である。

2006年度と同じように、2段階クラスタ分析*¹を逐次的に適用した結果は、前ページの図5・1に示されている。各段階で抽出されたクラスタ数は2006年度の分析と若干異なっているが、最終的に導出された意味あるクラスタ（囲みクラスタ）数は同じように7クラスタである。このような7種のクラスタは、表5・1の中心地性指標の値を参照して、大都市中核型、広域型などの名称がつけられた。

変化の局面

各中心地タイプの中心地性指標を両時点で比較してみよう。表5・1を見ると、両時点での中心地タイプの中心地体系の全体的な構造特性の質的な側面は驚くほど類似し

ている。質的側面とは、中心地体系の階層段階数、各段階の機能、そして階層段階での機能分岐の様式である。階層段階と各段階での機能についていえば、1999年度の中心地体系は5段階からなる。その商業人口と3種の機能基盤変数の値を見れば、これらの段階が大都市中核型、広域型、地域型、近隣型、そして街角ショップという機能を果たしていることは明らかである。階層段階と各段階の機能については、1999年度でも地域と近隣の階層段階では、商店街型と大型店型に分岐している。これについても2006年度とまったく同じである。このように両時点間で中心地体系の構造特性の質的な側面、いわば中心地体系の全体的な骨格は変わっていない。

それでは何が変化しているのだろうか。変化しているのは質的側面としての中心地体系の骨格を支える量的側面である。この量的側面では激しい変化が起こっている。水が零度になれば氷になり、100度を超えれば気体化するように、この量的側面の変化はある水準で質的変化に転化し、既存の中心地体系の骨格そのものを揺るがす可能性を秘めている。

中心地体系における量的変化の主要な局面は次のようなものである。

・広域型や地域型など、中上位階層に位置する中心地の数の急増。
・地域階層内における大型店型の比率の急増。
・近隣型階層における街角ショップへの転落の発生。
・街角ショップから、地域型や近隣型など上位階層中心地への転換。
・下位階層と商店街型での中心地タイプ転換の激化。

以下、これらの変化局面のそれぞれを検討しよう。

表5・2 中心地タイプの構成変化

中心地タイプ	グリッド数		変化倍率
	1999年	2006年	2006年／1999年
大都市中核型	10	7	0.7
広域型	3	20	6.7
地域型	87	175	2.0
地域商店街型	78	113	1.4
地域大型店型	9	62	6.9
近隣型	235	265	1.1
近隣商店街型	133	155	1.2
近隣大型店型	102	110	1.1
街角ショップ	3,438	3,306	0.96
合計	3,773	3,773	

表5・2に示すように、広域型や地域型など中上位階層で中心地の数が急速に増加している。広域型は6・7倍、地域型は2倍である。これら中心地タイプの中でもとくに地域大型店型の増加倍率は他のタイプに比べて格段に大きくなっている。これらの中心地タイプの増加倍率は他のタイプに比べて格段に大きい。この変化は、一方で大都市中核型など最高位階層に対してはより低い階層への中心地の分散化が進行し、近隣型や街角ショップなど下位階層への中心地の集中化が進行していることを意味している。分散化と集中化の波が中心地体系の中上位階層で激突している。

次に、近隣階層だけでなく地域階層でも、大型店型が商店街型と並ぶ中心地タイプとして定着し始めた。近隣や地域の階層内での商店街型と大型店型の構成比の変化を見ると、1999年度の近隣階層で商店街型の比率は58％、大型店型は42％であった。2006年度になってもこの比率はまったく変わっていない。近隣階層での機能分化から見た構造は安定している。

ところが、地域の階層では大きい変化がある。1999年度のこの地域階層では、商店街型が90％を占め、大型店型は10％にすぎなかった。しかし、2006年度になると、商店街型は65％に低下し、大型店型は35％に上昇する。中心地体系の地域階層でも大型店型が急速に拡大して、

表5・3 中心地タイプの転換表

		中心地タイプ　2006年							無転換比率%
		大都市中核型	広域型	地域商店街型	地域大型店型	近隣商店街型	近隣大型店型	街角ショップ	合計	
中心地タイプ1999年	大都市中核型	7	3	0	0	0	0	0	10	70
	広域型	0	3	0	0	0	0	0	3	100
	地域商店街型	0	12	34	31	0	1	0	78	43
	地域大型店型	0	1	0	8	0	0	0	9	89
	近隣商店街型	0	1	62	2	59	2	7	133	44
	近隣大型店型	0	0	10	9	6	61	16	102	60
	街角ショップ	0	0	7	12	90	46	3,283	3,438	95
	合計	7	20	113	62	155	110	3,306	3,773	

注）無転換比率＝無転換件数／行合計×100

近隣階層と同じように商店街型に迫りつつある。前述のように、地域階層は中心地体系での比重を高めているが、それはこの階層での大型店型の比重増加によるものである。

急増する地域大型店型

このような変化は、1999年から2006年にかけての各グリッドの中心地タイプ転換によって生じる。この転換の全体像は表5・3に要約されている。広域型や地域大型店型の増加といった大きい変化の内容を、この転換表によってさらに詳細に検討してみよう。

2006年度の広域型のうちで、1999年度でも広域型であったグリッドは3か所できわめて少ない。これらは大阪市、京都市の大都市中核型に隣接した地区である。2006年度での広域型の増加は大都市中核型からの転落と低階層からの上昇の2つによって生じているが、圧倒的に多いのは後者である。その内でも、地域商店街型であったグリッドからの上昇は12件と圧倒的に多い。その内容は姫路、奈良、枚方、豊中、八尾、堺、高槻など、京阪神都市圏での周辺中核都市の中心市街地である。この変化は、これらのグリッドにおける機能基盤の充実や、大都市中核よりもむしろ地元の中心市街地で買い物したいという消費者行動の

しかし、急増という点で重要な変化は、2006年度での地域大型店型の急増である。地域大型店型は9グリッドから62グリッドに増加した。この急増も多様な転換によって生じている。62件の半分は地域商店街型からの転換である。これ以外にも、街角ショップから12件、近隣大型商店街型から9件、近隣商店街型から2件の転換があった。この転換の内容は節を改めてさらに詳しく検討するであろう。これは近隣大型店型では大型店退店によって生じ、近隣商店街では廃業による空き店舗の増加によって生じる。

両年度間で中心地タイプの転換が生じない無転換比率は、中心地体系におけるそのタイプの位置の安定性を示す指標である。この比率は大都市中核型70％、広域型100％と上位階層では高く安定している。大型店型と商店街型に機能分化する地域や近隣の階層では、無転換比率は中心地タイプによって多様な数値をとる。地域大型店型は89％、近隣大型店型は60％、地域商店街型は43％、近隣商店街型は43％である。地域階層に比べると、近隣階層の安定性は低く、大型店型と比べると商店街型の安定性は低くなるほど激しくなり、またその商店街型でより激しく生じている。

無転換比率という点では、街角ショップは95％と高い数値をとり安定している。しかし、注意すべきは、中心地体系できわめて多数の街角ショップが存在することである。この中心地タイプでのわずかな比率の変化でも、変化件数という点から見るとその変化は大きい。街角ショップは1999年度の3438か所から2006年の3306か所へと減少した。この変化の主動因は街角ショップから近隣型や地域型の商業集積が155か所形成されたことによる。住宅団地建設による人口増や大型店主導の立地創造がこの種の変化の原因である。

148

中心地体系の階層構造の以上の変化を要約すれば、次のようになる。

階層構造全体としては、広域型や地域型の中上位階層の中心地が増加している。これを推進しているのはとくに、地域大型店型の急増である。この変化を最上位の大都市中核型から見ると中心地の分散が進み、底辺の街角ショップから見ると上位階層への集中が進んでいる。一方、階層構造の低位にある近隣型や街角ショップでも変化が生じている。その内容は近隣型から街角ショップへの転落と、街角ショップから地域型や近隣型への上昇、つまり商業集積形成である。

中心地体系は、集中と分散、商業集積の形成と消滅という相反する変化が生み出す渦の中で激動している。この渦巻きの根底には、第1章でふれた淘汰競争がある。淘汰競争は勝者と敗者が明確な競争である。一般論としては、勝者は大型店であり、敗者は中小商店である。しかし、大型店は勝者の必要条件であっても十分条件ではない。大型店であるからといって、必ずしも勝者になるとは限らない。中小商店が敗者になっているということは第1章でふれたように店舗数の激減を生じさせる。以下、激動の2つの中心である中小商店と大型店に焦点を合わせ、その変化を中心地体系の構造に関連付けてみよう。

店舗数減少による商店街型の機能不全

淘汰競争によって、日本の小売店舗数は激減傾向にある。このメガトレンドを都市圏での中心地体系の観点から見ると、1999年以降も変わらず、かえって加速化している。しかし、このメガトレンドの増減傾向は大きく変わってくる。中心地タイプによって店舗数の増減傾向は大きく異なるからである。店舗数を伸ばしている中心地と減少させている中心地があり、メガトレンドはこれら2つの傾向の合成値だからだ。

表5・4　中心地タイプ別の店舗数成長率　　標本数N＝3647

中心地タイプ	店舗数成長率　％			
	1999年度の中心地		2006年度の中心地	
	平均値	標準偏差	平均値	標準偏差
大都市中核型	−16.3	6.8	−14.1	6.5
広域型	−24.4	7.1	−18.0	9.5
地域商店街型	−20.2	10.3	−23.7	9.5
近隣商店街型	−26.1	7.6	−23.1	12.8
地域大型店型	4.9	50.4	29.7	213.1
近隣大型店型	−17.8	20.3	9.8	121.4
街角ショップ	−12.3	72.4	−13.8	63.6
全体	−13.1	69.2	−13.1	69.2

注）成長率＝(2006年店舗数／1999年店舗数−1)×100
データ源：NTT職業別電話帳

京阪神都市圏を事例として、中心地タイプ別の店舗数の成長率を見ると、表5・4のようになる。表では1999年から2006年の両年度での中心地タイプ別に、1999年から2006年にかけての成長率の平均値と標準偏差が示されている。標準偏差は個々のグリッド間での成長率格差の尺度であり、大きくなればなるほどグリッド間で店舗数が散らばっている程度の尺度であり、大きくなれば中心地タイプで見ると、地域大型店型を除く、他のすべてのタイプで成長率はマイナスであり、店舗数は2006年にかけて減少する。2006年度の中心地タイプで見ても、地域と近隣の大型店型を除く残りのタイプでは成長率はマイナスである。

大型店型は1960年代の流通革命以降、この数十年間に台頭してきた新興中心地であり、残りのタイプはそれ以前から存在してきた旧来中心地である。店舗数減少というメガトレンドの中でも、逆風をついて新興中心地の店舗数は増加している。旧来中心地の立地優位性は急速に風化し、それに代わって新興中心地の立地優位性が増加している。都市圏の中心地体系では、淘汰競争は新興中心地による旧来中心地の淘汰という形で現れているのである。

しかしながら、表5・4が示すように、旧来中心地の物販店舗数成

150

長率の標準偏差は小さいが、大型店型のそれはきわめて大きい。つまり、旧来中心地ではどの中心地も店舗数が減少しているが、大型店型では同じタイプの中心地でも、その成長率の散らばりがきわめて大きい。この点を確かめるために、各タイプにおける中心地の成長率を昇順で並べ、それを10個の下位グループに分けよう。各下位グループの成長率の中央値を商店街型と大型店型の中心地タイプ別に示すと図5・2のようになる。この図で、例えば分位数10とは成長率ランクの下位10％、分位数20とは成長率ランクの下位10から20％の下位グループを意味する。

図5・2　店舗数成長率の10分位数別平均値

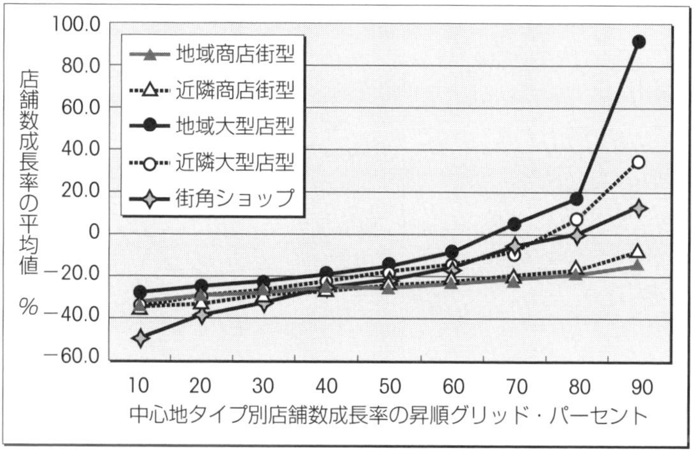

注）中心地タイプは2006年度
データ源：NTT職業別電話帳

２００６年度の中心地タイプで見ると、地域商店街型や近隣商店街型ではすべての下位グループで成長率はマイナスであり店舗数が減少している。これは商店街型の中心地全体が商業集積として構造的に風化しつつあることを示すものである。地域大型店型の中心地の内では70％の中心地で店舗数成長率はマイナスであり、メガトレンドと同じく店舗数が減少している。

しかし、上位30％では店舗数成長率はプラスになる。とくに上位10％における成長率はきわめて高い。同じよ

表5・5　商店街型主要業種における店舗数減少率上位20位

近隣商店街型（2006年度）				地域商店街型（2006年度）			
業種	平均店舗数		変化率%	業種	平均店舗数		変化率%
	1999年	2006年			1999年	2006年	
書画・骨董品商	2.2	0.8	−63	婦人服店	11.6	8.0	−31
宝石・貴金属店	2.7	1.3	−52	紳士服店	2.4	1.7	−30
呉服店	4.6	2.3	−51	子供服店	2.1	1.5	−28
ブティック	4.6	2.3	−49	コンタクトレンズ	1.7	1.2	−28
婦人服店	5.2	2.7	−49	楽器商	1.7	1.4	−22
靴店	1.9	1.0	−48	婦人洋品店	2.3	1.8	−22
日用品雑貨店	2.4	1.3	−45	インテリア用品店	2.3	1.9	−19
洋品店	2.1	1.2	−44	菓子店（洋菓子）	4.2	3.7	−12
総（惣）菜店	1.7	1.0	−43	カメラ店	2.0	1.8	−11
家具店	1.7	1.0	−42	宝石・貴金属店	4.4	3.9	−10
茶販売	1.6	0.9	−42	かばん・ハンドバッグ店	1.6	1.5	−8
時計店	2.3	1.3	−41	化粧品販売	6.3	5.8	−8
衣料品店	2.2	1.3	−41	靴店	3.0	2.8	−7
文具・事務用品店	3.2	1.9	−41	めがね店	4.3	4.1	−6
菓子店	2.5	1.5	−41	衣料品店	3.2	3.0	−5
青果物店	3.2	2.0	−37	ブティック	7.1	7.1	−1
化粧品販売	4.8	3.1	−36	家具店	2.1	2.1	−1
鮮魚店	2.7	1.7	−36	書店	3.2	3.3	1
めがね店	3.2	2.1	−36	洋服店（注文服）	1.6	1.6	1
書店	2.7	1.8	−36	菓子店（和菓子）	4.9	5.2	7

注）主要業種は1999年度に1.5店舗以上あった業種
データ源：NTT職業別電話帳

うな傾向は近隣大型店型でも見られる。大型店型に所属すれば淘汰競争の勝者であるとは必ずしもいえないが、勝者は大型店型にしかいないという点が重要である。さらに、街角ショップでも上位10％では成長率はプラスになる。これは新しい商業集積が街角ショップでも立地創造的に形成されつつあることを示すものである。

減少店舗の業種内容から見ると、近隣商店街型の中心地は、死にいたる病の途を歩み始めている。表5・5の変化率％が示すようにその店舗減少率はこの中心地タイプの主要業種にわたってきわめて大きい。買い回り業種はほぼ半減し2006年度での平均店舗数は1から2店舗程度になった。これでは比較購買を目的とする買い回り品消費者をほとんど吸引できない。それだけではない。近隣商店街の生命線ともいうべき

生鮮三品や最寄り雑貨業種までも激減している。近隣商店街型は商業集積として崩壊しつつあるのである。近い将来、中心地体系の構造は近隣商店街型を欠落したものになる可能性が大きい。しかし、地域商店街型でもその生命線であった衣服など買い回り業種の減少率がとくに大きい点で、顧客吸引力を急速に低下させている。婦人服、ブティックを除けば、買い回り業種について地域商店街型はもはや比較購買の場として機能不全に陥りつつある。

2 大型店型中心地の台頭

大型店の発展——日本全体の動向——

中心地体系変化の台風の目は大型店型の中心地である。このタイプの中心地は、その名が示すように大型店を主要な機能基盤にしている。大都市中核型や広域型でも大型店は重要な機能基盤であるが、あわせて多様な業種の集積も機能基盤としてきた点で大型店型とは異なっている。中心体系変化の核心に迫るために、大型店の動きを焦点に据えながら大型店型中心地の台頭をさらに詳しく検討してみよう。

一般に大型店と呼ばれてきたものは、百貨店とスーパーである。前者は古くから大都市の都心を主要な立地場所にしてきた。一方、スーパーは1960年代から始まった流通革命を先導し、大都市の郊外部を中心に立

図5・3－A　店舗数

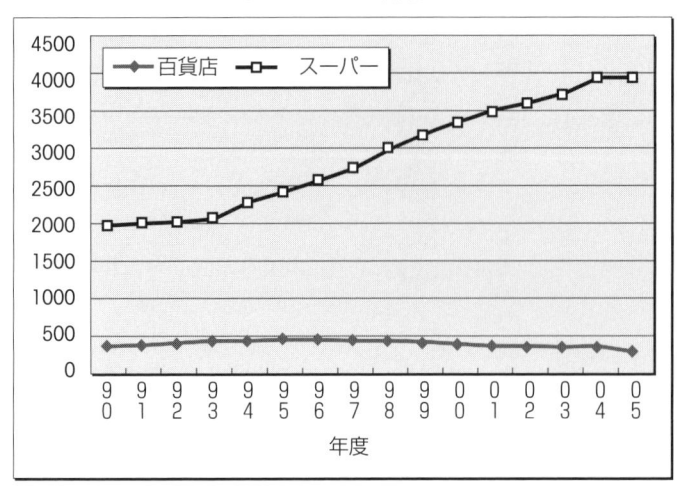

図5・3－B　平均売場面積（m²）

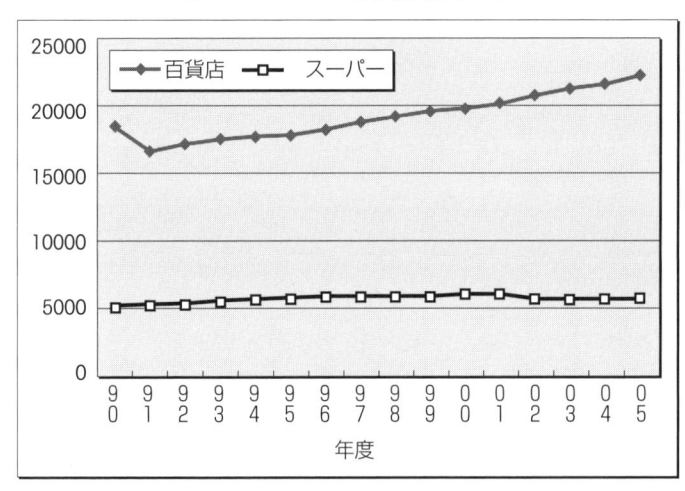

注）このデータで大型店とは従業者50人以上の小売店である。このうち、百貨店とは、日本標準産業分類小分類のうちスーパーに該当しないものであって、政令都市では3000、非政令都市では1500平米以上の商店である。また、スーパーとは売場面積の50％以上でセルフサービス方式を採用している商店である。
データ源：総務省統計局，新版日本長期統計総覧，第3巻2006年のデータより作成

地してきた。スーパーのうちでも、各種商品を扱うスーパーは総合量販店とも呼ばれてきた。このような大型店の1990年以降の動向を日本全体で見れば、図5・3－A、Bのようになる。このデータの大型店は、我々が採用してきた大型店の定義（売場面積5000㎡以上）に比べると少し規模

の小さい大型店も含んでいる。しかし、全体的な傾向を見るには差し支えないであろう。百貨店の店舗数は過去、1998年までは増加傾向にあったが、1999年より減少に転じた。しかし、その店舗規模は年々拡大傾向にあり、2001年には2万㎡を超え、以後この傾向が続いている。この背後には、規模の小さい地方百貨店や大都市郊外のジュニア・デパートは退店、廃店に追い込まれる一方で、大都市での都心、ターミナル百貨店は増床を続けていることがある。

一方、スーパーの店舗数は急速に拡大し、1990年の1980店から2005年の3940店へ、ほぼ2倍に増えた。店舗数の急速な増加は、90年代での大店法の緩和や食品スーパーなど、小規模スーパー数の増加によるものである。しかし、スーパーの店舗規模は、ほぼ5000㎡前後で横ばいが続いている。これは小規模の食品スーパーの増加と総合量販店の規模拡大が相殺しあった結果である。

大型店主導のSC開発

このように、百貨店は大都市中心区でますますその売場面積規模を拡大し、スーパーはその店舗数を増加させ続けているのが日本全体で見た傾向である。しかし、店舗といった事業所レベルでの統計資料だけでは、中心地のような商業集積レベルに大型店が与えている重要な動向を見誤るおそれがある。大型店のうちでもとくに総合量販店が、単独出店ではなく、計画型ショッピング・センター（以下、SCと略称する）という形式をとって出店することが多くなってきたからである。大型店出店が同時にショッピング・センター開発を伴うことは、中心地体系の変化にきわめて重要な意味を持つことになる。しかし、本書でいうSCは多くの店舗の地理的集従来、種々な商業施設がSCという名称で呼ばれてきた。

図5・4-A　SCの年度別開設数

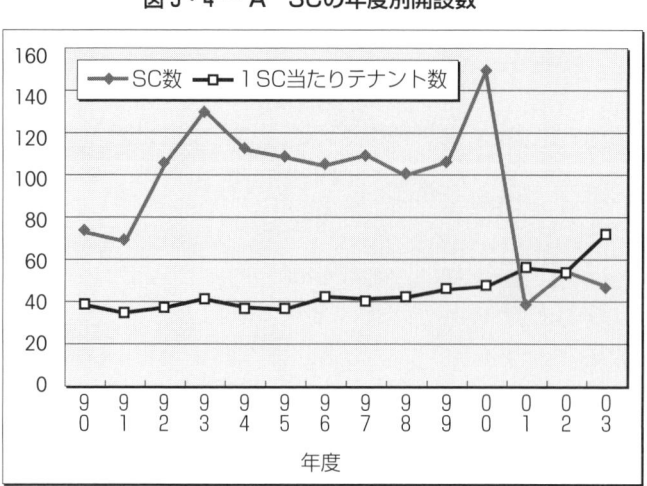

データ源：日本ショッピングセンター協会資料より作成。テナント数には物販店だけでなく，飲食店，サービス店を含んでいる。

積からなる商店街などの商業街区と同じではない。それは都心や駅前のSCのように商業街区の中に立地する場合もあれば，郊外型SCのように既存の商業街区と離れて孤立立地している場合もある。いずれにせよ，十分に計画されたSCは，次のような共通の特徴を持つ商業集積である。[*2]

・その商業施設について統合化された建築デザイン，コンセプト，あるいはテーマがある。
・その敷地内に十分な来客用駐車場を持っている。
・場所のアイデンティティを高めるように，その施設環境が総合的に管理されている。
・その設定商圏に対応した種々の業種店からなるテナント・ミックスがあり，顧客吸引に相乗効果を持つように集中管理されている。

このようなSCは，伝統的な商店街型中心地よりも，顧客吸引の点ではるかに優れた機能基盤を持っている。しかもこの機能基盤をきわめて短期間に計画的に形成する。個別店舗の立地選択の長期にわたる積み重ねの結果ではなく，計画的に商業集積そのものを形成するからである。しかしもっとも重要な点は，SCの立地が立

SCは計画的に開発され，集権的に管理される統一性を持

156

図 5・4 − B　キーテントと一般テナント（専門店）ゾーン全体の年度別平均面積

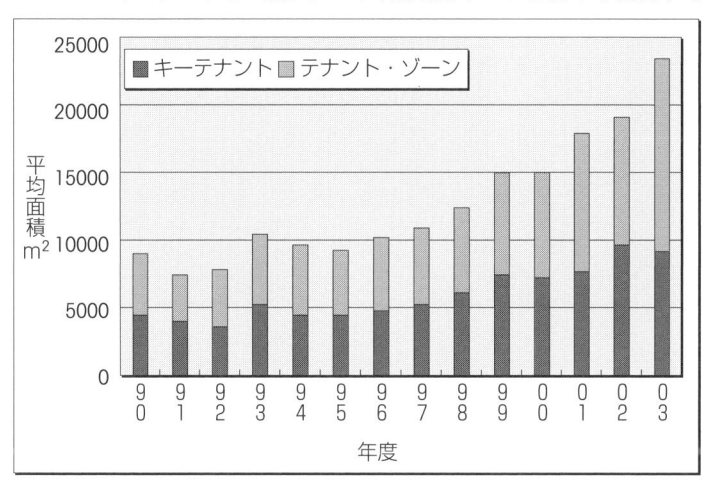

データ源：日本ショッピングセンター協会資料より作成。テナントゾーンには物販店だけでなく，飲食店，サービス店を含んでいる。

地創造的に行われる点にある。広い駐車場を武器にして既存の中心地体系に縛られることなく、卓越した機能基盤を背景に、戦略的に立地選択を行い、既存の中心地から離れた地点に新しい中心地を創造して商業人口を吸引している。

SCの商業集積は、キーテントの核店舗と多くの一般テナントの専門店からなる。我が国では核店舗はほとんどの場合1店であり、食品スーパーないし総合量販店が入居する場合が多い。百貨店や大型専門店がキーテナントとして入居し複核となる場合もあるが少数事例である。専門店は物販、飲食、サービスの専門店からなる。一般テナントの平均売場面積は100㎡前後である。いずれにせよ、これらの店舗がモール（遊歩道）や広場に沿って計画的に配置され、広い駐車場を併設しているのがSCの特徴である。

日本のSCは1970年代の初頭から年々徐々に開発され始めたが、図5・4−A、Bは1990年以降の各年のSC開発状況を示している。開発されるSC数が倍

(1) 京阪神都市圏でのSC開発の動向

大型店型中心地のSC大規模化

京阪神都市圏でのSC開発の動向に目を転じよう。店舗面積5000m²以上のSCに絞ると、京阪神都市圏で増するのは1992年から2000年の期間である。1992年以降、SCの倍増は大規模小売店舗法の規制緩和によるものである。一方、2000年以降、開設数が激減するのは2000年6月から施行された大規模小売店舗立地法の影響である。この法律の施行以降、ショッピング・センターの建設は、それが与える交通渋滞、交通安全、騒音などの生活環境側面から厳しく規制されることになった。

90年代の開設数の倍増によって、大都市圏や地方中核都市にはSCが商店街と並ぶ商業集積として定着することになった。さらに、1999年以降、開発されるSCは商業集積という点から見て、2つの重要な特徴が現れ始めている。第1に、図5・4—Aに示すように、1999年以降、集積する専門店テナント数が急速に増加し始めたことである。1996年頃までは1万m²前後であったが、2001年以降その面積は倍増しつつある。これは専門店テナントの増加数だけでなく、核店舗の大型店の面積も拡大し始めたからである。

1999年以降のSCは、伝統的な地域商店街型や近隣商店街型の中心地に匹敵する規模の商業集積の計画的な開発を目指している。伝統的な商店街振興を「街」作りと呼ぶならば、SCはまさしく計画的な「街」作りと呼ぶべきであろう。それは旧市街地に対する新市街地に似ている。商店街型の来客が公共交通機関に依存するのに対して、SCは車によるアクセスに大きく依存した中心地である。

158

表5・6　京阪神都市圏における立地特性別のSC（5000m²以上）数　標本数N＝230

中心地タイプ 06年	地理的位置				合計	グリッド数に占める比率　％	京阪神都市圏グリッド数
	大都市中心区	大都市非中心区	隣接衛星都市	非隣接衛星都市			
大都市中核型	2				2	29	7
広域型	2	2	4	3	11	55	20
地域商店街型	9	14	11	14	48	42	113
地域大型店型	2	6	12	27	47	76	62
近隣商店街型	1	7	3	3	14	9	155
近隣大型店型	1	9	14	26	50	45	110
街角ショップ	2	8	20	28	58	2	3307
合計	19	46	64	101	230	6	3774

データ源：日本ショッピングセンター協会資料より作成

には2005年時点で245のSCがある。これらの立地特性をグリッドの中心地タイプと地理的位置から見ると、表5・6のようになる。地理的位置から見ると、SCは3大都市の衛星都市群により多く立地している。

衛星都市群のうちでもとくに非隣接都市群に多い。

中心地階層別のグリッド数は、階層を下るにつれて多くなるというピラミッド構成を形成している。しかし、中心地タイプ別に見たSC数合計は、このピラミッド構成に対応していない。中心地タイプによって、SCが立地する傾向が大きく異なるからである。SCの立地比率が高い順に見ると、その中心地タイプは、地域大型店型、広域型、近隣大型店型、地域商店街型の順序になる。これらの中心地タイプでは、その機能基盤の重要な部分をSCが支えている。とくに、地域大型店型ではその76％にSCが立地している。地域大型店型の大部分の実体はSCである。

これらのSCについてその内容をさらに詳しく見てみよう。立地する中心地タイプ別に見た、SCの平均売場面積は中心地タイプの階層構造に沿った形になっている。この階層構造は、大都市中核型、広域型、地域型、近隣型、街角ショップであるが、SCの平均売場面積もこの順序で小さくなる。地域と近隣の階層では、商店街型と大型店型に機能分化するが、注目すべき点は地域と近隣のいずれの階層でも、大

159　第5章　変化の軌跡

表5・7　SC（5000m²以上）の平均売場面積　標本数N＝230

中心地タイプ 06年	地理的位置				全体
	大都市中心区	大都市非中心区	隣接衛星都市	非隣接衛星都市	
大都市中核型	36,332				36,332
広域型	34,298	17,251	24,002	34,388	27,479
地域商店街型	11,285	14,548	13,443	15,091	13,842
地域大型店型	25,656	21,317	24,333	26,344	25,159
近隣商店街型	9,601	8,897	10,666	8,434	9,227
近隣大型店型	15,799	12,152	15,572	16,524	15,456
街角ショップ	19,482	5,335	11,432	11,083	10,700
全体	18,869	12,618	15,852	17,732	16,280

データ源：日本ショッピングセンター協会資料より作成

型店型におけるSCの平均売場面積が、商店街型の値の倍近くになることである。SCという機能基盤から見ると、大型店型は商店街型よりもはるかに強固である。

(2) 大規模なSC駐車場

大型店型と商店街型におけるSCの相違はこれだけではない。もう1つの重要な特質は、アクセスの際の交通体系の相違である。大型店型に立地するSCは鉄道、バスなどの公共交通機関よりも、むしろ車によるアクセスに依拠している。表5・8に示すように、大型店型の商業集積に立地するSCの平均駐車場台数は、対応する商店街型の約3倍に達している。例えば、地域型で見ると、商店街型は558台であるが、大型店型は1553台である。商店街型との駐車場格差は、地域大型店型の場合には地理的位置によってもほとんど変わらない。しかし、近隣大型店の場合には、この格差は都市圏の中心から離れるほど拡大している。大型店型に立地するSCの駐車場台数は、近隣大型店型の場合にすら、広域型を上回り、大都市中核型のSCに匹敵する。このような駐車場台数から見ると、大都市、広域型、商店街型に立地するSCは公共交通系にその来店アクセスを依存し、大型店型に立地するSCは主として車

表5・8　SC（5000m²以上）の平均駐車場台数　標本数N＝230

中心地タイプ 06年	地理的位置				全体
	大都市中心区	大都市非中心区	隣接衛星都市	非隣接衛星都市	
大都市中核型	1,040				1,040
広域型	662	334	953	1,009	803
地域商店街型	247	644	631	626	558
地域大型店型	1,195	1,602	1,160	1,757	1,553
近隣商店街型	400	396	625	325	443
近隣大型店型	526	650	1,115	1,101	1,016
街角ショップ	928	282	577	725	616
全体	568	648	856	1,086	895

データ源：日本ショッピングセンター協会資料より作成

による来店アクセスに頼っていることは明らかである。このことは大型店型に立地するSCが伝統的な商業集積から離れて立地創造していることを示している。

(3) 大都市中心区に迫るSC開発

京阪神都市圏に現存する245のSCのうち、ほぼ半数の121は1990年以降に開設されたものである。その年度別の動向は、日本全体での傾向（図5・3）と比較すると、どのような特徴があるだろうか。図5・5—A、Bに示されているように、年度別のSC開設数の動きは、京阪神都市圏での動向が日本全体と異なる点はただ1つ、1990年初頭の大規模小売店舗法の規制緩和以降、2000年の大規模小売店舗立地法施行までの期間に、SC開設数は飛躍的に増加した。しかし、京阪神都市圏ではこのような傾向は見られない。

これはこの間のSC開設が、京阪神都市圏のような大都市圏よりも、むしろ地方都市の周辺部や都市圏でも新設されるSCの内容については、日本全体の動向ときわめてよく似通っている。第1に、2001年以降、1SC当たりのテナント数が急速に増加し始めている。第2に、図5・5—Bに示すように、

図5・5－A　京阪神都市圏でのSC（5000m²以上）の年度別開設数
標本数N＝121

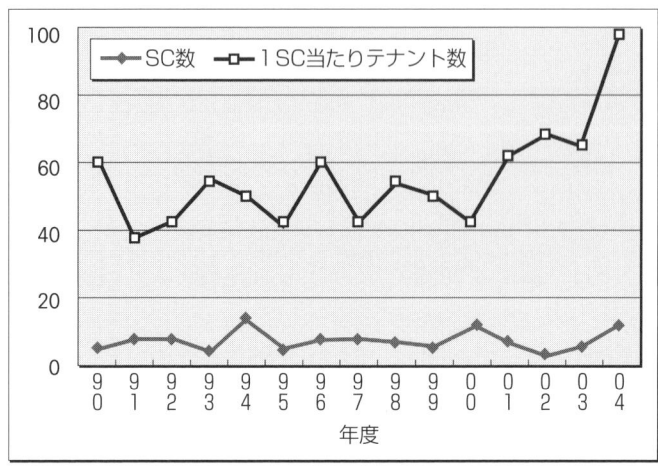

（折れ線グラフ：SC数、1SC当たりテナント数、年度90～04）

データ源：日本ショッピングセンター協会資料より作成

図5・5－B　キーテントとテナント・ゾーン（専門店ゾーン全体）の平均売場面積（cm²）

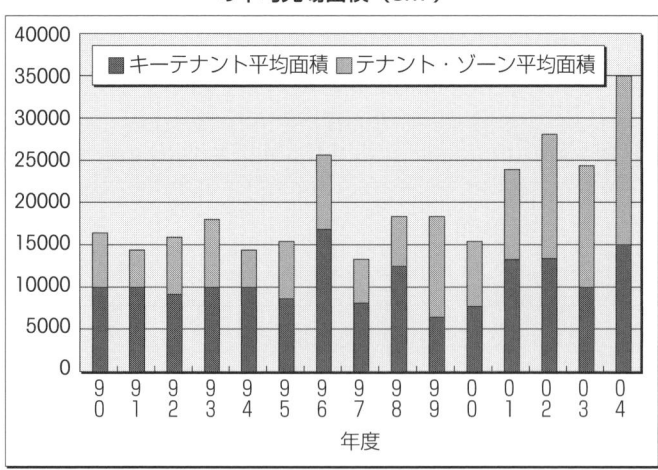

（棒グラフ：キーテナント平均面積、テナント・ゾーン平均面積、年度90～04）

データ源：日本ショッピングセンター協会資料より作成

SC全体の売場面積も2001年以降急速に拡大している。これはキーテナントの核店舗規模が増加したことにもよるが、とくに注目すべき点は、多くの専門店が入居するテナント・ゾーンの規模拡大によることである。大型店出店が単独出店ではなく、地域型中心地に匹敵する規模で計画的にSCとしても開発され始めているの

162

である。
１９９９年から始まる時期は、ＳＣの発展史上どのように位置付けられるのだろうか。京阪神都市圏におけるＳＣがどのようなグリッドに開設されたかを、その立地特性（中心地タイプと地理的位置の組み合わせからなるセル）によって整理し、各立地特性において既設ＳＣ数（２００５年度）の50％に達した年度を要約すれば図５・６のようになる。この表は京阪神都市圏におけるＳＣの発展史を要約しており、どの地理的位置のどの中心地タイプに進出してきたかを示すものである。

この発展史には明確なメガトレンドがある。

第１に、ＳＣの開設は１９７９年以前に衛星都市で産声を上げたが、80年代には大都市非中心区に進出し、さらに１９９０年代には大都市の中心区に迫ることになった。つまり大都市圏でのＳＣの地域的普及はその周辺部に始まり、年を追うごとに大都市

図５・６　各中心地タイプへのＳＣ（5000m²以上）の進出

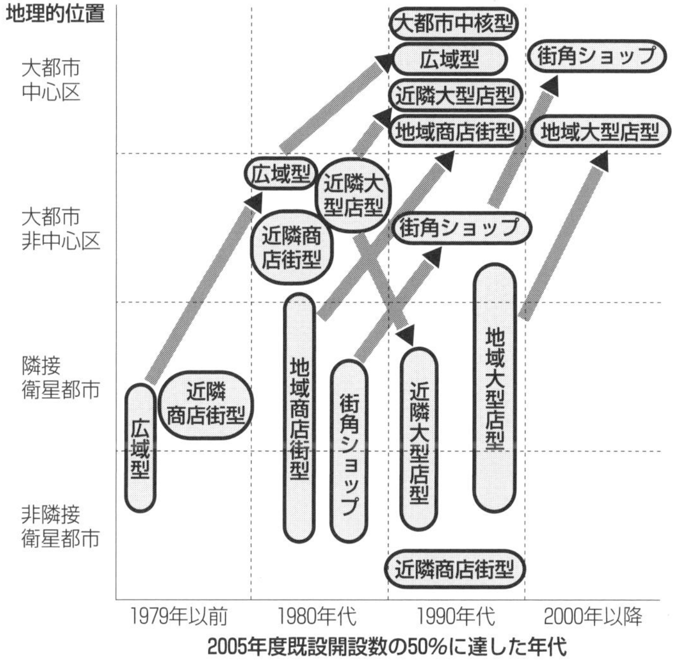

地理的位置
大都市中心区
大都市非中心区
隣接衛星都市
非隣接衛星都市
広域型
近隣商店街型
広域型
近隣大型店型
近隣商店街型
地域商店街型
街角ショップ
大都市中核型
広域型
近隣大型店型
地域商店街型
街角ショップ
近隣大型店型
近隣商店街型
街角ショップ
地域大型店型
地域大型店型
1979年以前
1980年代
1990年代
2000年以降
2005年度既設開設数の50%に達した年代

3 中心地体系の基盤変化

機能基盤の変化

(1) 大型店売場面積格差の拡大

圏の中心部に迫るものとして発展している。

第2に、各地理的位置では、SCは広域型、地域商店街型、近隣大型店型、地域大型店型、そして街角ショップなどに立地してのち、これらの既存商業集積から離れて、各都市の中心市街地から、その外縁部へ普及していくというのが、各地理的位置内部での普及パターンである。この普及パターンは第1の傾向と相互作用して、まず非隣接衛星都市から始まり、次第に都市圏の中心区へと迫っている。

1999から2006年は、このようなSCの普及が大都市圏中核都市の中心区にまで迫り、全都市圏のあらゆる中心地タイプ、あらゆる地理的位置を覆うようになった時期である。大小の商業集積そのものがSC開発によってあらゆる地理的位置に計画的に開設されるようになった時代、それがこの時期の特徴である。大都市圏における中心地体系の動態のもっとも重要な原動力は、このようなSCの発展であり、とくに近時点では車によるアクセスを前提にした、大規模な地域型SC発展がその主要部分を構成している。

164

表5・9　大型店売場面積の成長率％　1999年－2004年
標本数N＝348（両時点で大型店が存在する中心地）

中心地タイプ 06年	地理的位置				全体
	大都市中心区	大都市非中心区	隣接衛星都市	非隣接衛星都市	
大都市中核型	10.0				10.0
広域型	－4.0	11.2	17.9	－5.5	4.6
地域商店街型	－4.5	－8.8	18.3	1.8	1.8
地域大型店型	105.1	38.8	23.5	41.9	38.1
近隣商店街型		－8.1	－10.0	－4.2	－7.6
近隣大型店型	33.0	6.8	26.9	38.0	27.9
街角ショップ	－88.1	－17.3	－22.8	－23.3	－23.6
全体	4.5	－1.0	8.1	8.5	5.9

データ源：大型店売場面積は商業統計による

以上のような計画型SCの発展は、中心地体系の基盤をどのように変えようとしているのだろうか。詳細なデータが利用可能な1999－2006年の期間に絞って、各地理的位置の中心地タイプの中心地性指標にどのような変化が生じているのかを検討してみよう。前述のように、中心地性指標は機能基盤変数と機能成果変数からなる。前者は大型店売場面積、買い回り業種数、非買い回り業種数である。まずこれらの変化から考察しよう。

SCの核店舗は大型店である。したがって、SCが開設される中心地では当然に大型店売場面積が増加する。表5・9を見ると、大型店売場面積成長率がもっとも高い中心地は、地域大型店型であり、近隣大型店型がそれに次いで高い。大都市中核型も百貨店の増床や大型専門店の進出などにより10％ほど伸びている。一方、広域型や地域商店街型の成長率は低く、近隣商店街型や街角ショップでは大型店売場面積は減少している。

表5・9のデータは成長率を計算するために、両時点でともに大型店が存在した中心地に限定したものである。したがって、どちらかの時点で大型店が存在しない中心地や両時点で大型店が存在しない中心地は除かれている。しかし、このデータは前節で行ったSCの開設に

表5・10　非買い回り業種数の成長率％　1999年－2006年

中心地タイプ 06年	地理的位置				全体
	大都市中心区	大都市非中心区	隣接衛星都市	非隣接衛星都市	
大都市中核型	－4.4				－4.4
広域型	－6.3	－4.1	2.6	－20.5	－6.1
地域商店街型	－5.6	－5.5	－7.4	－8.4	－6.5
地域大型店型	－7.8	－8.9	－7.0	8.8	－0.3
近隣商店街型	－4.8	－7.9	－11.2	－5.3	－7.6
近隣大型店型	－8.3	－9.7	－7.6	－0.6	－4.7
街角ショップ	－3.2	－9.4	－13.0	－14.1	－12.9
全体	－4.3	－9.0	－12.2	－13.2	－11.9

データ源：NTT職業別電話帳

表5・11　買い回り品業種数の成長率％　1999年－2006年

中心地タイプ 06年	地理的位置				全体
	大都市中心区	大都市非中心区	隣接衛星都市	非隣接衛星都市	
大都市中核型	－5.6				－5.5
広域型	－1.0	－2.2	3.0	－0.5	－0.4
地域商店街型	－5.3	－8.0	－3.7	－1.1	－4.9
地域大型店型	－0.3	45.6	61.1	125.2	85.3
近隣商店街型	－4.7	－9.0	－12.0	－1.7	－7.4
近隣大型店型	－16.8	－5.8	28.2	26.1	18.4
街角ショップ	－4.0	－12.4	－15.1	－14.6	－14.0
全体	－4.6	－9.9	－9.8	－9.3	－9.3

データ源：NTT職業別電話帳

についての分析結果と一致している。つまり、2006年度での大型店型はSCの開設によって創造されたものが多いということである。

(2) 充実する大型店型の異業種集積

業種数の変化についてはどうだろうか。表5・10と表5・11を見ると、1999年から2006年にかけて、京阪神都市圏における全グリッドの業種数成長率の平均値は、買い回り品はマイナス11・9％であった。しかし、中心地の立地特性別に見ると、業種数増減率は多様に異な

る。

非買い回り品の場合、ほとんどの立地特性セルでマイナスであるが、SCの開設がとくに多かった非隣接都市の地域大型店型では8.8%の増加である。もっと明確な差異がでているのは、買い回り品の場合である。ここでは大都市中心区以外の地理的位置にある地域大型店型、また衛星都市にある近隣大型店の業種数成長率が非常に高くなっている。これらの中心地に共通する特質は、SCが近年とくに発展し始めた地区であるという点にある。

以上の検討から明らかなように、大型店売場面積、買い回り業種数、非買い回り業種数といった機能基盤がますます強固になった地区は、SCが近年、集中的に開発されてきた中心地である。中心地タイプからいえば、それは地域大型店型や近隣大型店型であり、地理的位置からいえば大都市よりもその周辺の衛星都市である。1999年以降、地域と近隣の中心地階層において、大型店型が商店街型に比肩しうる地位を確立した原動力は、SC開設による中心地機能基盤の強化によるものである。

商業人口成長率——京阪神都市圏全体の動向——

(1) 進展する淘汰競争

中心地の機能基盤の強化は、短期的には、その中心地の地位を向上させる。しかし、長期的には必ずしも地位強化につながるとは限らない。機能基盤の強化が期待された成果を生み出すとは限らないからである。中心地の機能成果は、その中心地がその商圏から吸引する人口、つまり商業人口である。商業人口は機能基盤の将来を左右するもっとも重要な要因である。商業人口が増加すれば、その集積への新規参入を招き機能基盤はさ

表5・12　京阪神都市圏の小売動向

京阪神都市圏	1999年	2004年	変化　%
小売販売額(百万円)	20,841,477	18,871,126	−9.45
人口1人あたり小売販売額(万円)	118	105	−11.02
商業人口	18,109,911	18,248,438	0.76
小売売場面積(m²)	16,529,367	18,091,287	9.45

データ源：商業統計，住民基本台帳人口

らに強固になる。逆に商業人口が減少すれば、小売店舗の経営状態を悪化させ機能基盤が弱まっていく。それは具体的には大型店の撤退、商店数、業種数の減少という形をとって現れる。

中心地の商業人口は、その中心地の機能基盤だけでなく、商圏の小売需要、そして他の中心地との競合関係の中で決まる。京阪神都市圏全体の商業人口は、この競合関係の中で各中心地が奪い合うパイの大きさである。このパイの大きさは、1999年以降も依然として厳しい状況にある。日本の小売販売額はバブル経済の崩壊後一貫して減り続けている。その間、売場面積は一貫して増加傾向にある。京阪神都市圏の小売商業も、この日本経済の動向と軌を一にしている。バブル不況をきっかけにした長期不況の最終時期である1999年以降、2004年度までの5年間にどのような動向が京阪神都市圏で見られるか。表5・12はこの変化を要約している。

この5年間に京阪神都市圏全体の小売販売額は1割近く減少した。これは所得の低迷、サービス化の進行、さらにネット通販の発展などによって、販売額が1割程度減少したことによる。京阪神都市圏の商業人口はほぼ横ばいであるが、1人当たりの小売関連支出は減少しているのである。しかし、それにも関わらず、日本全体での傾向と同じように、小売売場面積は1割近く増加している。ますます小さくなるパイを、より多くの売場面積が奪い合っているのである。売場面積の増加は中心地体系から見ると何を意味しているのだろ

うか。

都市圏の各中心地は、多かれ少なかれその領域をその商圏とし、都市圏の一部の領域をその商圏としている。都市圏の内部は各中心地の商圏の重層的鎖状連結で構成されている。都市圏全体では需要が低迷しているにしても、その内部ではこの需要低迷が均等に現れているわけではない。各中心地の中心地タイプ、その地理的位置などに依存して、都市圏内における各商圏の市場機会はきわめて多様である。小売全体需要の低迷下での売場面積の増加は、一方でこの機会をとらえようとする企業の参入行動と、他方で需要低迷にも関わらず市場退出しない企業行動の2つが生み出した現象である。この点から見ると、現在の中心地体系は新しい構造への移行の過渡期というべき性格を持っている。

(2) 構造変化の予兆

今後の構造変化の予兆は、まず図5・7に示す商業人口と地価の関係に見られる。

一般に、地価は土地の収益性によって決定される。このことから地価の高い立地は、商業人口が高くなるはずだという収益期待関係が生まれる。図5・7－Aに示すように、地域型中心地ではこの収益期待関係は維持されている。しかし、大型店型に比べると、商店街型ではこの収益期待関係は見られず、また弱くなる収益期待関係の弱さは、地価が同じでも、商業人口にはより大きいばらつきがあることに示されている。

しかし、図5・7－Bに示す近隣型中心地では、地価と商業人口との期待収益関係そのものが崩壊している大型店型さえ、地価が高いからといって高い商業人口を達成しているわけではない。とくに問題は近隣商店街型である。この中心地タイプでは、地価が高くなっても商業人口がまったく増えない中心地が多い。近隣商店

図5・7－A　地域型中心地での商業人口と地価の関係

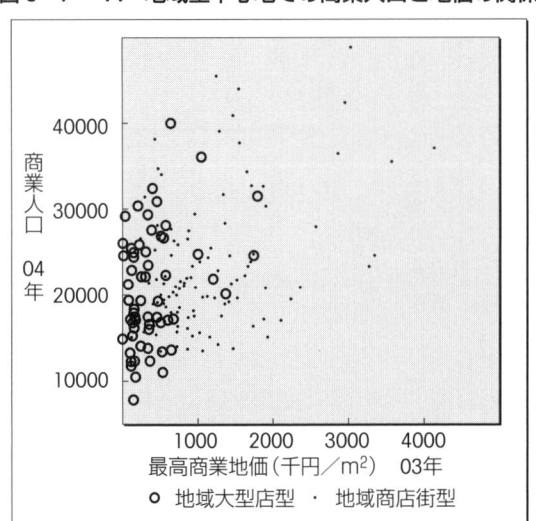

商業人口 04年

最高商業地価（千円／m²）　03年
○ 地域大型店型　・ 地域商店街型

図5・7－B　近隣型中心地での商業人口と地価の関係

商業人口 04年

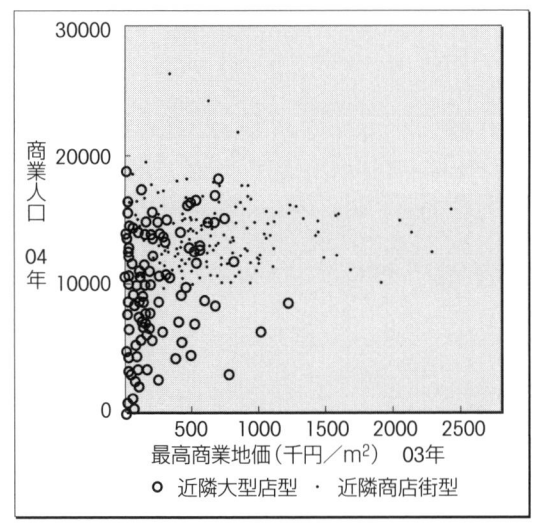

最高商業地価（千円／m²）　03年
○ 近隣大型店型　・ 近隣商店街型

街型の地価はその土地の収益性をまったく反映しなくなっている。このような状態が続き、またマンションや学習塾などの用地需要がなければ、早晩、地価が暴落し近隣商店街の商業集積に大きい影響を与えることは必至である。

構造変動の予兆は、第2に中心地間での1999年から2004年にかけての商業人口成長率（％）のきわめて大きい変動にも現れている。京阪神都市圏でのその平均値は172％、標準偏差は3899％である。こ

170

図5・8 商業人口成長率の10分位数 標本数N＝3393

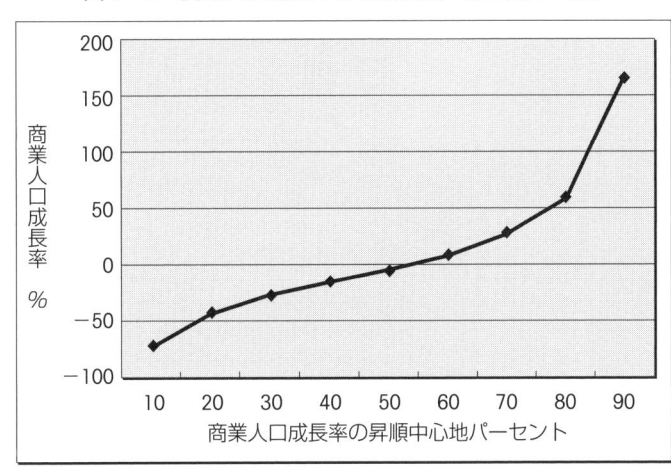

注）成長率は1999年に対する2004年の変化%

れは非常に高い値が存在し、平均値がその影響を受けていることを示している。例えば、従来、店舗がほとんどなかった中心地に大規模SCが建設され、商業人口が飛躍的に伸びた場合、商業人口成長率は異常に高くなる。あるいは従来あった大型店が撤退した場合には、そこの商業人口は激減することになる。このような事情があると、平均値は商業人口成長率の分布の代表値ではない。

都市圏での商業人口成長率の状態をより的確に表すために10分位数を導入しよう。図5・8のように、中心地を成長率の昇順つまり小さいものから順に並べ、中心地数を等しい数に10等分してそれぞれの切れ目の商業人口成長率を検討してみるのである。横軸は商業人口成長率の低い中心地から10％目、20％目などに当たる中心地を示している。

これを見ると、約50％の中心地の商業人口は減少している。しかし、上位20％に入る中心地はきわめて高い成長率を達成した。とくに上位10％目の成長率は150％を超えている。このように商業人口成長率は中心地間できわめて大きい格差があり、中心地間の盛衰はこの5年間にきわめて激しくなっている。

表5・13　京阪神都市圏での商業人口成長率％の中央値(50％分位数)
標本数N＝3788

中心地タイプ	地理的位置				全体
	大都市中心区	大都市非中心区	隣接衛星都市	非隣接衛星都市	
大都市中核型	1.4				1.4
広域型	26.0	−12.4	−5.2	−8.7	−2.7
地域商店街型	0.4	3.8	−2.4	−9.0	−0.9
近隣商店街型	1.7	0.8	−3.9	2.4	0.0
地域大型店型	16.3	37.2	−8.4	−1.8	−2.2
近隣大型店型	−3.5	−3.8	−0.3	−6.3	−3.7
街角ショップ	−11.1	−8.6	−6.6	−7.9	−7.9
全体	−4.2	−5.0	−5.6	−7.3	−6.5

注）成長率は1999年に対する2004年の変化％
データ源：商業人口は商業統計と住民基本台帳人口による

地理的位置で大きく異なる商業人口成長率

中心地間で商業人口成長率のきわめて大きい格差が生じていることの内容は何か。中心地の立地特性別に商業人口成長率を検討してみよう。表5・13は中心地タイプ、地理的位置別の商業人口成長率の中央値を要約したものである。中央値とは、ケースの中央付近にある値である。

中心地タイプ別に見ると、この成長率がプラスになっているのは大都市中核型だけである。落ち込みはとくに街角ショップでマイナス7・9と最大になっている。また地理的位置ではいずれの位置もマイナスであるが、もっとも減少率が低いのは大都市中心区であり、減少率がもっとも大きいのは非隣接衛星都市である。

しかし、中心地タイプの地理的位置別に見ると、変化の様相はかなり変わる。成長率がもっとも高いのは、大都市非中心地区の地域大型店型であり、37・2％の成長率を達成した。この種の中心地には、この高い商業人口成長率によって、地域型の階層に上昇した中心地が含まれている。大都市非中心区では、地域型のすぐ上の階層にある広域型の成長率はマイナス12・4％であるから、今後もこれらの成長率傾

向が続けば、大都市非中心区で広域型と地域大型店型が1つの階層に融合して、中心地体系の構造を変える可能性がある。

成長率が次に高いのは大都市中心区の広域型である。この広域型は大都市中核型の隣接周辺部に位置している。したがって、この広域型の成長率の高さは、大都市中核型の地理的領域が拡大傾向にあることを示している。例えば、京阪神都市圏最大の商業集積である梅田地区は、阪急、大丸、阪神の3百貨店とヨドバシカメラを中心にしているが、近年商業街区は西、西南方向にも大きく拡大した。さらに今後、JR西日本北ヤードの開発が進めば、北方向にさらに拡大することになる。

また、大都市中心区での地域大型店型の成長率も16・3％と高く第3位である。しかし、同じく大型店型といっても、隣接都市の地域大型店型や非隣接地区の近隣大型店型の成長率は、それぞれマイナス8・4％、マイナス6・3％と低い。隣接都市や非隣接都市、つまり大都市郊外と呼ばれていたこれらの地理的領域は、大型店、とくに総合量販店や食品スーパーの主要舞台であった。そこでの成長率のマイナス傾向が続けば、今後、従来の大型店型が撤退などにより消滅する可能性がある。商店街型に比べると、大型店型は中心地タイプや地理的位置による成長率の変動が大きい。これは大型店のフォーマット自体が激しく変化しており、それに伴い郊外での大型店型階層が再編過程にあることを示すものである。

SC開発年度で大きく異なる商業人口成長率

すでに指摘したように、総合量販店などとくに大規模な大型店は単独出店というかたちから、ますますSC開発というかたちをとるようになった。この変化が中心地の機能基盤に大きい変化を生み出し、中心地体系全体

図5・9　SC（5000m²以上）開設年度別の立地中心地の商業人口成長率（1999－2004年）中央値

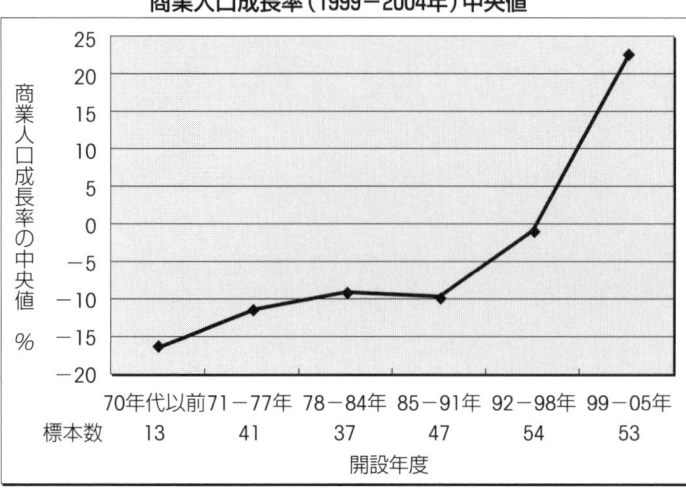

縦軸：商業人口成長率の中央値％
横軸：開設年度

開設年度	70年代以前	71－77年	78－84年	85－91年	92－98年	99－05年
標本数	13	41	37	47	54	53

データ源：商業人口は商業統計と住民基本台帳人口による

の構造を変質させている。しかし、機能成果の中心地間変動から見ると、たんにこれだけではない。なぜなら、商業人口成長率の変動はきわめて大きいからである。

この変動には明確なパターンがある。その特徴は図5・9に示すように、開設年次の若いSCほど、より高い商業人口成長率を達成している点にある。1991年以前に開設されたSC立地中心地について見ると、商業人口成長率の中央値はすべて約10％以下の減少である。1992から1998年に開設のSCでは少し改善されるが、その立地中心地の商業人口成長率は零である。1999年から2006年にかけて、1人当たりの小売販売額は1割減少しているから、販売額の減少率はさらに大きくなる。これらの数値から見ると、1991年以前に開設のSCは56％を占めるが、その多くはすでに死に体である。1992年から1998年に開設のSCは22％を占めるが、その中でも存亡の危機に直面し始めているSCがある。商店街型中心地だけでなく、SCを

核とする大型店型中心地も、そのかなりの部分が淘汰競争の渦に巻き込まれているのである。

これに対して、1999年以降に開設されたSCの立地中心地は、非常に高い商業人口成長率を示す傾向がある。1999年以降の新型SCの基本特徴は第6章で詳論するが、ここで要約的に述べれば、

・地域大型店型の中心地に立地する
・SC規模も大きく、その駐車台数も飛躍的に多い
・キーテナントの大型店が大規模化しているだけでなく、専門店テナント・ゾーンに大規模で多様な専門店が数多く集積している
・SC全体が統一的な管理下に置かれている

などである。新型SCの商業人口成長率はきわめて高い。中心地体系の構造に大きい衝撃を与えているのは、この新型SCである。新型SCは商業集積形成の新しい機構であり、中心地体系のイノベータとして動き始めている。したがって、この新型SCは革新的SCと呼ぶこともできよう。

都市圏商業は、各店舗の密集願望と、孤立立地など分散願望の緊張の中で、空間的に編成され中心地体系を形成してきた。この体系には個別主体レベル、商業集積レベル、そして中心地体系レベルという3つの集計水準がある。個別主体レベルとは、個別店舗あるいはその集団など、立地決定を行う統一的意思決定主体である。集積レベルとは、この個別意思決定の結果として形成される商業集積としての各中心地である。中心地体系レベルは、空間的・機能的関係によって結ばれた都市圏での中心地の全体である。

新型の革新的SCは多くの店舗からなるが、このSCそれ自体はその規模の大きさと多数の専門店の参加によって、地理空間的な市場競争の中ではデベロッパーの管理の下に個別主体であるかのように行動する。しかし、この新型SCは多くの店舗からなるが、

て1つの商業集積でもある。SCはその競争力の強さによって、中心地体系全体の構造を大きく揺るがし始めているのである。

▼要約▲

1999年度と比較すれば、2006年度の中心地体系がどのような変化の過程にあるかがわかる。中心地体系の質的側面、つまりその構造の骨格は両年度では同じである。階層構造は大都市中核型、広域型、地域型、近隣型、街角ショップからなり、地域型と近隣型では商店街型と大型店型に機能分化している。しかし、この階層構造の量的側面では大きい変化が生じている。その変化の大きさは質的変化に転化して、中心地体系の骨格そのものを変える可能性を秘めている。

主要な量的変化は2つある。1つは地域大型店型の急増であり、他の1つは商店街型での店舗数激減である。地域大型店型の急増は、階層構造頂点の大都市中核型から見ると中心地の分散化であり、逆に底辺の街角ショップから見ると中心地の集中化である。商店街型での店舗数減少はとくに近隣商店街型で激しく、その機能不全を生み出し街角ショップへの転落を促進している。

大型店型の急増はとくに大型店主導のSC開発によるものである。商業集積としての大型店型は、大型店の単独出店からSC開発へとその主内容を変えつつある。とくに1999年以降に開発された新型SCは大規模化し、各店舗もテナント・ゾーンもともに拡大している。新型SCは大規模駐車場の整備によって車アクセスを容易にし、立地創造的に既存商業集積から離れて立地している。このようなSC開発は大都市圏の郊外部からその中心部に次第に迫っている。

SCの発展によって、大型店型中心地の機能基盤はますます強固になっている。大型店面積と異業種集積がとく

に大きくなっているからである。しかし、商業人口の成長率は大型店型の間でも大きい相違がある。この相違は大型店型の中核になるSCの開設年度によって説明できる。古い時点でのSCを持つ中心地では、商業人口成長率はマイナスであるのに対して、とくに1999年以降開設のSCを持つ中心地では商業人口は大きく伸びている。このことは、近年開設の新型SCが中心地体系の構造変化を推進する革新的SCであることを示している。

注

1 　分析に際しては、ユークリッド距離と赤池の情報量基準を用いた。

2 　cf. Urban Land Institute, *Shopping Center Development Handbook*, third edition, Urban Land Institute.

第6章 革新的SCによる立地創造

SCは、都市圏中心地体系の構造変化の原動力である。中心地体系の地域や近隣の階層では、SCは大型店型中心地の台頭の立て役者である。中心地体系の階層から見ると、SCの進出は近隣階層から始まり、次第に上位階層へ拡大しつつある。地理空間的に見ると、SCの影響は非隣接都市から始まり次第に都市圏の中核都市に迫りつつある。一方、各都市内部では、公共交通の拠点や中心市街地に立脚した、既存の伝統的な商業集積から離れた地点での立地創造を行っている。

SCは商業集積の伝統的な形成ルールを根本から変えようとしている。伝統的な商業集積ルールは、諸店舗の密集願望と、孤立立地など分散願望の緊張に基づいていた。SCによる商業集積は密集願望に沿って計画されている。いわばSC開発は密集願望と分散願望という相反する諸力の合成に基づいている。この合成によって、SCは都市の中心市街地など、既存の立地独占に挑戦し、新しい立地創造を目指すのである。

SCは伝統的中心地体系とはまったく異なる地点に、近隣型や地域型の新しい中心地を創造してきた。さらに世紀の境目あたりから、まったく新型の革新的SCが登場する。この革新的SCは広域型中心地の創造を戦略的にねらっている。革新的SCによるこの立地創造は、商業集積形成におけるイノベーションである。革新的SCによる中心地体系の変動をもたらす機構であるともいえる。革新的SCがこの変動の直接的な担当者であるが、多くの場合、その親会社である流通企業の意志のもとに動いている。革新的SCはどのようにして立地創造を可能にするのだろうか。この点を明らかにするために、本章では革新的SC開発の組織体系とそのビジネス・モデルを検討することにしよう。

1 SC開発の組織体系

革新的SCの特徴

革新的SCはどのような特徴を持っているのだろうか。我が国のSC全体の中でその特徴を明確にしておこう。

関与する実行機関という点から見ると、SC開発の組織体系はきわめて複雑である。それには、デベロッパー、地方自治体など行政機関、地主などの不動産提供者、核店舗提供企業、専門店テナント、ゼネコン、そして種々な開発資金提供者などがある。SC開発はデベロッパーの計画の下に行われる。表6・1は現存のSCがどのよう業種・業態のデベロッパーの下に開発されてきたかを示している。

デベロッパーという点から見ると、我が国SCには3つの特徴がある。第1に、デベロッパーの業種がきわめて多様である。SC専業のデベロッパーによる開発は、全体の1割を少し超えるにすぎない。SCのほとんどは、流通業、運輸業、不動産業、建設業、製造業、サービス業、公共団体など、多様な業種の企業や行政機関をデベロッパーとして開発されてきた。

第2に、多様なデベロッパーの中心を占めてきたのは、流通業であったということである。デベロッパーの42・1％は小売業によって占められている。業態的に見ると、百貨店は少なく、総合量販店、スーパー、あるいは中小商店による共同店舗勧業などが上位を占めている。テナントを供給する流通業がデベロッパーを多く兼ねる点に第2の特徴がある。

表6・1　SC開発のデベロッパー

業種・業態	SC数	構成比　%
SC専業	356	13.6
共同店舗勧業	234	9.0
小売業	1,100	42.2
百貨店	32	1.2
量販店	706	27.0
衣料スーパー	23	0.9
食品スーパー	294	11.3
生協	7	0.3
ホームセンター	8	0.3
専門店	13	0.5
ディスカウントストア	17	0.7
運輸業	74	2.8
不動産業	62	2.4
不動産管理業	672	25.7
製造業	16	0.6
公共団体等	22	0.8
サービス業	24	0.9
建設業	4	0.2
その他	47	1.8
総計	2,611	100.0

データ源：日本ショッピングセンター協会，「我が国SCの現況（2004年版）」

第3に、我が国ではSC専業のデベロッパーの発展が立ち後れている。SCの先進国である米国などでは、デベロッパーとテナント企業は機能的に分化し、SC専業のデベロッパーが発展している。しかし、我が国ではSCにテナントを供給する流通業が同時にデベロッパーとなることが多かった。この結果、デベロッパーとテナント企業が未分化である。

独立のSC専業のデベロッパーであれば、SC開発のノーハウの蓄積はより効率的に行える。またSCのテナント構成を個別の流通企業の視点ではなく、SCの視点に立って行うことがより容易になる。しかし、総合量販店企業がデベロッパーになると、SC開発に関してその企業の視点や傘下の専門店企業からの視点が入り込み、SCの視点から見たSC開発が行いにくい。このように専業デベロッパーの未発達のために、我が国のSC開発は欧米に比べて大きく立ち後れてきた。

表6・2　我が国SCの核店舗

核店舗数	業態構成　％　（業態数／SC数＊100）			核なし
	1核	2核	3核以上	
百貨店	5	7	3	
総合量販店	53	32	22	
衣料スーパー	1	30	41	
食品スーパー	22	67	51	
ホームセンター	1	27	56	
ディスカウントストア	1	6	2	
生協	1	0	0	
大型専門店	2	3	29	
その他	0	14	31	
SC数	1,600	317	59	635
構成比　％	61.3	12.1	2.3	24.3

データ源：日本ショッピングセンター協会，「我が国SCの現況(2004年版)」より作成

デベロッパーのこのような特徴は、SCのテナント構成、とくにSCの中心になる核店舗の構成に影響することになる。表6・2は2003年時点で現存するSCの核店舗がどのような構成になっているかを示している。

まず、SCといっても24.3％のSCは核店舗を持っていない。これはSCのデベロッパーに中小商店の共同店舗勧業や不動産管理業などが多く含まれていることを反映している。これらはとくにテナント・ミックスの構成とその集中管理の機構を欠く場合が多い。計画的SCに共通するもっとも重要な特徴を欠いているのである。したがって、中心地体系のイノベータとしてのSCとは呼べないものである。

第2に、我が国のSCの核店舗は1核である場合が61.3％を占める。しかもその業態を見ると、百貨店が5％ときわめて少なく、それにかわって総合量販店が53％を占め、ほぼ半分を占めている。複核型の総合量販店1核型のSCがもっとも典型的なものであった。複核型のSCは、規模の大きい総合量販店が核とならない場合に、それを補うため中規模の衣料スーパー、食品スーパー、ホームセンター、大型専門店によって構成されている。これらの特徴は、百貨店によ

図6・1　年度別開設SCの特徴

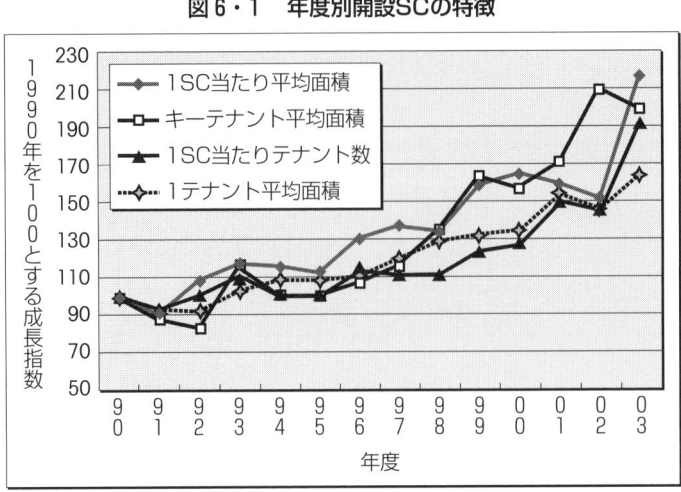

データ源：日本ショッピングセンター協会，「我が国のSCの現況（2004年版）」より作成

る複核型SCが典型である米国などのSCと、著しい対照を見せている。

しかし、重要なことは、これらすべてのSCが中心地体系のイノベータとしてのSCではないという点にある。前章で検討したように、立地創造によって現代の中心地体系を揺るがしつつあるのは、とくに前世紀の後半から新世紀の初頭にかけて開発されているSCである。1990年に開発された我が国のSCを見ると、SC当たり平均面積は1万3125㎡、キーテナント平均面積は4673㎡、SC当たりのテナント数は38店、テナント平均面積は117・8㎡であった。図6・1はこれらの数値を100として起点にした場合に、その後の年度に開設されたSCがどのように変化したかを示している。

とくに注目すべき点は、1999年以降に開発されたSCの全体規模が巨大化していることである。それに伴い、キーテナント面積が巨大化しただけではない。テナント数と1テナント平均面積が大きく増加し始めている。もっともこれらのSCでも、総合量販店1核をキーとするものが多い。しかし、経営基盤のしっかりした有力専門店テナントを多く集め出しているというのがその際だ

184

った特徴である。

さらに近年のSC開発で重要なことは、これらの話題を呼ぶ大型SC開発の多くが、SC専業デベロッパーによって開発され始めた点にある。具体的には、イオンモールやダイヤモンドシティ（2007年にイオンモールと合併）によって開発されてきたSCがそれにあたる。これらのSCではテナントはデベロッパーによって集中管理される。この強力な管理システムの存在が従来のSCと大きく異なる点である。現代の中心地体系を大きく揺るがし始めているのは、イオンモールを先端事例とするような、真の意味での近代的な計画的SCである。革新的SCと呼ぶSCはこの種のSCである。

革新的SCの特徴を要約的に述べると、次のようになろう。

・専業デベロッパー主導の開発である。
・SC全体の規模は巨大であり、広大な駐車場を備えている。
・多くの場合総合量販店を核店舗とし、経営基盤の強い有力専門店をテナントとしている。
・テナント・ミックスの構成とSCの運営はデベロッパーによって集中管理される。

SCの開発過程

このような革新的SCを念頭に置き、SC開発の組織体系とそのビジネス・モデルを整理する枠組として、まず図6・2に示すようなSCの開発過程を押さえておこう。ある特定のSCの開発過程は、基本的には4つの段階からなる。それらはSC開発戦略、リサーチ、プランニング、そしてコンストラクションの4段階である。

図6・2　SCの開発過程

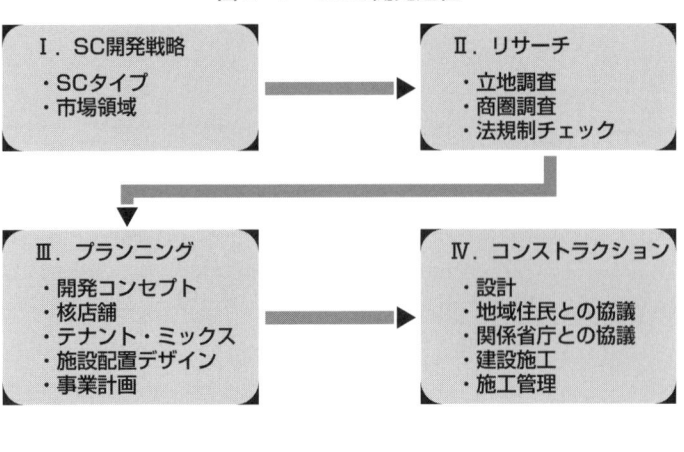

Ⅰ．SC開発戦略		Ⅱ．リサーチ
・SCタイプ ・市場領域	→	・立地調査 ・商圏調査 ・法規制チェック

↓

Ⅲ．プランニング		Ⅳ．コンストラクション
・開発コンセプト ・核店舗 ・テナント・ミックス ・施設配置デザイン ・事業計画	→	・設計 ・地域住民との協議 ・関係省庁との協議 ・建設施工 ・施工管理

SC開発戦略は、特定のSC開発物件を制御する開発基本方針である。SCを全国にわたって開発している企業では、とくにこの戦略策定が重要である。戦略策定の内容は2つある。1つはどのようなSCフォーマットを中心に開発するかということである。一般に、SCフォーマットには、中心地のタイプと同じように、広域型（リージョナル）SC、地域型（コミュニティ）SC、近隣型（ネイバーフッド）SC、最寄り型SCなどがある。

これらのフォーマット間では、設定商圏、敷地面積、核店舗、テナント構成などが中心地タイプと同じように異なっている。しかし、特定のSCをこれらのフォーマットに正確に帰属させるのは難しい場合がある。さらに、経済発展国では、これらのSCの基本フォーマット以外にも、さらに多様な変種が登場している。例えば、米国での専門店型SC、アウトレット型SC、オフプライス型SC、パワー・センター、ファッション・センター、フェスティバルSC、メガモール、英国でのリテール・パーク、フランスでのハイパー主導SCなどがその例である。日本でも、SCフォーマットは近年急速に多様化しようとしている。[*1]

SC開発戦略のもう1つの内容は、SC開発を行う市場領域である。この市場領域を設定するに際して、3大都市圏か地方経済

圏か、中心都市か衛星都市か、駅前など中心市街地か、その周辺隣接地区か、それとも郊外かといった種々のカテゴリーがある。どのようなカテゴリーを使って空間市場機会をとらえるかは企業によって異なる。この空間市場認識の独自性が、各企業で重視するSCフォーマットと合わさって、企業独自の開発戦略を形成するのである。

例えばイオンモールがインターネットを通じて行っている用地募集[*2]は、イオングループが重視するSCフォーマットを明確に示している。それによれば、イオンモールがもとめるSC用地に適した立地条件は次のようなものである。

・大きな集客が見込める立地
自動車で30分圏の範囲に30万人以上の人口を抱える立地。具体的には大都市圏、地方中核都市およびその周辺の市町村。または複数の中小都市が集まって、合計で大きなマーケットが設定できる立地。

・車でのスムーズなアクセスが可能
幹線道路を含む複数の道路に接し、広域からの自動車による来店が容易な立地。

・10万㎡以上の用地
敷地面積は10〜20万㎡程度で1区画にまとまった土地が有効。大都市圏など市街地では5〜10万㎡の規模でも検討する。

また、イオンの関連デベロッパー会社、ダイヤモンドシティは、半径10km内で40〜50万の人口を擁するアーバンエッジ（近郊地域）で、総合量販店に百貨店を加えた複核の広域型SCの開発を戦略目標に掲げている。

これらを見れば、イオンのSC開発戦略が大都市圏や地方中核都市の近郊地域（アーバンエッジ）に、でき

ば広域型の、あるいは少なくとも地域型のSC開発を目指していることは確かである。

個別SCの開発過程

(1) リサーチ

SC開発過程の第2段階から第4段階は特定のSCを開発する過程である。SC開発にあたっては、何よりもまず用地確保が必要である。第2段階のリサーチでは、SC開発戦略に適合した用地の探索と、候補用地が開発戦略で設定した要件に合致するかが検討される。用地適地はGIS(地理情報システム)を利用すれば比較的容易に発見できる。例えば堺市の人口急増区が適合地域であるとすれば、開発部隊が不動産物件の探索業務を始める。また、前述のイオンモールの用地募集などを通じて持ち込まれる場合も多い。

個別用地物件が候補としてあがると、その商圏調査や法規制チェックが行われる。商圏調査では、商圏の人口、所得水準、年齢層、交通体系から見た潜在購買力や競合状態の調査が行われる。この作業のためには、いくつかの商圏推定モデルがあり、それらを利用することが多い。

法規制チェックでは、とくにまちづくり3法(都市計画法、大規模小売店舗立地法、中心市街地活性化法)による規制チェックが中心になる。この法律は中心市街地の衰退を抑制するため、大型商業施設の郊外立地を規制し、市街地への誘導をねらっている。この法律では郊外における1万㎡以上の出店が規制され、とくに都市計画法上の用途地では商業、準工業地域以外での出店が難しくなった。

以上のようなリサーチ作業は、専門知識を要する多様な業務を含んでいる。イオンなど総合量販店系の企業が計画型SCを迅速に開発できる理由は、戦略に適合したSC用地を迅速に発見するための情報システムや専

188

門スタッフを整備している点にある。このような体制が整備されているから、SC開発の市場機会を迅速にとらえ、それを評価できるのである。一般に、チェーン組織によって多店舗展開を行っている量販店系や大型専門店系の企業は、このような開発部門やそのための子会社を持つ。しかし、大手企業の中でも百貨店は、この種の開発部門や専門スタッフを持たないところが多い。このため市場機会の発見が遅れるのである。

(2) プランニング

第3段階のプランニングは、立地創造を目指すSC開発の核心部分である。プランニングの内容は大別して2つに分かれる。1つは商業施設としてのSCの活動計画であり、他の1つは財務収支を中心にした事業計画である。

SCの活動様式の計画では、まず、開発コンセプトの明確な設定が必要である。開発コンセプトは少なくとも2種の内容を含んでいる。1つは、SCフォーマットの選択である。立地の商圏を前提に、広域型、地域型、近隣型などの基本フォーマットのいずれを開発するのか、あるいはこれらの基本フォーマットによらないメガモール、ファッション・センター、パワー・センターなどを目指すのかを決めねばならない。他の1つは、そのSCのアメニティに関わるコンセプトである。このアメニティ・コンセプトは、顧客に対するそのSCのアメニティに関わるメッセージになる。例えば、キャリア女性の多くは買い物時間が十分にない。しかし、ファッションやグルメのための比較購買をしたいという欲求を持っている。この種の女性を主標的にすれば、比較購買の便宜性や効率性の向上がアメニティになる。このアメニティに関わる標語が基本メッセージの内容になろう。

開発コンセプトが決まると、次の作業はそのコンセプトの具体化である。このために、核店舗をどうするのか。GMS（総合量販店）だけの単核か、それとも百貨店や大型専門店を加えた複核とするのか。また、専門店テナントとして、物販、飲食、サービスの比率をどうするのか、それぞれの業種比率をどうするのか。具体的なテナント企業としてどの企業を選定するのか。以上のようないわゆるテナント・ミックスの選定作業がある。この選定作業は多くの場合、選定企業との個別出店交渉と並行して進められる場合が多い。この交渉作業の経過によってプランニングは絶えず練り直される。

コンセプトの具体化には、このテナント・ミックスのゾーニング作業は、SC敷地内のどの位置にテナントをどれほどの面積で配置するのかが決まる。このゾーニング作業は、SC施設の建物構造、モール、駐車場などの位置、建物のデザインなど施設計画との関連で行われる。ゾーニングはテナントとの出店交渉でも重要なテーマである。

プランニングのもう1つの重要な側面は、事業収支を中心にした事業計画である。事業計画は目標収益性を設定し、次にそれを実現するための投資額、営業収益、営業費用の水準を設定していく。例えばダイヤモンドシティは、各SC開発について10％の総投資営業利益率を目標水準として設定している。総投資営業利益率は下の囲みに示す式で決まる。*3

広域型や地域型のSCの開発には、100〜200億円の投資が必要である。投資の主内容は土地と建物への投資である。しかしこの投資額は土地・建物を購買するかリースバックするかによって大きく異なる。土地・建物を流動化してREITなどにリースバック（売却した上で借用）すれば、総投資額は大幅に減少し、土地・建物の賃借料として費用化する。近年のSC開発では、土

$$総投資営業利益率％ = \frac{営業収益 - 営業原価}{総投資} \times 100$$

地・建物を取得するよりもリースバックする選択が増加している。

SCの営業利益は営業収益と営業原価の差額である。営業収益は、テナントから徴収される賃料と共益費、来店客からの駐車場収入およびその他の収入からなる。このうち、営業収益の中心は、テナント賃料と共益費である。日本ショッピングセンター協会の調査[*4]によると、2006年度の物販店舗の全国平均値は、3.3m^{2}当たり賃料が22911円、共益費が6136円であるから、テナント賃料が中心になる。テナント賃料は定額賃料と、テナントの売上高に比例する歩合賃料に分けられている。多くのSCは定額賃料よりも歩合賃料を中心にしている。

一方、営業原価はSC運営のための労務費と、SC施設に関連した経費からなる。経費を構成する費目は、設備管理費、水道光熱費、SCの土地・建物所有者への賃借料、そしてSC施設の減価償却費などである。事業計画に際しては、営業利益を規定するこれらの要因について目標数字を設定しなければならない。

以上のような事業計画はSCの活動計画と相互依存の関係にある。例えば、営業収益の中核である歩合賃料は、SCの売上に大きく依存しているが、これは活動計画をどのように設定するかに依存している。また活動計画の中核であるテナント・ミックスは、開発コンセプトだけでなく、テナント賃料や共益費の水準に依存する。このように、開発コンセプト、核店舗とテナント・ミックス、施設計画・デザイン、そして事業計画など、プランニングの要素は相互に密接に関連した過程であり、計画と交渉の反復を経て煮詰まっていく過程である。

(3) **コンストラクション**

プランニングが確定すると、最後のコンストラクションの段階に入る。これはSC施設を実際に建設してい

く段階である。それは設計、建設施工、施工管理という通常の建設過程だけでなく、その間に地元住民・関係省庁との協議がいる。地元住民は交通渋滞、騒音など環境問題に敏感である。場合によっては、これらの問題に関して、地元住民との話し合いが必要になる。

またSC建設にあたっては、まちづくり3法だけでなく、多様な法律や地方行政が関連する。関連する法律だけを取り上げても、建築基準法、消防法、屋外広告物法、食糧管理法、酒税法、薬事法、理容師法、美容師法、クリーニング業法、医療法、興行場法、風俗営業法など、営業機会を規制する法律をクリアしなければならない。また地方行政体との間で開発負担金、各種同意書取り付け、汚水・ゴミ処理、中高層建築物、駐輪場、公園緑地、インフラに関する四者協・五者協（上下水道・電気・ガスなど）の推進等について協議する必要がある。これらの申請手続きは煩雑であり、また行政指導も全国一律ではない。

以上がSC開発の過程であるが、革新的SCが立地創造によって、中心地体系を揺るがし始めている秘密はどこにあるのだろうか。SCはデベロッパー、核店舗（キーテナント）、およびテナントから構成される。デベロッパーはSC全体の管理主体である。核店舗は百貨店、総合量販店、大型専門店などが担当する。テナントは中小店舗規模の多くの専門店からなる。革新的SC躍進の秘密の結論を先駆けていえば、その核心はデベロッパーが核店舗規模の顧客吸引力が生み出す波及効果をSC全体として管理し、立地創造を行う点にある。この点をさらに詳細に検討していこう。

2　大型店の吸引力とその波及効果

立地創造の実態

近年開発された革新的SCがどのように立地創造を行っているかの実態をまず押さえておこう。立地創造とは、商業地としては低位にある地点で、多くの顧客吸引を実現するような商業集積を創造することである。SCによる立地創造の実態把握は、データ利用が制約されているため非常に困難である。何よりも、個別SCの売上高やその立地場所の実勢地価データが、企業によって秘匿されているため入手困難である。

そこで以下のような京阪神都市圏の1kmメッシュ・データの利用によって、1999年から2004年の間に、この地理領域で開発されたSCの立地創造の実態を近似的に把握することにしよう。まず、SC立地場所が商業地としてどのように判断されているかを、そのSCが立地するメッシュ・グリッドでの最高商業地価で代理させよう。SC立地場所の商業地価は、これとそれほど大きく隔たっていないはずである。次に、SCがどの程度に顧客吸引しているのかは、SCの立地グリッドの商業人口によって代理させることができる。近年に開発されたSCは大規模化し、また既存商業集積と離れて立地する傾向があるから、SCが実際に吸引している人口は、このメッシュ・グリッドの商業人口の大部分を占めているはずである。

このようなデータを使用する場合、もし最高商業地価の低い場所（グリッド）でSC開設によってそのグリッドの商業人口が飛躍的に伸びていれば、SCによって立地創造が行われたことに

$$商業人口変化率\% = \frac{2004年度商業人口 - 1999年度商業人口}{1999年度商業人口} \times 100$$

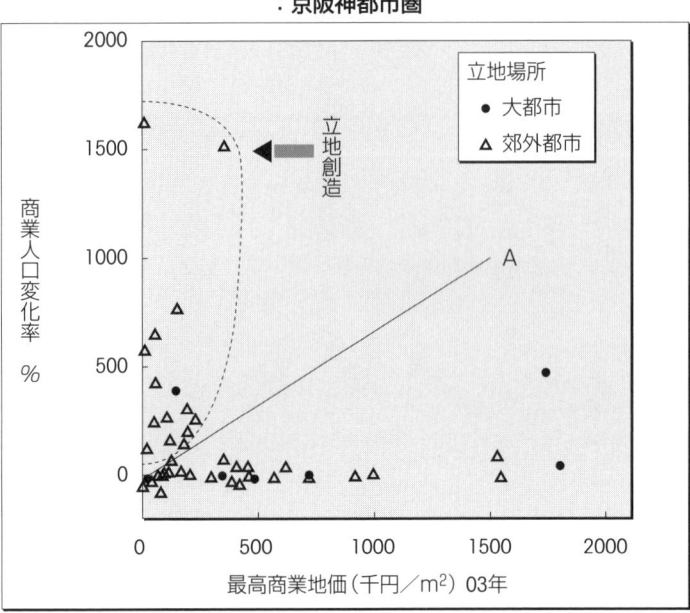

図6・3　近年（1999－2004年）開発されたSCによる立地創造
　　　　：京阪神都市圏

注）最高商業地価が93で，商業人口変化率が7544の事例（三田ウッディタウンサティ）があるが，全体表示の関係上から図中から除外している。

なる。比較時点として1999年度と2004年度の両時点を選ぶと、その間のグリッドの商業人口変化率は前ページの囲みに示す式で定義される。

　図6・3は京阪神都市圏で近年（1999－2004年）に開発されたSCに関して、以上のようなデータがどのように散布しているかを、SCの立地都市を大都市（京都、大阪、神戸の3市）とそれ以外の郊外都市に分けて示したものである。商業地価が将来収益への期待を織り込んで形成されているならば、最高商業地価が高くなるほど商業人口変化率も大きくなり、データは直線Aのまわりに散布するはずである。
　しかし、現実はそうなっていない。
　近年開発のSCの顕著な特徴は、立地創造を行わないSCと立地創造を行うSCに明確に2分されることである。最高商業地価が高いグリッドで開発されたSCの中で、商業人口を大きく伸ばしているSCは少な

表6・3　京阪神都市圏における立地創造ベスト10のSCの概要

項目	ショッピングセンター天理	セリバVディタウンウッディ三田	ジャスコ雄山ショッピングセンター	カルフール光明池	二色の浜コスタモール	広畑店イトーヨーカドー	アピタ大和郡山店	ダイヤモンドシティ・テラス	ショッピングセンター姫路大津	Tio舞子（ティオマイコ）
SC開発年度	2002	2000	1999	2001	1999	2000	2004	2002	2004	2001
デベロッパー	イオン（株）	（株）北摂コミュニティ開発センター	イオン（株）	マルイシェ（株）	（株）伊藤忠商事	（株）イトーヨーカ堂	ユニー（株）	シダイヤモンド（株）	イオン（株）	都市整備公社
SC所在地	奈良県天理市	兵庫県三田市	京都府久世郡	大阪府和泉市	大阪府貝塚市	兵庫県姫路市	奈良県大和郡山市	兵庫県伊丹市	兵庫県姫路市	兵庫県神戸市
SC立地	郊外地域	郊外地域	郊外地域	郊外地域	郊外地域	郊外地域	郊外地域	郊外地域	郊外地域	周辺地域
SC敷地面積m²	51,200	38,949	40,198	14,098	43,640	50,129	86,178	61,319	85,504	6,061
キーテナント名	ジャスコセンター天理店	三田ウッディタウンパーティ	ジャスコ雄山ショッピングセンター	カルフール光明池	マックスバリュ二色の浜コスタモール	イトーヨーカドー広畑店	アピタ大和郡山店	ジャスコ伊丹店	ジャスコ姫路大津店	スーパーマルハチ舞子店
キーテナント面積m²	13,271	12,682	14,453	15,350	3,000	12,870	11,660	15,885	18,959	2,089
テナント面積m²	3,946	14,682	9,110	3,010	17,000	3,700	15,364	36,138	17,755	5,861
テナント数	32	60	68	31	60	41	45	153	100	44
SC駐車台数	1,500	1,600	2,163	1,335	1,000	1,650	2,500	2,615	3,000	301
最高商業地価（千円／m²）	15	93	15	63	63	158	54	362	31	152
商業人口変化率	1,619	7,544	574	652	432	774	241	1,520	126	393

く、また立地都市から見ると大都市で開発されたSCでも商業人口を大きく伸ばしているSCは少ない。低い最高商業地価のグリッドで商業人口を数倍に伸ばしたSCがあり、それらは郊外都市に集中している。このデータはSC開発によって商業人口が数倍に伸びる、つまり立地創造が行われる事例が郊外都市に多くあることを示している。

最高商業地価に対する商業人口変化率の比率は、立地創造の大きさを示す指標と見なすことができよう。この指標によって、1999年から2004年までに開発されたSCのベスト10は表6・3のようになる。これらのSCのほとんどは明確な特徴を持っている。規模が巨大であること、広大な駐車場を設置していること、最大級の総合量販店を核店舗としていること、多数のテナントを集積させていること、郊外都市の郊外地域に立地していることなどである。このような特徴によって、従来は商業集積がほとんどなかったところに、かなりの商業集積が出現することになる。これらのSCの半分はイオン系の企業がデベロッパーになっている。同グループは、SCによる立地創造推進の先端企業としての役割を果たしている。

大型店の顧客吸引力

革新的SCによる立地創造の機構は2段構えになっている。まず、核店舗の顧客吸引力によって核店舗自体の立地創造を行い、次にその波及効果を利用して中小テナント店のための立地創造を行う。革新的SCの核店舗を業態から見ると、総合量販店1核型が多い。またいくつかの先端事例では総合量販店に百貨店を加えた複核型も模索されている。さらに、家電量販店などがその店舗規模を拡大し、核店舗として入居する場合がある。いずれにせよ、革新的SCの特徴は核店舗として大型店を持つ点にある。

革新的ＳＣの立地創造の秘密を探るために、まず大型店と中小店舗がともに集積する商業集積において、顧客吸引に関して大型店と非大型店がどのような役割を果たしているかを押さえておく必要がある。つまり、商業集積の吸引顧客数に、大型店と非大型店がどのように貢献しているのかの検証が必要である。

このために、京阪神都市圏での1kmメッシュで見た商業集積のうち、中心地階層で近隣型以上の中心地タイプを取り上げよう。各中心地の吸引顧客数はその商業人口によって表すことができる。この商業人口（C）の中心地間変動を説明する要因として、その中心地での大型店面積（B）、非大型店面積（T）を考える。大型店とは売場面積5000m²以上を持つ店舗である。しかし、中心地の商業人口はこれらの要因以外にも、それがどの中心地階層に位置するか、その中心地の階層が大型店型か商店街型かなどの影響を受ける。さらに、中心地の階層や機能が同じにしても、その立地場所としての質の影響を受ける。そこで、各中心地の立地場所としての質の影響を統制するために、最高商業地価（R）を説明要因として導入しよう。

商業人口を説明するモデルは、囲みに示すような線型モデルである。ここで、a、b₁、b₂、b₃）の影響を取り除くために、このモデルのパラメータを広域型以上の中心地、大型店型の中心地、商店街型の中心地に分けて推定しよう。その結果は表6・4に示されている。決定係数の大きさから見ると、推定結果はかなり良好である。広域型以上では66・4％、大型店型では76・4％、そして商店街型では49・8％の変動が説明されている。

我々の関心は大型店面積と非大型店面積の回帰係数b₁とb₂にある。これらはそれぞれの面積の顧客吸引力を表している。大型店面積が1m²増加すると、商業人口の増加は広域型以上の中心地で

$$C = a + b_1 B + b_2 T + b_3 R$$

表6・4　商業人口の規定因：回帰分析の結果

説明変数	測定単位		中心地タイプ別回帰係数		
			広域型以上	大型店型	商店街型
(定数)			15812.179	588.788	6951.448
大型店面積	m^2	(04年)	0.853	0.605	0.498
非大型店面積	m^2	(04年)	0.915	0.357	0.451
最高商業地価	千円／m^2	(03年)	9.629	4.433	3.635
調整済み決定係数			0.664	0.764	0.498
標本数			25	87	266

注）広域型以上での回帰係数の有意確率は，大型店面積（0.002），非大型店面積（0.057），最高商業地価（0.032）である。その他の回帰係数の有意確率はすべて0.000以下である。

は0.853人、大型店型中心地では0.605人、商店街型中心地では0.498人増える。一方、非大型店面積の場合、それが1m^2増加すると、商業人口の増加は広域型以上の中心地では0.915人、大型店型中心地では0.357人、商店街型中心地では0.451人増える。大型店と非大型店はともに顧客吸引に貢献している。しかし、その貢献度には格差がある。大型店と非大型店ではその顧客吸引力はどのように異なるだろうか。これをより正確に評価するには、表6・4の回帰係数はそのままでは使えない。表6・4の説明変数の測定単位と標準偏差が異なり、これによって回帰係数の大きさが影響を受けているからである。この影響を除去して各変数の相対的重要性を評価するには、各変数の標準偏差を単位にする回帰係数、つまり標準回帰係数を推定する必要があるのである。

この結果は中心地の顧客吸引力に関して各変数が持つ相対的重要性を明確に示している。いずれの中心地タイプでも大型店面積がもっとも大きい顧客吸引力を持っている。中心地タイプのいかんを問わず、大型店面積の小さい中心地が中心地間での顧客吸引競争で劣位に立たされることは明らかである。

しかし、3種の中心地タイプ間では、各変数の相対的重要性のパターンは、とくに大型店型中心地と、広域型以上や商店街型など伝統的中心地の間で大

図６・４　中心地タイプ別の標準回帰係数

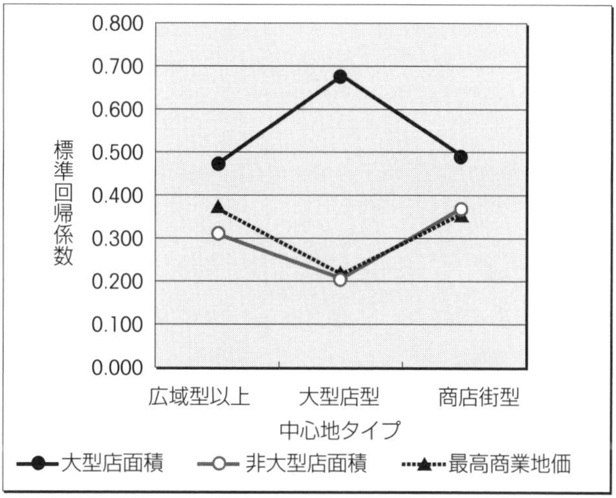
0.800
0.700
0.600
0.500
0.400
0.300
0.200
0.100
0.000
標準回帰係数
広域型以上
大型店型
商店街型
中心地タイプ
大型店面積
非大型店面積
最高商業地価

注）面積は2004年度，地価は2003年度。

きく異なっている。主要な相違は、ＳＣなどのほとんどが立地している大型店型中心地では、顧客吸引に関する大型店面積の重要性が非大型店面積に対して一段と強くなることである。

大型店型中心地では、顧客吸引は非大型店面積や立地の質（最高商業地価）と比較すると、大型店面積により大きく依存することになる。これに対して伝統的中心地では、大型店面積だけでなく、非大型店面積や立地の質にも依存する度合いが強くなる。このような結果は大型店型中心地における立地創造の性格を明確に表している。大型店型中心地での顧客吸引は何よりも大型店面積に依存している。立地の質や非大型店面積の相対的重要性が低くなるのは、大型店型中心地が、もともと商業集積がほとんどないところに立地創造的に形成されることを反映している。

大型店顧客吸引力の波及効果

大型店は商業中心地への顧客吸引で主要な役割を果たす。この傾向はとくに大型店型中心地で顕著である。

表6・5　商品間の購買客の波及

最高額商品	各最高額商品の購買客が同時に購買した商品　%												合計（多重回答）	標本数
	衣服	軽衣料	靴・鞄・ハンドバッグ	医薬・化粧品・トイレタリー	家電・AV機器・カメラ・携帯	パソコン・周辺機器	宝石・貴金属・時計・めがね	CD・ビデオ・DVD	スポーツ・レジャー用品	書籍・雑誌・文房具	家具・インテリア・寝具	食品	その他		
衣服		12.7	12.5	9.5	1.8	2.8	0.2	3.7	1.7	14.3	1.1	21.5	1.1	82.7	834
軽衣料	13.0		4.3	7.2	2.9	0.0	0.0	1.4	4.3	11.6	2.9	39.1	0.0	73.9	69
靴・鞄・ハンドバッグ	24.7	11.9		12.4	2.1	0.5	1.5	2.6	1.5	7.2	1.5	21.1	2.1	64.4	194
宝石・貴金属・時計・めがね	18.9	6.8	8.1	9.5	2.7	8.1		6.8	2.7	10.8	1.4	9.5	0.0	66.2	74
医薬・化粧品・トイレタリー	14.6	14.6	3.1		1.0	2.1	1.0	3.1	0.0	14.6	0.0	37.5	1.0	78.1	96
家電・AV機器・カメラ・携帯	9.0	3.7	2.2	5.1		10.5	0.5	5.6	2.2	8.3	2.0	9.3	1.0	50.2	410
パソコン・周辺機器	9.2	3.1	1.3	1.3	9.6		0.9	10.1	0.9	16.7	1.3	11.0	0.4	56.6	228
CD・ビデオ・DVD	8.2	2.7	1.4	4.1	2.7	8.2	0.0		5.5	23.3	1.4	9.6	2.7	61.6	73
スポーツ・レジャー用品	14.3	3.9	3.9	3.9	6.5	1.3	0.0	5.2		13.0	1.3	9.1	1.3	46.4	77
書籍・雑誌・文房具	10.6	3.8	1.0	1.9	0.0	2.9	0.0	1.9	1.0		4.8	16.3	1.0	34.6	104
家具・インテリア・寝具	11.5	3.4	4.6	3.4	6.9	5.7	1.1	1.1	2.3	4.6		11.5	1.1	46.0	87
食品	7.5	6.6	2.3	12.8	1.6	1.1	0.2	2.1	1.4	13.2	1.1		2.1	44.5	438
その他	4.6	2.8	1.8	2.8	1.8	1.8	0.9	2.8	0.9	7.3	2.8	11.0		36.7	109
合計	37.7	10.1	12.3	10.9	17.1	11.6	3.1	6.6	4.4	15.6	4.6	30.2	5.1		2793

データ源：京阪神消費者調査（2006年）

しかし、大型店によって吸引された顧客は、たんに大型店だけで買い物するわけではない。大型店の周辺に、もし専門店など中小規模店舗からなる商業集積があれば、そこでも買い物をする可能性がある。消費者は中小規模店舗そのものを目指しては出向しないが、大型店へ出向したついでに中小店舗に立ち寄ることにはほとんど距離抵抗がないからである。多目的出向指向を持つ消費者はとくにこの種の行動をとるであろう。

最多額出向（1か月に購買金額が最大の出向）で、主要目的商品（最高額商品）を買った消費者が、同時に他のどのような商品を購買しているかを表6・5で見ると、品種間で多様な波及関係がある。例えば、衣服を主要目的とする購買客の主要な波及関係先は食品（21・5％）、書籍・雑誌・文具（14・3％）、軽衣料（12・7％）、靴・鞄・ハンドバッグ（12・5％）、医薬・化粧品・トイレタリー（9・5％）などである。衣料品以外にも、食品や家電・AV機器・カメラ・携帯などを主目的とする買い物客が多い。これらの商品を購買した顧客も多様な形で他の商品の同時購買に向かっている。

百貨店、総合量販店、家電大型専門店など、売場面積5000m²を超える大型店でも、これらの品種のすべてを取り扱っているわけではない。また取り扱っている場合でも、その商品力は商品によっては、中小規模店舗の専門店に比べて、必ずしも競争優位性を持っているわけではない。百貨店の強みはファッション関連製品と食品である。総合量販店の強みは食品と軽衣料である。家電大型専門店は家電、パソコン関連は強いが、他の品種は取り扱いは少ない。したがって、表6・5に示すような品種間の波及関係は、大型店から中小規模店舗の専門店への顧客波及が生じることを示している。

京阪神都市圏での最大商業集積は梅田地区である。そこでの大型店と専門店の顧客交流を調べてみると、図6・5のようになる。大型店から梅田地区専門店への方向線脇の％数字は、各大型店の利用客のうち専門店に

図6・5　大阪市中核区(梅田)における大型店と専門店の顧客交流　N＝標本数

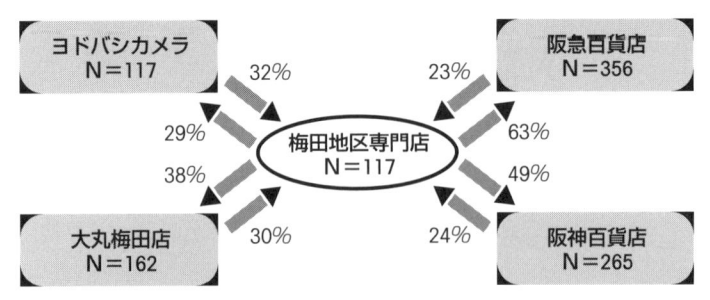

```
ヨドバシカメラ                         阪急百貨店
N＝117    32%         23%        N＝356
         29%              63%
              梅田地区専門店
         38%   N＝117    49%
大丸梅田店                            阪神百貨店
N＝162    30%         24%         N＝265
```

データ源：阪神地区消費者調査(2004年)

流れた比率を示している。これらの比率が、専門店から大型店に向かう顧客比率よりも小さいことは、大型店の利用客の方が多いこととともに、商業集積への顧客吸引は大型店により強く依存していることを示している。しかし、大型店の吸引顧客が専門店に波及していることも確かである。

大型店の吸引顧客が中小規模店舗の顧客に波及する傾向は、革新的SCではより顕著になる。例えば、梅田地区の商圏内に位置する代表的な革新的SCとして、ダイヤモンドシティ・テラス(伊丹市)とカルフール(尼崎市)を取り上げてみよう。前者は2002年にSC面積5万2023m²、駐車場2615台でオープンした。核店舗は1万5885m²の売場面積を持つジャスコ伊丹店であり、テナント153店がテナント面積3万6138m²を占める革新的SCである。後者は2003年に外資カルフールの店舗として、SC面積1万8300m²、駐車場1415台でオープンした。核店舗はカルフール尼崎店で1万m²の売場面積を持ち、75店のテナントが入居している。

大都市中核区での百貨店などの大型店から周辺専門店への顧客波及と比べると、革新的SCでの大型店からテナント専門店への顧客波及はさらに大きい。ダイヤモンドシティ・テラスの場合には、大型店客の62%

図6・6 革新的SCでの大型店とテナントの顧客交流　N＝標本数

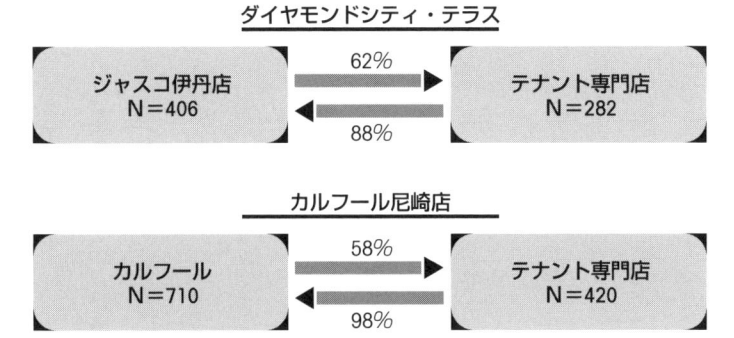

ダイヤモンドシティ・テラス

ジャスコ伊丹店　N＝406　⇄　62% / 88%　テナント専門店　N＝282

カルフール尼崎店

カルフール　N＝710　⇄　58% / 98%　テナント専門店　N＝420

データ源：阪神地区消費者調査（2004年）

　が、またカルフール尼崎店の場合には大型店客の58％がテナント専門店に流れる。これはこれらのSCで核店舗の主力商品は食品であり、また衣料品や雑貨も取り扱っているが、テナント専門店とは商品グレードがかなり異なり、直接的な競合関係が発生しないからである。大都市中核区の場合には、百貨店も周辺の専門店もハイグレードのファッション関連商品を取り扱い、激しい競合関係にある。
　また、大都市中核区と同じように、専門店から大型店への波及率は、大型店から専門店への波及率よりも大きい。これは専門店よりも大型店がその商業集積全体への顧客吸引に関して主要な役割を果たしていることを示すものである。

3 需要外部性の管理

需要外部性の内部化

特定の商業集積全体への顧客吸引に際して、大型店は決定的な役割を果たしている。しかも、大型店が吸引した顧客は、もしその大型店の周囲に専門店があればそこへ波及する。大型店だけの顧客だけでなく、その周辺の中小規模店舗のための潜在顧客を吸引しているのである。大型店の顧客吸引力は、たんに大型店が出店すると、その周辺に自然発生的に中小専門店が立地するのはこの波及顧客をねらっている。しばしばこのような出店がコバンザメ商法と呼ばれるゆえんである。

大都市中核区、広域型、商店街型における商業集積の大部分は自然発生的に形成される。また、大型店の単独出店とコバンザメ商法によって形成される近隣大型店型中心地での商業集積も、その集積を全体として見ると自然発生的に形成されている。その商業集積を全体として管理する管理者はいない。このような自然発生的な商業集積では、中小専門店は大型店によるその商業集積への顧客吸引に「ただ乗り」していることになる。

中小専門店の観点からいえば、大型店の顧客吸引力は外部経済を作り出している。外部経済とは、ある経済主体の行動が市場を経由しないで直接に他の経済主体に有利な影響を与えることである。大型店が中小専門店に作り出す外部経済の内容は2つある。※5 1つは波及効果によって中小専門店の売上高を増加させること、他の1つは販促費などを削減することである。これらの外部経済は、中小専門店ではなく大型店の顧客吸引力によ

って作られるので需要外部性と呼ばれている。

自然発生的な商業集積では、中小専門店は大型店が創造した需要外部性に「ただ乗り」している。しかし、革新的ＳＣではそうではない。革新的ＳＣでは商業集積全体がデベロッパーの管理下に置かれる。そこでどのようなテナント・ミックスを構成するか、各テナントとどのような入居契約を結ぶかの権限をデベロッパーが持っている。いわば、デベロッパーがＳＣ全体のデザイン権限を持っている。革新的ＳＣの革新性は、このデザイン権限に基づき、需要外部性を内部化して効率的に管理する仕組みを生み出した点にある。

その仕組みの第１は、賃料格差である。これは、核店舗も含めたテナントが持つＳＣ全体への顧客吸引貢献度によって、ＳＣ賃料の格差をもうけることによって行われる。すなわち、貢献度の高いテナントの賃料は高く、需要外部性を享受しているテナントの賃料は高く設定することが基本になる。したがって、上述のように核店舗と専門店テナントのＳＣ顧客吸引力が大きく異なってくると、核店舗の賃料は安く、専門店テナントの賃料は高く設定されることになる。この賃料格差によって波及効果が内部化されるのである。

米国での大規模ショッピング・モール2500店の調査によれば、この賃料格差は驚くべきものである。核店舗はモールの全リース可能面積の58％を占めるが、デベロッパーによって収集された賃料のたった10％を占めるにすぎない。これは需要外部性に基づく賃料格差以外に説明のしようがないといわれている。我が国ではこれに相当する調査もなければ、またこのような賃料格差を分析できるデータも公開されていない。しかし、核店舗や顧客吸引力のある有力専門店、例えばユニクロ、良品計画などの賃料が他の中小専門店に比べて格段に低いことは業界人にはよく知られている。

需要外部性の内部化は、もう１つの仕組みを持つ必要がある。それはＳＣ全体の顧客吸引を高めるために、

デベロッパー、核店舗、専門店テナントのそれぞれの最適努力を誘引するインセンティブを調整する仕組みである。SCの各店の売上高は自店の努力だけでなく、需要外部性の存在によって他店の行為にも依存している。また、各店の売上高はデベロッパーの努力にも依存している。デベロッパーによるSC施設全体の管理、各テナントへの種々な営業サポート（販促活動、顧客情報管理、商圏情報の提供など）によっても、SC全体の顧客吸引力は変わってくるからである。

しかし、核店舗や専門店テナントの行為はきわめて多様であり絶えず変化する。したがってこれらについて直接に管理することが難しいので、最適努力を誘引するインセンティブの調整もテナント契約に依存することになる。テナント契約の内容は大きく2種に分かれる。1つはSC賃料設定に関する契約であり、他の1つはSCの全体管理に関わる契約である。まず前者から検討しよう。

差別賃料設定による運命共同体の形成

(1) 多様な賃料形態

SCの賃料は、デベロッパーが出店契約をしたテナントから受け取る店舗の使用収益の対価である。賃料契約は多様な形態をとるが、その主要なものは次の3つである。

・定額（固定家賃型）‥売上高と関係なく一定額の賃料を徴収。
・一定歩率（単純歩合型）‥一定の歩率を設定し、売上に対する歩合賃料のみを徴収。
・定額＋歩率（組み合わせ型）‥固定家賃に加えて売上に歩率をかけて徴収。

組み合わせ型には、基準売上高を設定する場合とそうでない場合がある。基準売上高を設定する場合には、

図6・7 賃料徴収の形態

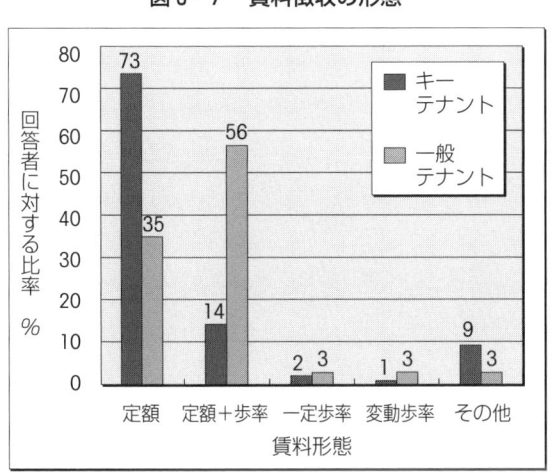

賃料形態	キーテナント	一般テナント
定額	73	35
定額＋歩率	14	56
一定歩率	2	3
変動歩率	1	3
その他	9	3

（回答者に対する比率 %）

データ源：通商産業省産業政策局流通産業課，「商業施設差し入れ保証金等に係わるアンケート調査結果」，平成12年8月のデータより作成。

基準売上高に達するまでは固定家賃のみであり，基準を超えるとその売上高増分に歩率をかけて徴収される。

図6・7に示すように日本のSCでは、これらの賃料形態のうち、定額と定額＋歩率によるものが多い。定額は売上高に関連がないのでテナントに有利であり、定額＋歩率はデベロッパー側に有利な賃料形態である。

図6・7の重要な点は、核店舗を提供するキーテナントと一般テナントでは賃料形態が大きく異なる点である。キーテナントでは定額が多く、一般テナントでは定額＋歩率が多い。この相違は、キーテナントがその核店舗によって需要外部性を創造することによるものである。

しかし、賃料形態はデベロッパーとテナントの双方の収益に影響するため、相互に重要な交渉事項である。この交渉でどのような賃料形態が採用されるかは、両者の交渉力にも依存している。図6・8は、SCの規模が変化することに伴う、両者の交渉力の変化を端的に示している。一般に、SC規模が拡大するにつれて、定額＋歩率の賃料形態が増加し、定額の比率は減少する。しかし、交渉力の低い一般テナントでは、かなり小規模のSCでも定額＋歩率の比率が定額の比率を上回るのに対して、キーテナントの場合にはかなり大規模なSCにならなければ、定額＋歩率という賃料形態が採用できない。イオンモールに代表されるデベロッ

図6・8　SCの総テナント数規模による賃料形態の変化

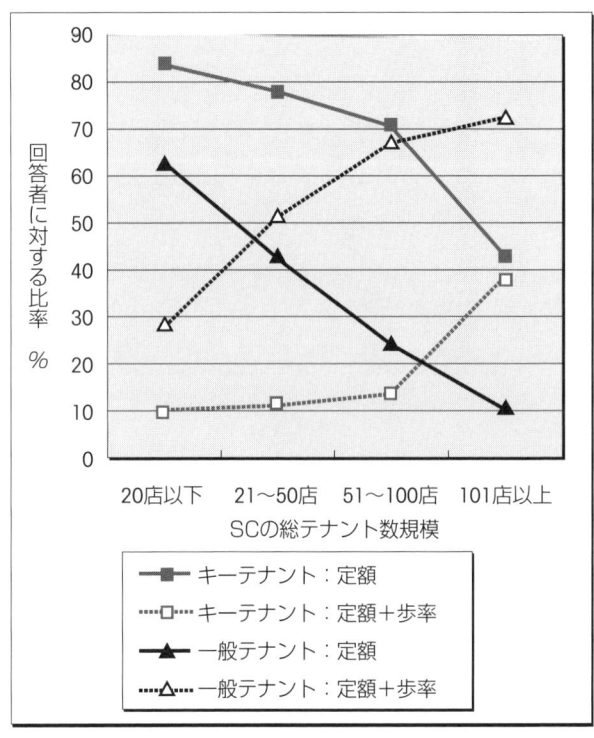

データ源：通商産業省産業政策局流通産業課，「商業施設差し入れ保証金等に係わるアンケート調査結果」，平成12年8月のデータより作成。

パーによる大規模なSC開発は、このようなテナントに対する交渉力を増加させることを重要な目的の1つにしている。

(2) 賃料収入モデル

このように立地創造を目指す革新的SCでは、定額＋歩率という賃料形態が外部需要性の管理の主要な形態になりつつある。革新的SCでの外部需要性の管理は、この賃料形態を通じて行われている。外部需要性を管理しながら、デベロッパー、テナントの最適努力を誘引する際に、この賃料形態はどのように機能するかを、賃料収入モデルを手がかりに検討してみよう。

デベロッパーの観点から見ると、あるテナントとの n 年間の賃料契約から得られる賃料収入の現在価値 L は、次の囲みに示す式によって決まる。この式に明確に示されているように、定額＋歩率の賃料契約から得られる

デベロッパーの賃料収入は多くの要因に依存する。その中でも、テナントとの交渉の対象になるのは、定額家賃、基準売上高、歩率、および賃貸面積とリース期間である。一般に、他の条件が等しいかぎり、定額家賃と歩率が高くなるほど、また基準売上高が低くなるほど、デベロッパーのインセンティブは大きくなり、テナントのインセンティブは低くなる[*8]。また、定額家賃と歩率の間にはトレードオフ関係があり、定額家賃が高くなると、歩率は低くなるという関係がある[*9]。

革新的SCは賃料設定に関してどのようなビジネス・モデルを展開しようとしているのか。ダイヤモンドシティ（2007年にイオンモールと合併）のアニュアルレポート2006を事例として見ると、そのモデルには次のような特徴がある。

・積極的なテナントの入れ替えによる採算性の向上
・企業の収益構造を定額賃料主体から歩合賃料主体へ移行させる

歩合賃料主体へ移行する際、その最大の問題はキーテナントとの賃料契約である。キーテナントや顧客吸引力の大きい有力専門店は、その需要外部性に基づき固定賃料契約を要求する。この契約の下では、SCの賃料収入がテナント売上高と連動しない。キーテナントにとっては、インセンティブは大きいが、とくにデベロッパーとテナントが運命共同体を形成することはない。キーパーにとってのインセンティブが小さく、デベロッ

$$L = A\left[\sum_{t=1}^{n}\frac{R_t}{(1+r)^t} + \sum_{t=1}^{n}\frac{\alpha D(S_t - S^*)}{(1+r)^t}\right]$$

L＝賃料収入の現在価値
A＝賃貸面積（㎡）
R_t＝年度 t の1㎡当たり定額家賃
r＝名目利子率
α＝歩率%
S_t＝年度 t での1㎡当たり名目売上高期待水準
S^*＝歩率適用の1㎡当たり基準売上高
n＝賃貸期間年数
D＝1、$S_t > S^*$ の場合。その他は0。

テナントとの賃料形態を改革するために革新的SCのとっている手段は、特定の単独大型店へのSC売上依存率を引き下げることである。具体的には、SC全体の面積の巨大化によって、キーテナントを複核にすること、あるいはSC面積に占める一般テナント・ゾーンを拡大することである。革新的SCの近年の開発動向はこのような方向へ動いている。

例えば、2006年度開設のイオンモールむさし村山ミューは、ジャスコと三越をキーテナントにしているだけでなく、ユニクロや無印良品などの有力専門店をテナントに加えている。また図6・1で見たようにテナント数が100を超える巨大SCの開発は、1999年以降の著しい特徴であり、この種のSCではキーテナントへの基準売上高を上げるか、歩率を低くすることである。ダイヤモンドシティではこの歩率は物販で売上高の8〜15％、飲食サービスで10〜18％であり、業態、採算、出店条件によって決定されていた。*10 いずれにせよ、歩率の分散が大きいことはこのような調整が行われていることを示唆している。

キーテナントとの賃料契約が定額＋歩率へ移行すれば、キーテナントにとってのインセンティブが低下する。キーテナントの需要外部性を考慮すると、このインセンティブの低下を調整する必要がある。その方法はキーテナントとの賃料形態で定額＋歩率が急増している（図6・8）。歩合賃料が主体になると、SCの賃料収入はテナントの売上高と連動する。この結果はテナントとデベロッパーが運命共同体になり、商業集積全体の組織凝集力が高まるということである。

基準売上高の引き上げや歩率についてキーテナントを優遇すれば、デベロッパーの努力へのインセンティブが低下する。この減少を補う方法が一般テナントについての基準売上高の切り下げか歩率の引き上げである。

図6・9　革新的SCの運命共同体モデル

```
                    デベロッパー
     賃料への                    キーテナントへの
     補助金提供                   賃料補助金負担
              SC売上高に比例
              した賃料収入
                  定額
                  ＋
                  歩率
       低い歩率と          高い歩率と
       高い基準売上高       低い基準売上高

     キーテナント ── 需要外部性の創出 ── 一般テナント
```

これによってデベロッパーへのインセンティブが保証される。重要な点は、定額＋歩率という賃料契約のもとでは、キーテナントがSC全体のために努力するインセンティブの負担は、一般テナントが担うということである。

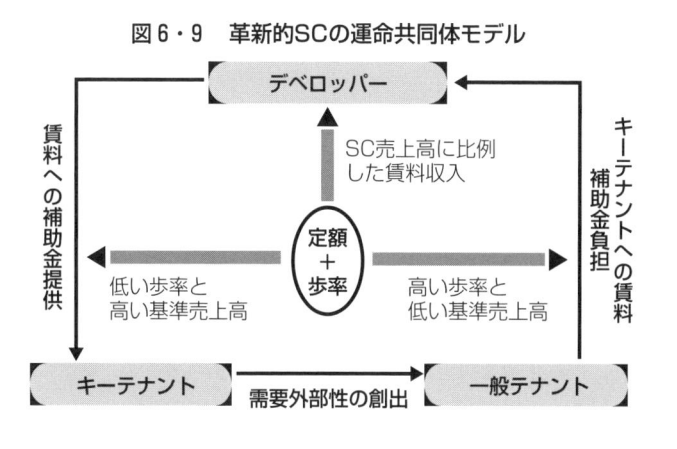

(3) 運命共同体の形成

革新的SCが定額＋歩率という賃料形態の導入によってねらっているSC管理の構造は、図6・9の運命共同体モデルに要約することができる。この賃料形態は、デベロッパーへSC売上高に比例した賃料収入をもたらし、デベロッパーがSC全体のために努力するインセンティブを与える。またこの賃料形態の特徴はキーテナントと一般テナントの間で賃料差別を行う点にある。キーテナントには低い歩率と高い基準売上高の設定によって、実質的には賃料への補助金を提供していることになる。一般テナントは高い歩率と低い基準売上高を課せられることによって、キーテナントへの賃料補助金を実質的に負担することになる。しかし、この負担はキーテナントが創造した需要外部性（波及顧客）による売上増加によって相殺される。

デベロッパーはキーテナントへ賃料補助金を提供し、キーテナントは一般テナントに需要外部性を創出する。そして一般テナントはキー

図6・10　賃貸借期間の平均年数

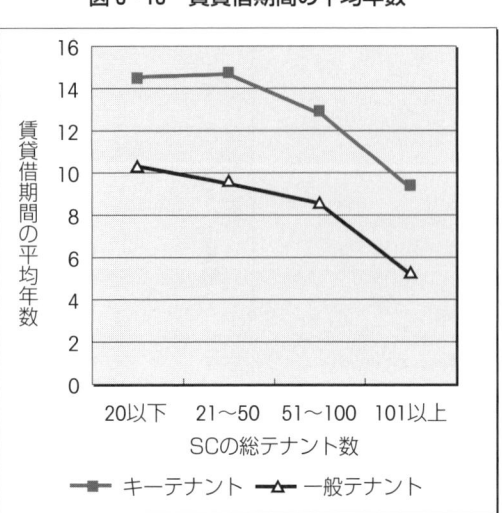

縦軸：賃貸借期間の平均年数
横軸：SCの総テナント数（20以下、21〜50、51〜100、101以上）
凡例：■ キーテナント　△ 一般テナント

データ源：通商産業省産業政策局流通産業課，「商業施設差し入れ保証金等に係わるアンケート調査結果」，平成12年8月のデータより作成

テントへの賃料補助金を実質的に負担している。SCの参加者間でのこのような一方向的な贈与の円環構造によって、SCは運命共同体になる。これによって革新的SCは種々な店舗を含む商業集積でありながら、統一的な意思決定主体として行動することができるようになる。このような運命共同体を維持するために、もっとも必要な管理機構は、デベロッパーによるテナントの売上高管理システムである。例えば、ダイヤモンドシティでは、テナント売上の全額をダイヤモンドシティで管理しており、賃料や諸経費を差し引いた後、テナントに月2回に分けて返還する形態をとっている。[*11] これによって、SC全体の成果を正確に把握するとともに、運命共同体を支える賃料構造やテナント・ミックスの管理が容易になる。

運命共同体としてのSCは、強いテナント・ミックスを維持する機構を持たねばならない。この点でとくに問題になるのは一般テナントである。一般テナントのテナント数が50店を超える中規模以上のSCについては定額＋歩率が支配的な賃料形態である。これは、キーテナントと比較すると、一般テナントの売上高の年度間変動が大きいため、彼らからの賃料収入の不確実性はそれだけ大きくなるためである。

これに対応するため革新的SCがとる管理様式は、賃貸契約期間の短縮化とデベロッパーの契約破棄権

利条項の導入である。

図6・10に示すように、キーテナントに比べると、一般テナントの賃貸期間は短い。これは一般テナントの売上変動率が大きく、テナント・ミックスを短期的に変更しなければならないことを反映している。また、SCの規模が巨大化するにつれて、賃貸期間は短縮化する。これは巨大SCでは、強いテナントを維持する機構を持たなければ、図6・9に示した運命共同体モデルの機構を維持できないからである。

とくに、運命共同体を維持する上で重要なのは、売上変動率の大きい一般テナントに対して、デベロッパーが契約破棄権利を持つことである。例えば、ダイヤモンドシティは積極的なテナントの入れ替えを収益力の高いSCビジネス・モデルの支柱の1つに掲げている。同社では月間あるいは年間で基準売上高を設定し、下回った場合には退店を勧告してきた。*12 このような措置は従来の借地借家法ではきわめて困難であったが、2000年3月に施行された同法の改正による定期借家契約によって法的にも容易になってきている。

いずれにせよ、革新的SCは運命共同体モデルによって、有力テナントを動員する一方で、売上高管理システムによってその業績をモニターし、賃貸契約の短縮化と契約破棄権利条項によるテナントの入れ替えによって、テナント・ミックスを常に最適状態に維持できる機構をつくりあげたのである。革新的SCの立地創造はこのような機構に大きく依存している。

▼要約▲

一般にSCと呼ばれる商業集積はきわめて多様である。しかし、中心地体系のイノベータとして立地創造を行っているのはそのすべてではない。立地創造を行う革新的SCは、とくに近年開発されたSCである。その特徴は、

専業デベロッパーによって開発されること、規模が巨大で広大な駐車場を持つこと、総合量販店を核店舗とし有力専門店を多数テナントにしていること、テナントがデベロッパーによって集中管理されることなどにある。

革新的SCは郊外都市で商業地価の安いところをねらい立地創造に成功している。その機構は2段構えである。まず大型店の顧客吸引力によって立地創造を行い、次にその波及効果を利用してテナントのための立地創造を行う。広域型や商店街型の中心地に比べると、革新的SCがより多く立地する大型店型の中心地では、このような立地創造の仕組みがより明確に現れている。

革新的SCによる立地創造の成功は、大型店の顧客吸引力が生み出す需要外部性を内部化し、デベロッパー、核店舗(大型店)、一般テナントの3者の運命共同体を作り出す管理機構にある。デベロッパーはより低い賃料というかたちで核店舗の賃料への補助金を提供する。核店舗はその顧客吸引力によって一般テナントへの需要外部性を創出する。一般テナントはキーテナントより高い賃料を払うことによって、実質的にはキーテナントの賃料の一部を負担する。3者間でのこのような贈与の円環構造が運命共同体を支える機構である。

この管理機構によって革新的SCは核店舗だけでなく、多くの有力専門店を一般テナントとして組み入れることができるようになった。さらに、賃貸期間の短縮化、デベロッパーの契約破棄権利条項、テナント売上高の集中管理を組み合わせて、テナントの入れ替えを行い、最強のテナント・ミックスを維持する機構を作り上げた。有力テナントの招集と最強のテナント・ミックスの維持によって、革新的SCは強い顧客吸引力を持つ商業集積を迅速に計画的に開発できるようになった。これが革新的SCによる立地創造の基盤である。

注

1 J. Reynolds, "Generic Models of European Shopping Centre Development", European Journal of Marketing, Vol. 26, No. 8, 1992.

2 http://www.aeon-mall.net/youti/youti.html、2007年7月。

3 ダイヤモンドシティ　アニュアルレポート、2006年2月期。

4 日本ショッピングセンター協会、「SC賃料・共益費2006」、2006年。

5 P. Pashigian and E. D. Gould, "Internalizing Externalities: The Pricing of Space in Shopping Malls", *Journal of Law and Economics*, Vol.XLI, April 1998.

6 C. Ingene and A. Ghosh, "Consumer and Producer Behavior in Multipurpose Shopping Environment", *Geographical Analysis*, Vol.22, No.1, 1990; M. J. Eppli and J. D. Benjamin, "The Evolution of Shopping Center Research: A Review and Analysis", *The Journal of Real Estate Research*, Vol.9, No.1, 1994.

7 E. D. Gould, B. P. Pashigian, and C. J. Prendergast, "Contracts, Externalities, and Incentives in Shopping Malls", *The Review of Economics and Statistics*, Vol.87, No.3, 2005.

8 cf. J. D. Benjamin, "Price Discrimination in Shopping Center Leases", *Journal of Urban Economics*, Vol.32, 1992, pp.299-317.

9 J. D. Benjamin, G. W. Boyle and C. F. Sirmans, "Retail Leasing: The Determinants of Shopping Center Rents", *Journal of the American Real Estate and Urban Economics Association*, Vol.18, No.3, 1990.

10 ダイヤモンドシティ　前掲書。

11 同資料。

12 同資料。

第 7 章 専門店による立地創造

1 専門店はなぜ強いか

専門店コンセプト

専門店という用語は多様な店舗を指すのに使われる。まず消費者がその購買に特別な努力を払うような専門

伝統的中心地体系を揺るがしているのは革新的SCだけではない。専門店も、革新的SCと同じような立地創造によって、中心地体系に大きいインパクトを与えてきた。専門店は、最近の十数年間、近代流通業の業態の中でもっとも急速な成長をとげた。この業態の中には急成長企業のユニクロ、しまむら、ヤマダ電機、ヨドバシカメラ、ニトリ、マツモトキヨシ、大創産業などが含まれる。これらの企業は、バブル経済の崩壊後、全国的な需要低迷の中でも2桁の売上高成長率を達成してきた。淘汰競争の勝者の中には、このような専門店が多く含まれている。近代流通業上位500社内での専門店シェアはすでに百貨店を抜き、総合量販店に迫っている。専門店の急成長は最近の十数年間での流通動態のもっとも重要な側面の1つである。しかし、専門店とは何かに関して、そのコンセプトは必ずしも明確ではない。一般にいう専門店の中には、このような急成長している専門店だけでなく、その取扱商品を特定業種に限定し商店街を形成している多くの中小商店も含まれているからである。

そこで本章で検討する専門店のコンセプトを明確にした上で、その急速な店舗展開が多くの立地創造を含み、そのことによって中心地体系に与えているインパクトを検討しよう。

表7・1 小売業売上高上位500社内の専門店　2005年

業種	企業数	売上高(百万円)	売上高%	トップ企業売上高(百万円)	トップ企業名
紳士服	7	408,240	2.5	161,385	青山商事
婦人服・子供服	16	1,077,059	6.6	327,939	しまむら
カジュアル衣料	10	749,873	4.6	365,305	ユニクロ
呉服	4	137,093	0.8	50,482	さが美
装飾・服飾雑貨	2	54,397	0.3	32,189	東京デリカ
靴	5	262,305	1.6	130,790	チヨダ
時計・めがね	5	162,270	1.0	62,543	三城
宝飾品	3	86,910	0.5	30,038	ミキモト
スポーツ用品	6	398,446	2.4	155,850	アルペン
ドラッグストア・医薬品	7	1,198,119	7.3	301,709	マツモトキヨシ
家電製品	24	5,364,723	32.8	1,264,235	ヤマダ電機
カメラ	1	105,173	0.6	105,173	キタムラ
総合ディスカウント	14	936,777	5.7	228,384	ドン・キホーテ
HC・カー用品	36	2,727,796	16.7	288,446	カインズ
酒類	5	236,568	1.4	74,323	やまや
生鮮	10	286,977	1.8	51,690	ニュー・クイック
家具	5	317,632	1.9	154,038	ニトリ
玩具・ホビー用品	2	198,415	1.2	180,178	日本トイザらス
書籍・文具	14	503,456	3.1	120,691	紀伊国屋書店
楽器・CD	5	201,808	1.2	68,722	新星堂
100円ショップ	3	452,310	2.8	330,000	大創産業
その他	10	510,491	3.1	127,495	良品計画
計	194	16,376,838	100.0	4,611,605	

データ源：「日本の専門店調査」，日経MJ（流通新聞）編，トレンド情報源 2007，2006年のデータより作成

品のみを扱う店舗がある。この種の専門店は東京の銀座などの大都市の中心市街地にしか見られない。また，たんに品揃えがある特定の商品カテゴリーに絞られている意味での店舗がある。これらは地域や近隣の商店街で多く見られる中小商店である。この種の専門店を以下では業種専門店と呼ぼう。さらに，表7・1に示すような全国的にチェーン展開している専門店がある。この専門店は店舗の明確な主張を持ち，業種専門店に比べて店舗規模が大きい。それによって特定商品カテゴリーについて広く深い品揃えを提供している。

本章でいう専門店とは，この最後の意味での専門店チェーンであ

る。具体的には、日本の小売業売上高上位500社内にランクされるような専門店である。上位500社の内、専門店は企業数から見ると39％を占める。その売上高は16兆3768億円に達し、日本の小売販売額の約12％前後を占める。業種別に見ると、ほぼあらゆる商品分野にまたがっているが、とりわけ大きい比率を占めるのは家電製品とHC・カー用品であり、これらで売上高の半分近くを占めている。また、衣服関連業種も大都市中核から近隣型中心地にいたる中心地階層に集積するが、それらをまとめると大きい売上高比率になる。しかし、食品を中心にした最寄り品業種については、スーパーやコンビニの品揃えとも重複するので、専門店の発展度は低い。

トップ企業について見ると、家電製品のヤマダ電機の売上高は1兆円を超えており、日本小売業の第4位である。また大部分の業種ではトップ企業売上高が1000億円を超えている。百貨店や総合量販店だけでなく、この専門店の急成長によって流通産業は中小企業の産業から、近代流通企業が中核になる産業へと大きく転換しようとしているのである。総合量販店とともに、この転換に果たした専門店の役割はきわめて大きい。

流通産業における専門店の現在の地位は、最近の十数年における専門店の急成長によって達成されたものである。急成長の源泉は専門店の圧倒的な競争力にある。その具体的内容を押さえておくことは、専門店の立地パターンの特質とその中心地体系への影響を理解する上で不可欠である。要約的にいえば、専門店の圧倒的な競争力は、店舗の大型化による豊富な品揃えと、品質と価格訴求力を合わせ持ったバリュー商品の提供にある。[*1]

店舗の大型化による豊富な品揃え

商店街などで見られる業種専門店と比べると、専門店の店舗はかなり大型化している。表7・2の日本小売

表7・2　代表的な専門店の店舗規模

企業名	専門店（2004年）			日本小売業（2004年）				倍率 A／B
	直営店舗数	直営売場面積m²	平均売場面積m²(A)	産業細分類	商店数	売場面積m²	平均売場面積m²(B)	
青山商事	744	435,558	585	男子服	22,871	3,388,725	148	4.0
しまむら	924	915,206	990	婦人・子供服	80,281	9,257,246	115	8.6
ユニクロ	626	358,181	572	その他の織物・衣服・身の回り品	33,503	3,646,182	109	5.2
チヨダ	1,291	453,674	351	靴	13,530	1,401,595	104	3.4
三城（注1）	875	108,702	124	時計・めがね・光学機器	21,405	1,523,941	71	1.7
ヒマラヤ	60	103,439	1,724	スポーツ用品	17,262	2,844,398	165	10.5
マツモトキヨシ	631	228,345	362	医薬品・化粧品	86,703	7,467,672	86	4.2
ヤマダ電機	193	606,411	3,142	家庭用電気機械機器	51,328	7,277,933	142	22.2
コメリ	604	764,439	1,266					
ニトリ	100	441,447	4,414	家具	12,314	6,316,161	513	8.6
大創産業（注2）			840	その他の什器	24,494	4,528,381	185	4.5
日本トイザらス	146	316,726	2,169	がん具・娯楽用品	10,488	1,831,611	175	12.4

注1）2005年度数値　注2）平均売場面積は京阪神2府1県数値
データ源：日本小売業は商業統計。専門店は「小売・卸売企業年鑑」（日本経済新聞社）

業の平均売場面積は、業種専門店の売場面積を近似的に表していると考えられる。これと比較すれば、代表的な専門店の売場面積は、はるかに大規模である。三城（めがね）を除く、残りの専門店の売場面積は3倍から22・2倍までの間に散らばっている。店舗の大型化によって専門店の品揃えは、業種専門店に比べて、はるかに豊富になった。売場面積が拡大することによって、品揃えの広さや深さを追求できるようになったからである。

男子服、婦人服、カジュアル衣料、靴、めがねなど、ファッション関連業種の専門店で多く見られるように、品揃えの対象を特定業種に絞るときには、店舗の大型化は品揃えの深さを生み出す。品揃えの深さとは、特定商品

カテゴリーにおける取り揃え品目数の多さである。婦人服を例にとれば、シルエット、色、柄、素材、装飾、サイズなどで異なる、多数の品目が売場に展示されているということである。

品揃えの深さを追求する大型化は、従来は複数の店舗で提供していたような品揃えを1店舗で提供するのと同じである。この意味で、深さ追求型の店舗大型化は、同業種の集積効果が大きい業種で多く見られる。第3章で議論したように、婦人服、紳士服、ブティック、靴、衣料品、宝石・貴金属、化粧品など、消費者の比較購買ニーズが高いファッション関連業種の同業種集積効果はきわめて大きい。その効果係数（店舗数分布の分散・平均比率）は集中パターン業種のトップ10を占めていた（第3章表3・3参照）。深さ追求型の大型化は、この同業種集積効果の高さを事業機会としてとらえたものに他ならない。

同業種集積が内部化されると、品揃え調整は1企業の組織指令の下に行われることになる。一方、商店街などでの同業種集積の場合には、各店の品揃え調整は市場競争を通じて行われる。顧客欲求に対応した品揃え調整の効率性を組織調整と市場調整で比較すれば、専門店チェーンでPOSシステムなどにより、売れ筋商品の単品管理が徹底してくると、内部化による組織調整の方が同業種集積での市場調整よりもはるかに効率的になる。こうして、専門店は品揃えの深さだけでなく、顧客欲求への調整効率の点でも競争優位性を持つことになる。

専門店の売り場は、顧客欲求の変化にあわせて活性化されている同業種集積効果がそれほど高くない業種を主力商品にする専門店は、品揃えの深さだけでなく、品揃えの広さも追求しなければならない。品揃えの広さとは、店舗が取り扱う商品の業種やカテゴリーの多さである。百貨店や総合量販店は、衣食住に及ぶ多様な品揃えの広さを誇る業態である。専門店でも店舗の大型化によって

品揃えの広さを追求するものがある。

家電専門店やホームセンターでは、その主力商品に関連する商品を取り扱い、品揃えの広さを拡大している。例えば、ヤマダ電機やヨドバシカメラは主力商品の家電やPCの他に、DVD・CD、玩具、スポーツ用品、自転車、生活雑貨、リフォーム、ブランド物などを取り扱っている。コメリなどのホームセンターは、農耕用具・機械、工具、作業着、苗・種子、肥料・飼料、建築材料、自転車などを扱う。特定の標的顧客や価格帯にあわせて、多様な業種を扱う専門店もある。前者の例は良品計画であり、シンプルライフを目指す消費者を対象に衣食住関連のノーブランド商品を提供する。後者の例は大創産業などの百円ショップである。その品揃えは日用雑貨の多様な分野に及んでいる。

専門店の品揃えの広さは異業種集積の内部化であり、消費者の多目的出向による関連購買をねらっている。その品揃え効率は、同業種集積の内部化と同じように、商品管理の情報化によって商店街における異業種集積よりはるかに高い。さらに百貨店や総合量販店の品揃えの広さに比べると、その範囲は限定されるけれども、専門店による異業種集積の内部化は相互に関連購買度の強い商品に絞っている点に特徴がある。これによって、専門店の品揃えの広さは、百貨店や総合量販店よりも、顧客欲求への調整効率の点でより優れている。

バリュー商品の提供

業態間競争の中で、百貨店は品質指向を持つ消費者を主標的にしてきた。品質指向者とは、値段が少し高くなっても、良い物を買いたいという消費者である。総合量販店は価格指向を持つ消費者を主標的にしてきた

表7・3－A 専門店を選ぶ理由

評価スコアは，1＝まったく違う，2＝やや違う，3＝どちらともいえない，4＝ほぼそのとおり，5＝まったくそのとおり，の5点尺度。太字は3より有意に大きいスコア（t検定）

専門店利用の理由	評価スコア						
	青山商事	西松屋	コムサ	ユニクロ	チヨダ	愛眼	コクミン
デパートやスーパーよりも：	紳士服	婦人服・子供服	婦人服・子供服	カジュアル衣料	靴	眼鏡	薬品・化粧品
品揃え豊富	3.9	3.8	3.7	3.7	3.7	3.9	3.7
個性的商品がある	3.7	3.7	3.7	3.6	3.7	3.8	3.6
商品が選びやすい	3.7	3.7	3.5	3.6	3.6	3.7	3.6
商品グレードが高い	3.3	3.3	3.3	3.2	3.2	3.4	3.2
新製品導入が早い	3.4	3.4	3.4	3.3	3.3	3.4	3.3
ファッション取り入れが早い	3.2	3.1	3.1	3.1	3.0	3.0	3.1
価格が安い	3.8	3.9	3.6	3.8	3.9	3.7	3.8
バーゲンが多い	3.2	3.2	3.0	3.1	2.9	3.2	3.2
常連客への特典が多い	2.9	2.6	2.7	2.8	2.6	2.9	2.9
店員の接客対応がよい	3.1	3.0	3.1	3.1	3.0	3.1	3.1
店員の商品知識が豊富	3.3	3.2	3.2	3.2	3.3	3.4	3.2
店の雰囲気が良い	3.2	3.1	3.2	3.2	3.1	3.2	3.2
車アクセスに便利な立地	2.8	2.7	2.5	2.7	2.8	2.9	2.7
駐車場が広い	3.1	2.9	2.9	3.0	2.7	3.0	3.0
店舗総合評価	3.4	3.4	3.5	3.4	3.2	3.4	3.4
標本数	320	542	418	1,402	62	225	491

データ源：阪神地区消費者調査2004年

価格指向者とは，同じ商品ならできるだけ安く買うことを心がける消費者である。これらに対して，専門店がねらった消費者は価値ハンターである。価値ハンター^{*2}とは，品質指向と価格指向を合わせ持つ欲張りな消費者である。けっして高級品ではないが，その品質要求水準を満たす商品をできるだけ安く買おうとする消費者，これが価値ハンターである。

1990年代にバブル不況に突入して以来，消費者の所得は上昇していない。家計予算制約の下で，消費者の価格指向は高まった。しかし，それまでの経済成長期での生活経験によって，品質要求水準はそれほど下がるということはなかった。生活が苦しいからといって，安物買いに走る消費者は多くはなかったのである。その結果，ほとんどの商品分野で価

表7・3－B　専門店を選ぶ理由

評価スコアは，1＝まったく違う，2＝やや違う，3＝どちらともいえない，4＝ほぼそのとおり，5＝まったくそのとおり，の5点尺度。太字は3より有意に大きいスコア（t検定）

専門店利用の理由	評価スコア					
	大創産業	ニトリ	良品計画	コーナン	ヨドバシカメラ	ヤマダ電機
デパートやスーパーよりも：	百円ショップ	家具	総合	ホームセンター	家電製品	家電製品
品揃え豊富	3.6	3.6	3.7	3.7	3.7	3.6
個性的商品がある	3.6	3.6	3.7	3.6	3.8	3.5
商品が選びやすい	3.6	3.5	3.7	3.6	3.7	3.7
商品グレードが高い	3.2	3.2	3.3	3.2	3.4	3.1
新製品導入が早い	3.3	3.2	3.4	3.3	3.5	3.3
ファッション取り入れが早い	2.9	2.9	3.1	2.9	3.1	2.8
価格が安い	3.8	3.8	3.7	3.8	3.7	3.7
バーゲンが多い	3.0	3.0	3.0	3.2	3.1	3.2
常連客への特典が多い	2.7	2.7	2.8	2.8	2.8	2.9
店員の接客対応がよい	3.0	2.9	3.1	3.0	3.1	3.1
店員の商品知識が豊富	3.1	3.1	3.3	3.2	3.3	3.2
店の雰囲気が良い	3.1	3.1	3.3	3.1	3.3	3.0
車アクセスに便利な立地	2.7	2.7	2.6	2.8	2.4	2.9
駐車場が広い	2.9	3.1	3.0	3.2	3.0	3.1
店舗総合評価	3.4	3.4	3.5	3.3	3.6	3.4
標本数	1,612	336	575	1,604	460	127

データ源：阪神地区消費者調査2004年

値ハンターがもっとも頭数の多い消費者として台頭してきたのである。専門店の急成長は，消費市場の主役となった消費者を主標的として的確にとらえ，彼らの品質指向と価格指向をともに満たすバリュー商品を提供できたことによるところが大きい。

実際に表7・3で専門店を利用する消費者の評価を見ると，専門店の顧客吸引力が以上のような豊富な品揃えとバリュー商品の提供にあることは明白である。表7・3のデータは，百貨店やスーパーと比較して，専門店の小売ミックスが消費者にどのように評価されているかを示している。消費者が専門店に引きつけられる理由は，品揃えが豊富，個性的商品がある，商品が選びやすい，価格が安いといった理由が主内容である。つまり，

百貨店やスーパーよりも、品揃えが豊富なことに加えて、バリュー商品を提供していることにある。これらの競争優位性は、多様な業種にわたって専門店に共通している。

実物的な広さからいえば、婦人・子供服など個々の業種カテゴリーに関する百貨店やスーパーの売場面積は、これらの専門店の売場面積を超える場合が多い。それにも関わらず、専門店の品揃えの方が豊富であると評価されている。消費者の品揃え評価は、店頭に展示されている商品アイテム数ではなく、自分の選択対象の範囲内にある商品範囲のアイテム数に基づく場合が多い。例えば、3000から5000円の価格帯のネクタイを買い慣れている消費者にとっては、1万円以上のネクタイの品目数は品揃えの豊富さ感に何らの貢献もしない。専門店の品揃えの豊富さ感は、専門店が価値ハンターという主標的に適合した売場を展開していることによるものである。

個性的な商品についても、消費者の専門店評価は高い。これは専門店の強力な小売ブランドや自主企画商品によるところが大きい。小売ブランドは、専門店の主導のもとに開発された専門店名あるいはプライベート・ラベルを付与したブランドであり、ファーストリテイリングのユニクロ、良品計画の無印良品（MUJI）などが著名である。それはメーカー・ブランドの代替品であり、専門店自らが製品計画、生産などの機能の一部を統合したり統制したりすることによって開発される。小売ブランドや自主企画商品については、専門店は在庫リスクを負いながら開発しており、単なるメーカー製品の再販売業者ではない。

バリュー商品は、消費者の品質要求水準を満足させると同時に、強力な価格訴求力を持たねばならない。専門店の価格訴求力を生み出す業務システム基盤は、業種によって多様である。青山商事、ファーストリテイリング、良品計画、ニトリ、大創産業などでは、その基盤は低い商品原価率を達成したことにある。それを支え

た業務システムは、中国、東南アジアを中心に国際的に展開した商品の開発・調達システムと効率的なサプライチェーンである。これらの業務システムがいかに優れているかは、価格訴求をしながらも、きわめて高い荒利益率を達成していることに見られる。これらの企業の荒利益率は40％を超えるものが多い。

家電製品や薬品・化粧品の業種では、商品の性格上、専門店の品揃えの大半はメーカーにその開発・生産を依存している。これらの業種における価格訴求力の源泉はバイイング・パワーである。バイイング・パワーは、巨大な販売力を背景にした、供給者との取引条件に関する流通企業の交渉力である。専門店の規模が巨大になると、バイイング・パワーは増加する。それは特定ブランドへの売場配分権、強大な購買数量に基づくが、どの商品が売れているかを的確に迅速に把握する優れた情報システムにも依存している。

急速な多店舗展開

豊富な品揃えとバリュー商品の提供によって、専門店は顧客を磁石のように吸引するマグネット売場を持つ店舗の構築に成功した。このマグネット店舗で出店すれば、既存店は競争相手ではない。既存店の売上高は、マグネット店舗の売上に算入できる潜在売上高にすぎない。こうして急成長した専門店の成長は、マグネット店舗をいかに迅速に店舗展開できるかに依存するようになった。実際に、急成長した専門店の特徴は、マグネット店舗の開発だけでなく、その迅速な店舗展開にある。

図7・1に示すように、各業種でのトップ企業の店舗展開はきわめて急速である。データが得られる期間での店舗数の年平均成長率は、ユニクロの22.5％を筆頭に二桁の成長率を示す専門店が多い。低い成長率でも、青山商事の7.6％、ヤマダ電機の8.6％である。期間的に見ると、青山商事、しまむら、ユニクロ、マツ

図7・1　トップ専門店店舗数の推移　全国

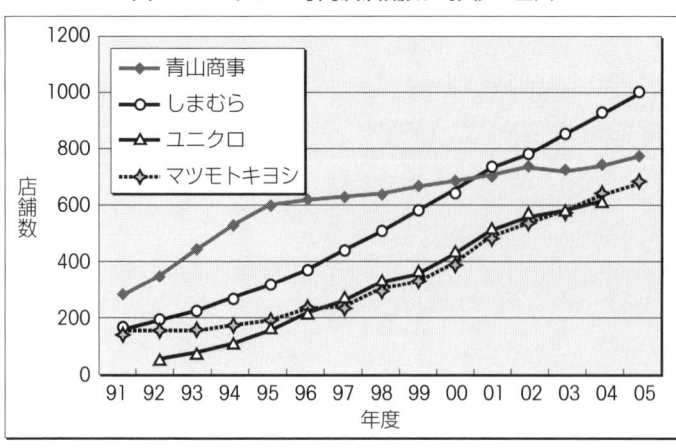

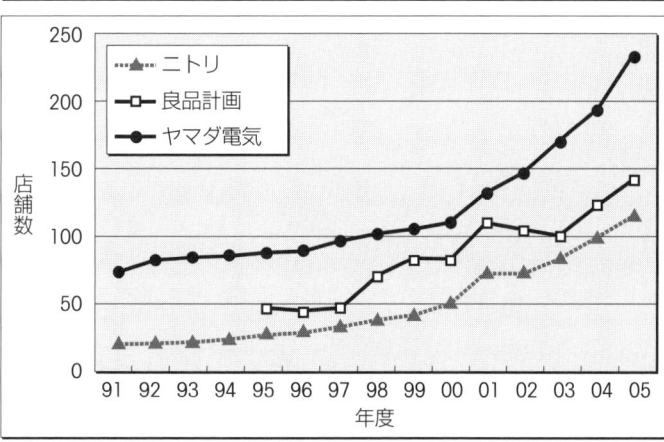

データ源：「小売・卸売企業年鑑」（日本経済新聞社）

マツモトキヨシの年間成長率は90年代に高く、世紀が変わると鈍化している。逆に、ニトリ、良品計画、ヤマダ電機の年間成長率は21世紀に入ってより高くなっている。いずれにせよ、専門店にとって強力な顧客吸引力を持つマグネット店舗のフォーマットを確立し、それを急速に店舗展開することは、淘汰競争で勝者になるための基本方程式である。

急速な店舗展開のためには、毎年多くの出店が必要になる。1991年以降の年平均で、青山商事は35店舗、しまむらは60店舗、ユニクロは45店舗、マツモトキヨシは38店舗というハイペースで出店している。店舗面積が大きくなる専門店で

図7・2　平均店舗規模の推移　全国

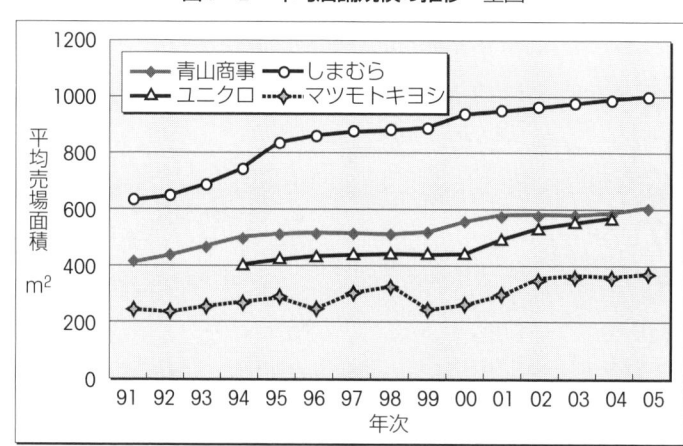

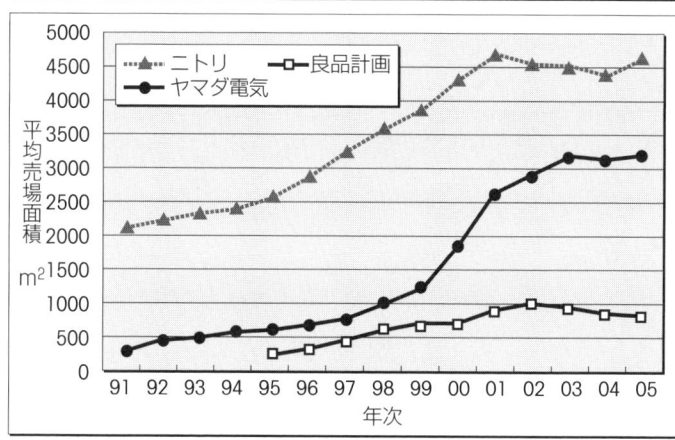

データ源：「小売・卸売企業年鑑」（日本経済新聞社）

も、ニトリは7店舗、良品計画は13店舗、ヤマダ電機は11店舗という年平均ペースである。このような急速な店舗展開には、多くの開発業務を効率的にこなさなければならない。店舗フォーマットの標準化、開発意思決定作業やコンストラクションの効率化などがこのためにとられる常套手段である。しかし、店舗開発には標準化、効率化できない分野がある。それは店舗立地用の土地、建物の買い取りや賃貸作業である。店舗フォーマットに適合した不動産用地があると期待できる市町村なかど、地理的位置の確定はそれほど困難な作業ではない。難しいのはこの候補用地内で適切な不動産

229　**第7章**　専門店による立地創造

2　専門店の立地パターン

独自の立地パターン

専門店の立地パターンは、第2、3章で検討した各業種の全店舗についての立地パターンとはまったく異な

物件を、計画した採算条件に適合するかたちで実際に取得あるいは賃貸することである。

専門店の急速な店舗展開はさらに別の課題にも直面していた。それは競争の中で店舗の競争力を維持し、ま
た力をつけてきた商品開発・調達力を生かすために、ますます大きい店舗規模が必要になってきたことである。

図7・2によって、各年度の平均売場面積の推移を見ると、店舗の大型化が90年初頭以降の基本的な趨勢であ
ったことがわかる。90年代の初頭と比較すれば、青山商事、しまむら、ユニクロ、マツモトキヨシの店舗規模
は約1・5倍前後に拡大した。一方、店舗規模がもともと大きい業種を見ると、ニトリは2・2倍、良品計画
は3・3倍、ヤマダ電機は10倍に大型化している。

以上の先端専門店の事例が示しているように、専門店にとってはマグネット店舗を開発し、それをますます
大規模化しながら急速に店舗展開していくことが、淘汰競争の勝者になるための不可欠な条件であった。ます
ます大型化する店舗の立地不動産をいかに迅速に多数確保するのか。専門店の立地パターンは、この店舗開発
要件によって決定的な影響を受けてきたのである。

230

っている。表7・4に示すような代表的専門店企業について、京阪神都市圏での立地住所はウェブサイトなどで調べることができる。それらを京阪神都市圏の1kmメッシュ・データベースへ統合し、それによって専門店立地パターンの独自性を検証してみよう。

まず、専門店間での異業種集積パターンは、京阪神都市圏の全店舗で見た場合（第2章参照）とまったく異なっている。全店舗には中小商店からなる業種専門店が数多く含まれる。その立地パターンはほぼ業種専門店の立地パターンであると考えてよい。この全店舗の場合には、表7・4の業種は家具店を除き、買い回り集積、最寄り集積、生鮮集積の構成業種であった。

しかし、専門店間ではこのような異業種集積を形成しない。第2章と同じような主成分分析を行ってみると、形成される専門店集積はただ1つである。それはカジュアル衣服、宝飾品、靴、書籍・文具、呉服、玩具・ホビー商品といった業種から構成される。これらの業種が異業種集積を形成するのは、後述するようにSCのテナントとして同時に出店する場合が多いからである。

さらに、全店舗の場合に異業種集積の中核業種であった婦人服・子供服、紳士服、医薬品・化粧品などに関連する専門店業種はこの異業種集積に参加しない。また、最寄り集積関連業種も相互に集積することはない。

専門店の異業種集積パターンは、明らかに全店舗の場合のパターンとは異なるものである。専門店の同業種集積パターンも、全店舗の場合と異なっている。全店舗の場合、表7・4に示された専門店業種に関連した業種は、家具を除いて、すべて同業種が同じ場所に集積する集中パターンに分類された（第3章参照）。しかし、専門店業種について、同業種の集積効果係数（グリッド店舗数の分散・平均比率）を表7・5で見ると、カジュアル衣料とスポーツ用品を除く業種は、すべて分散型に分類される。カジュアル衣料

表7・4　店舗立地調査の対象企業　京阪神都市圏

業種	調査対象企業	店舗数
紳士服	青山商事（1），アオキインターナショナル（2），はるやま商事（3），コナカ（4），ワークマン（5），タカキュー（6）	282
婦人服・子供服	しまむら（1），コムサデモード（2），西松屋チェーン（3），赤ちゃん本舗（4），ブルーグラス（8），リオチェーン（12），鈴丹（13）	325
カジュアル衣料	ファーストリテイリング（1），ライトオン（2），ユナイテッドアローズ（3），マックスハウス（4），パル（7），ジーンズメイト（9），コックス（10）	317
呉服	さが美（1），やまと（2），鈴乃屋（3），京都着もの友禅（4）	53
装飾・服飾雑貨	東京デリカ（1），藤久（2），オカダヤ（7），大塚屋	99
靴	チヨダ（1），エービーシー・マート（2），ニューステップ（3），ツルヤ靴店（5），ダイアナ（8）	173
時計・めがね	三城（1），メガネスーパー（2），愛眼（3），ビジョンメガネ（7），和真（9）	483
宝飾品	ミキモト（1），田崎真珠（2），FDプロダクツ（5），ベリテ（6），スタージュエリーブティック（9）	81
スポーツ用品	アルペン（1），ゼビオ（2），メガスポーツ（3），ヒマラヤ（4），二木ゴルフ（5），コージツ	108
ドラッグストア・医薬品	マツモトキヨシ（1），CFSコーポレーション（4），スギ薬局（6），セガミメディックス（9）	159
家電製品	ヤマダ電機（1），エディオン（2），コジマ（4），ビッグカメラ（5），ギガスケーキデンキ（6），上新電機（8）	119
酒類	やまや（1），カクヤス（2），前田楽市（3），リカーマウンテン（5），徳岡	129
生鮮	ニュークイック（1），中島水産（2），九州屋（7），FVネット（12）	37
家具	ニトリ（1），大塚家具（2），山新（3）	27
書籍・文具	紀伊国屋（1），ジュンク堂（4），三省堂（7），リブロ（11）	38
100円ショップ	大創産業（1），キャンドウ（2），セリア（3）	429

注）カッコ内数字は，2004年度全国売上高ランク
データ源：店舗数は各企業ウェブサイト

表7・5　同業種集積パターン　京阪神都市圏　2006年

専門店			全店舗		
業種	分散・平均比率	同業種集積パターン	業種	分散・平均比率	同業種集積パターン
紳士服	0.182	規則型	紳士服店	7.11	集中型
婦人服・子供服	0.570	規則型	婦人服店	26.37	集中型
カジュアル衣料	3.578	集中型	衣料品店	10.37	集中型
呉服	0.215	規則型	呉服店	5.12	集中型
装飾・服飾雑貨	0.230	規則型	婦人洋品店	3.9	集中型
靴	0.126	規則型	靴店	8.34	集中型
時計・めがね	0.433	規則型	めがね店	2.65	集中型
宝飾品	0.886	規則型	宝石・貴金属店	18.76	集中型
スポーツ用品	0.140	ランダム型	スポーツショップ	1.67	集中型
ドラッグストア・医薬品	0.401	規則型	薬店	1.34	集中型
家電製品	0.039	規則型	電気店	3.38	集中型
酒類	0.080	規則型	酒店	4.01	集中型
生鮮	0.113	規則型	鮮魚店	2.72	集中型
家具	0.000	規則型	家具店	3.28	集中型
玩具・ホビー用品	0.076	規則型	おもちゃ店	1.2	集中型
書籍・文具	0.198	規則型	書店	1.83	集中型
100円ショップ	0.142	規則型	日用雑貨店	2.13	集中型

注）専門店の同業種集積パターンの確認は，第3章と同じく，分散・平均比率が1より大か，同じか，小さいかの検定に基づく。
データ源：専門店は各企業ウェブサイト。全店舗はNTT職業別電話帳

は、全店舗の場合と同じように集中型の立地パターンをとるのである。また、スポーツ用品はランダム型の立地パターンをとる。しかし、これらの業種を除く残りの業種は、集中型ではなくて、分散型の立地パターンをとっている。多くの専門店は同業種集積を形成することなく、同業競争店から規則的に一定の距離を保ち、分散的に立地するのである。

伝統的中心地体系への反逆

異業種集積や同業種集積のパターンの相違によって、専門店の立地は中心地体系のどの中心地タイプに立地する傾向が強いかという点でも、中小商店などの伝統的立地パターンと大きく異なることになる。各中心地タイプへの専門店の立地パターンが都市圏全体の店舗の立地パターンと同じで

図7・3　大型店型と街角ショップへの立地指向の強い専門店業種

京阪神都市圏　2006年

1．紳士服，2．婦人・子供服，3．日用雑貨，4．靴，5．スポーツ用品

特徴

全店舗比率と比較すると

- 街角ショップと地域・近隣大型店型でより高くなる。
- 大都市中核型，広域型，地域・近隣商店街型など，伝統的中心地体系で低くなる。

1．紳士服　カイ自乗適合度検定の有意確率＜.000

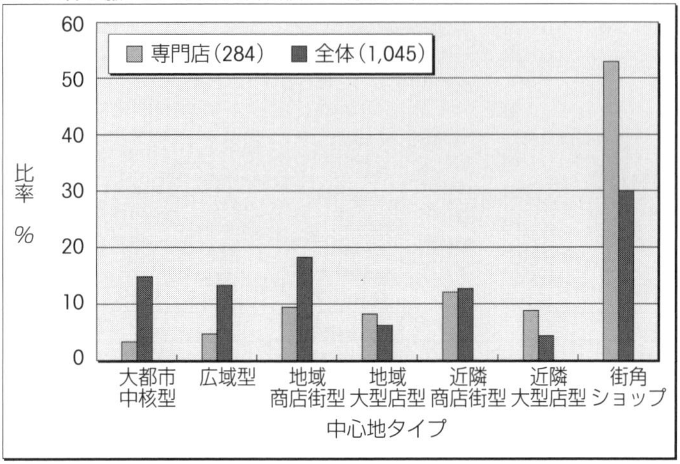

あるかどうかを各業種について、カイ自乗適合度検定によって調べてみると、すべての業種に関して専門店の立地パターンは中小商店などの伝統的立地パターンと明らかに異なっている。全店舗の各階層立地比率と比較すれば、各階層への専門店の立地パターンには3つのタイプがある。

第1は、街角ショップと大型店型での立地をより強く指向するタイプである。図7・3に示すように、このタイプには、紳士服、婦人・子供服、百円ショップ（日用雑貨）、スポーツ用品、靴などの専門店が含まれる。大都市中核型、広域型、地域商店街、近隣商店街からなる階層を伝統的階層と呼ぶとすれば、これらの業種の専門店は、伝統的階層をまったく無視している。この意味で、伝統的階層のすべてに対して挑戦的である。

これらの専門店は、既存商業集積の中では大型店型により立地する傾向が強い。具体的には、SCのテナントとして立地

するのである。しかし、このタイプの専門店のもっとも重要な特徴は、中心地体系の最下層である街角ショップを重視する点にある。街角ショップは商業集積の未成熟地域である。したがってそこでの立地は立地創造的

図7・3－続き　大型店型と街角ショップへの立地指向の強い専門店業種　京阪神都市圏　2006年

2．婦人・子供服　カイ自乗適合度検定の有意確率<.000

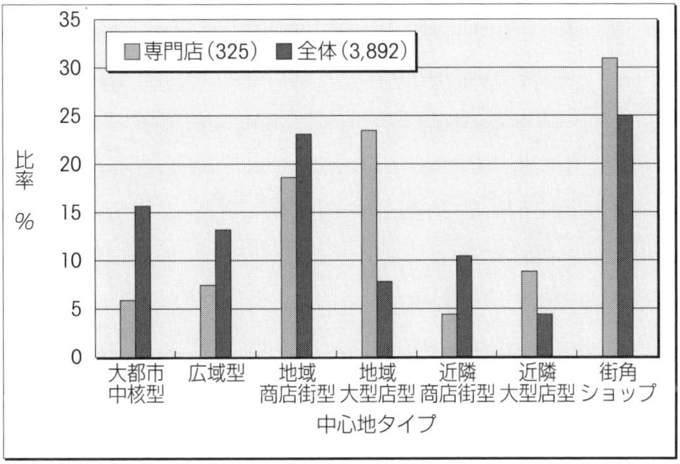
専門店（325）
全体（3,892）
比率
%
35
30
25
20
15
10
5
0
大都市中核型
広域型
地域商店街型
地域大型店型
近隣商店街型
近隣大型店型
街角ショップ
中心地タイプ

3．日用雑貨　カイ自乗適合度検定の有意確率<.000

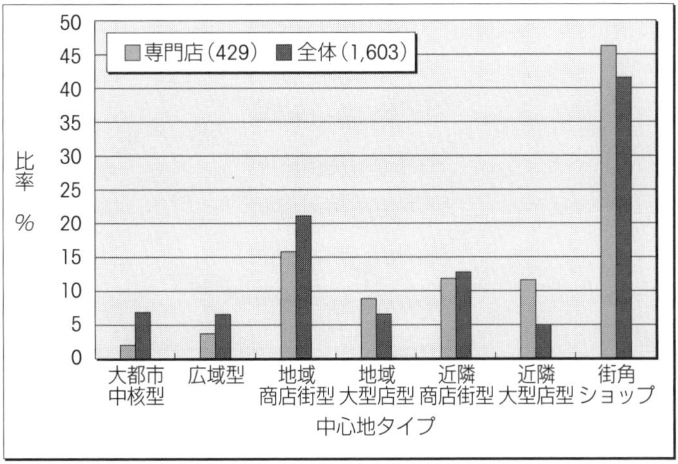
専門店（429）
全体（1,603）
比率
%
50
45
40
35
30
25
20
15
10
5
0
大都市中核型
広域型
地域商店街型
地域大型店型
近隣商店街型
近隣大型店型
街角ショップ
中心地タイプ

注）「日用雑貨」の専門店は百円ショップ

**図7・3－続き　大型店型と街角ショップへの立地指向の
強い専門店業種**　京阪神都市圏　2006年

4．靴　カイ自乗適合度検定の有意確率＜.000

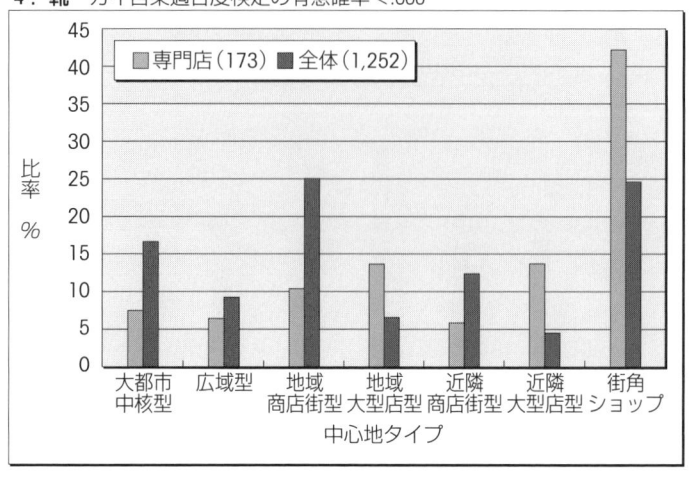

5．スポーツ用品　イエーツ補正カイ自乗適合度検定の有意確率＜.000

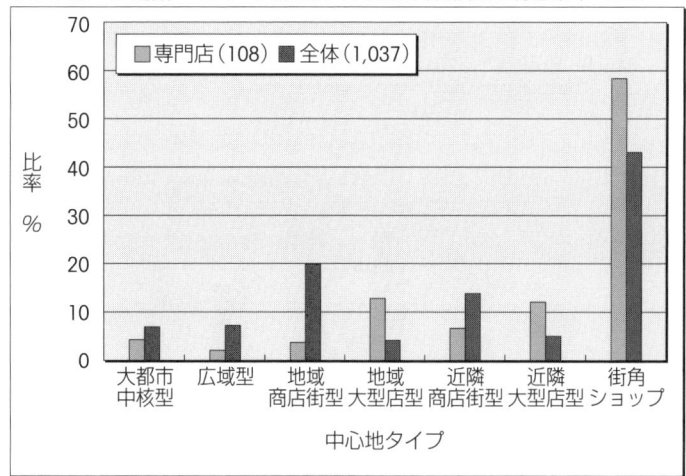

に行われることになる。従来商業適地とは考えられなかった立地を商業適地として創造するのである。

第2は、大型店型への立地をより強く指向するタイプである。これには図7・4に示す家電製品、めがね、

家具などの専門店が含まれる。とくに家電、家具などはその商品の性格上、広い売場面積が必要である。このため既存商業集積で迅速な多店舗化に対応したスペースを提供できるのは、大型店型、つまりSCぐらいしかない。一方、街角ショップへの出店は、全店舗の場合よりは低くなっている。これは店舗の大型化に伴い、一定水準以上の潜在商業人口が必要になるからであろう。

第3は、大都市中核型、広域型など上位階層と大型店型への立地指向がより強いタイプである。これには、図7・5に示すカジュアル衣服、呉服、書店、玩具・ホビー商品、ドラッグストア・医薬品などの専門店が含まれる。これらの業種で大型店型立地がより強くなるのは、SCのテナントとして入居する場合が多いからである。しかし、このタイプの特徴は大都市中核型や広域型など上位階層の中心地への立地指向がより強い点にある。これはこの種の業種の主要顧客が20代、30代の若年世代を中心にしていることに関係がある。

図7・4　大型店型への指向の強い専門店業種　京阪神都市圏　2006年
1．家電製品，2．めがね，3．家具

特徴

全店舗比率と比較すると

- 地域と近隣の大型店型でのみ高くなる。
- 伝統的中心地体系と街角ショップで低くなる。

1．家電製品　イエーツ補正カイ自乗適合度検定の有意確率<.000

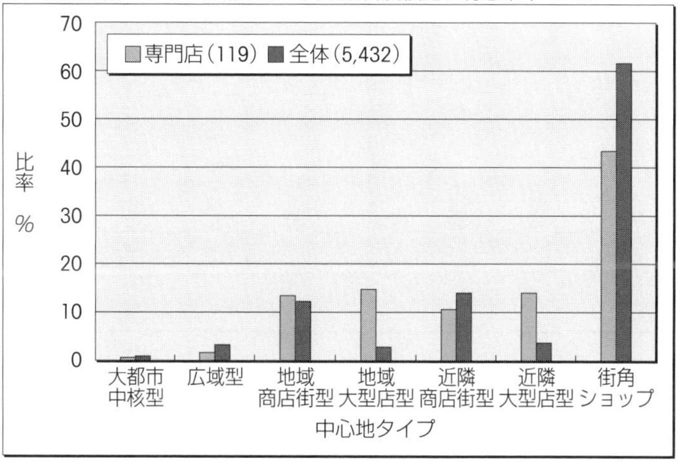

専門店（119）
全体（5,432）
比率 %
70
60
50
40
30
20
10
0
大都市中核型
広域型
地域商店街型
地域大型店型
近隣商店街型
近隣大型店型
街角ショップ
中心地タイプ

ショッピング・センター以外では、上位階層の中心地でなければ、これらの消費者は集まらない。
しかし、このようなタイプ間の差異を超えて、専門店の立地パターンには非常に明確な共通点がある。それ

図7・4－続き　大型店型への立地指向の強い専門店業種
京阪神都市圏　2006年

2．めがね　カイ自乗適合度検定の有意確率＜.000

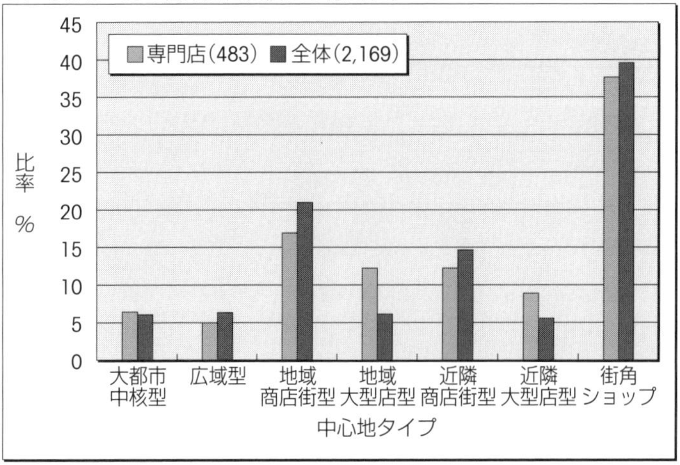

専門店(483)
全体(2,169)
比率 %
0
5
10
15
20
25
30
35
40
45
大都市中核型
広域型
地域商店街型
地域大型店型
近隣商店街型
近隣大型店型
街角ショップ
中心地タイプ

3．家具　イエーツ補正カイ自乗適合度検定の有意確率＜.000

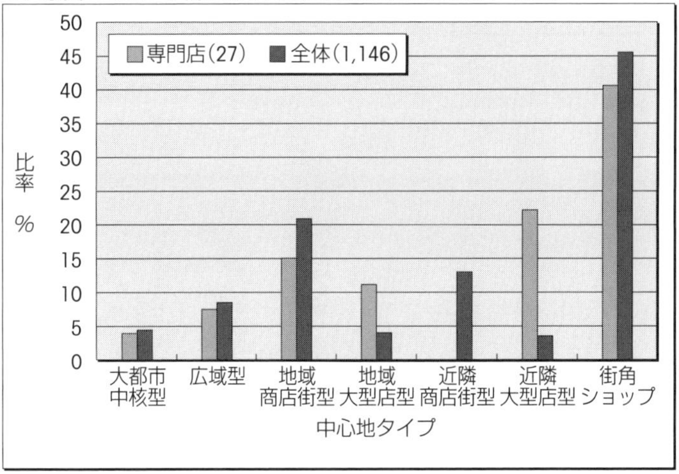

専門店(27)
全体(1,146)
比率 %
0
5
10
15
20
25
30
35
40
45
50
大都市中核型
広域型
地域商店街型
地域大型店型
近隣商店街型
近隣大型店型
街角ショップ
中心地タイプ

はこれらの専門店が商店街型よりは大型店型への立地指向をより強めているということである。商店街型は地域と近隣の階層で長い歴史を持つ伝統的中心地である。大型店型は最近の数十年で台頭してきた新興の中心地である。2種の中心地の興亡は、もっとも急速に成長している専門店を受け入れるための不動産物件があるかどうかにも強い関係がある。商店街型にはますます大型化している専門店を受け入れる不動産物件は数少ない。一方、大型店型はショッピング・センター開発やテナント入れ替えによって、専門店出店の豊富な物理的スペースを提供してきた。

図7・5　大都市中核，広域型など上位階層と大型店型への立地指向の強い専門店業種　京阪神都市圏 2006年

1．カジュアル衣服，2．呉服，3．書店，

4．玩具・ホビー商品，5．ドラッグストア・医薬品

特徴

全店舗比率と比較すると

- 大都市中核型，広域型と広域・近隣の大型店型で高くなる。
- 近隣商店街，街角ショップでは低くなる。

1．カジュアル衣服　カイ自乗適合度検定の有意確率＜.000

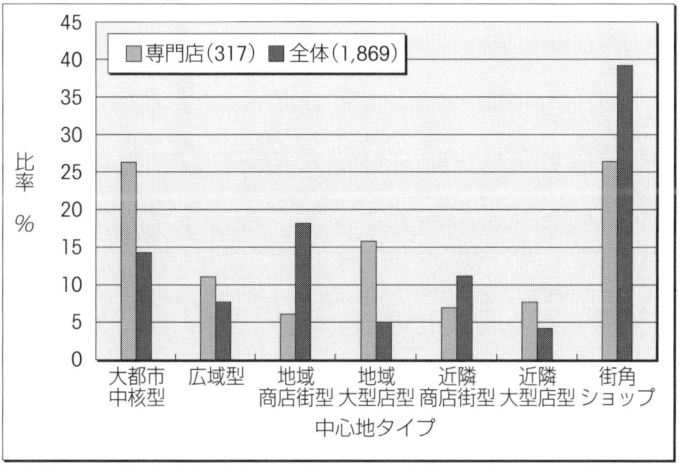

注）カジュアル衣服の「全体」は「衣料品」店

高止まりする商店街型の地価

商店街型への専門店の出店指向が低い理由は、大型化する専門店立地に必要な物理的スペースが確保できないというだけではない。もっと重

図7・5－続き 大都市中核，広域型など上位階層と大型店型への立地指向の強い専門店業種　京阪神都市圏　2006年

2．呉服　イエーツ補正カイ自乗適合度検定の有意確率＜.000

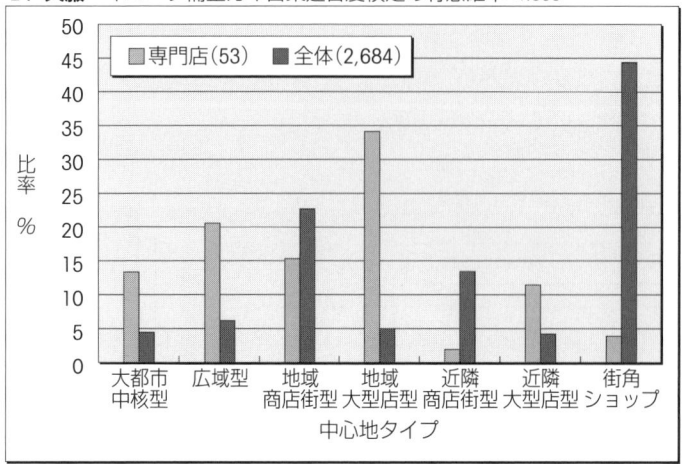

3．書店　イエーツ補正カイ自乗適合度検定の有意確率＜.000

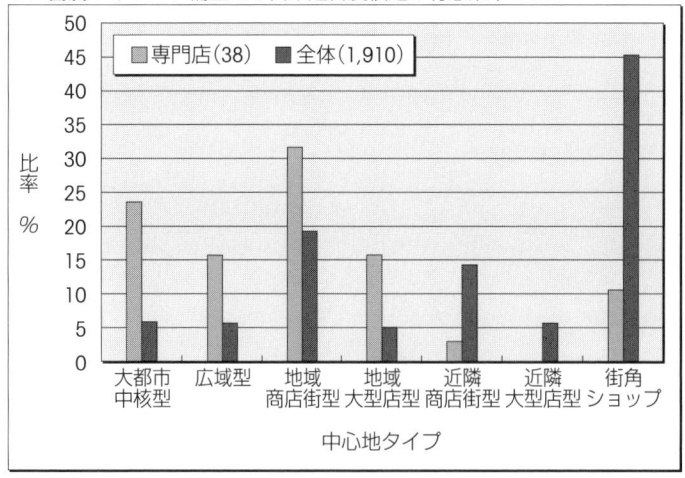

要で決定的な要因は、商店街型への出店費用が、多くの専門店のビジネス・モデルが要求する出店費用水準をはるかに超えているからである。出店には店舗の建設、内装、立地不動産の買い取りあるいは賃貸などの費用がかかる。その中で大きい比率を占めるのは、店舗のライフサイクルにわたって、立地不動産の買い取りある

図7・5- 続き　大都市中核，広域型など上位階層と大型店型への立地指向の強い専門店業種　京阪神都市圏　2006年

4．玩具・ホビー商品　カイ自乗適合度検定の有意確率＜.000

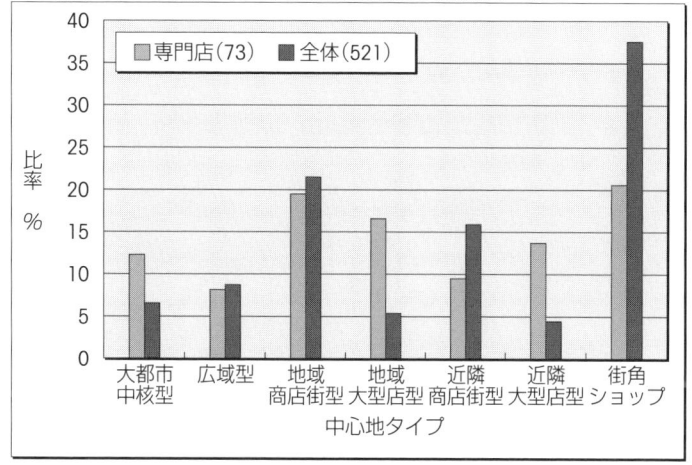

5．ドラッグストア・医薬品　カイ自乗適合度検定の有意確率＜.000

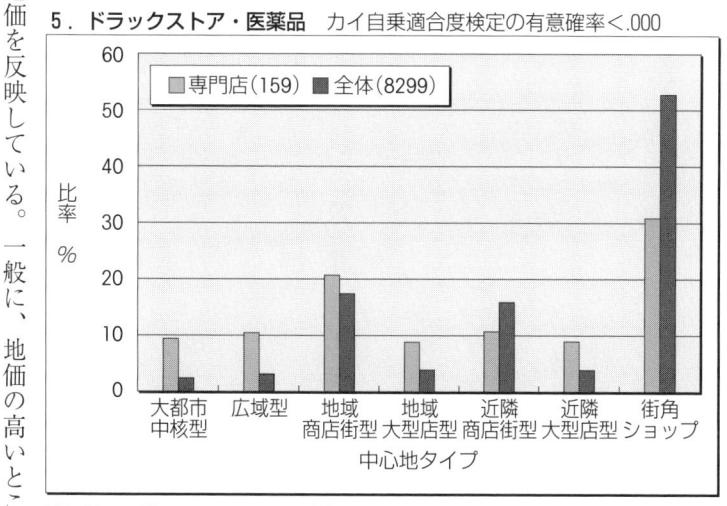

注）ドラッグストア・医薬品の「全体」は薬品店と薬局の計

図7・6と図7・7は、この点を端的に示している。この図では中心地タイプ、および専門店が立地していいは賃貸の費用である。そしてこれは店舗立地点の地価を反映している。一般に、地価の高いところに出店しようとすれば、その出店費用は高くつく。

図7・6　中心地タイプと専門店出店先グリッドの地価ゾーン
京阪神都市圏　2006年
縦線の上端は75％分位数，下端は25％分位数，短い横線は中央値。

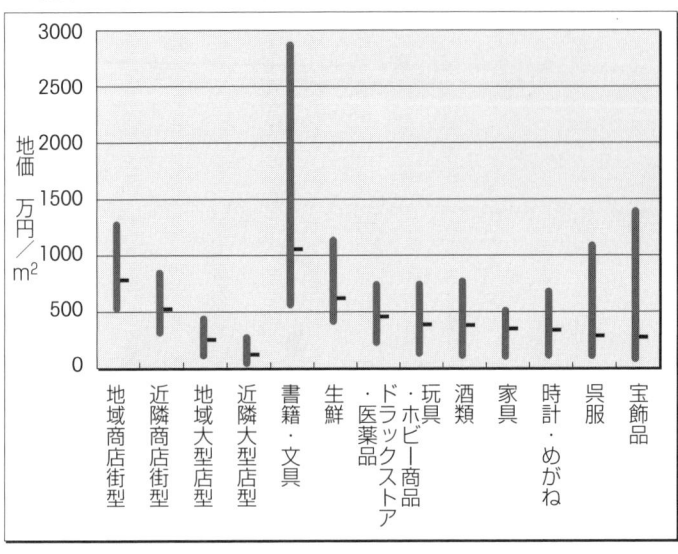

地価　万円／m²（縦軸：0〜3000）

横軸カテゴリ：
地域商店街型／近隣商店街型／地域大型店型／近隣大型店型／書籍・文具／生鮮／玩具・ホビー商品・ドラッグストア・医薬品／酒類／家具／時計・めがね／呉服／宝飾品

データ源：地価は都道府県地価調査による当該グリッドの最高商業地価

るグリッドの地価水準ゾーンが縦線で示されている。┃印は中央値である。当該グリッドを地価の安い順に並べた場合に，25％分位数は安い方からちょうど25％に当たるグリッドの地価であり，中央値は50％，そして75％分位数は75％に当たるグリッドの地価である。

図中の中心地タイプの地価でもっとも高いのは地域商店街型であり，次いで近隣商店街型，地域大型店型，近隣大型店型の順になっている。中心地タイプの地価を大きく上回っている点が重要である。中心地タイプの中央値はそのタイプの代表地価であり，専門店立地グリッドの地価の中央値はその業種の専門店のビジネス・モデルが要求する出店基準地価を表すと見なせば，前者が後者を下回らないかぎりそのタイプへの出店指向は低くなる。

この観点から見ると，書籍・文具の専門店のみが地域商店街型へも出店できる。実際，書籍・文具の専門店の基準地価ゾーンが長いこと

242

図 7・7　中心地タイプと専門店出店先グリッドの地価ゾーン
京阪神都市圏　2006年
縦線の上端は75％分位数，下端は25％分位数，短い横線は中央値。

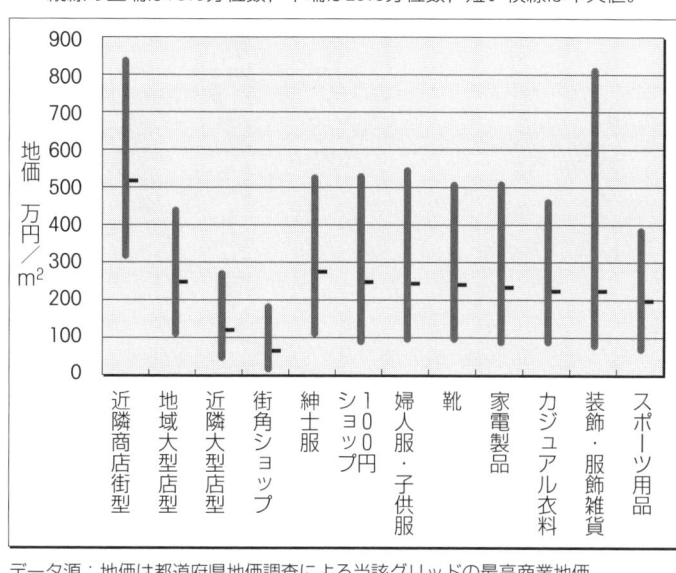

地価　万円／m²

近隣商店街型／地域大型店型／近隣大型店型／街角ショップ／紳士服／１００円ショップ／婦人服・子供服／靴／家電製品／カジュアル衣料／装飾・服飾雑貨／スポーツ用品

データ源：地価は都道府県地価調査による当該グリッドの最高商業地価

は，この種の専門店が地価ゾーンのもっとも高い広域型や大都市中核型へも出店することを反映している。しかし，地域商店街型の地価中央値は生鮮専門店の基準地価を上回っている。さらに重要なことは，近隣商店街の地価中央値でさえも，残りの専門店の基準地価を上回っていることである。

このことは，商店街型中心地がこれらの業種についてはもはや出店適地ではないこと，言い換えれば商店街型はこれらの専門店を強力に吸引できないことを示している。一方，大型店型の地価中央値は，地域大型店型の場合でさえも，すべての専門店の基準地価を下回っている。専門店の多くが商店街型よりも大型店型の中心地を出店先として選ぶ傾向がより強い理由は，大型店型と商店街型の地価格差にある。

このような傾向は，図7・7に示すような専門店ではより強くなる。これらの専門店の地価ゾーンはさらに低い位置にあり，近隣商店街の地価ゾーンでも高すぎ，一方，大型店型の地価中央値は地域大型店型でさえ，専門店の基準地

243　**第 7 章**　専門店による立地創造

価水準の近傍にあるからである。これらの中心地タイプに比べて、街角ショップの地価水準は低く、すべての専門店の基準地価を下回っている。

3 専門店による立地創造とそのインパクト

革新的SCへの参加

専門店の出店指向は商店街型中心地よりも、より強く大型店型中心地に向けられている。とくに世紀の変わり目あたりから、SCの規模はますます大規模化している。それに対応して、専門店を受け入れるためのテナント・ゾーンが急速に拡大している。それだけでなく、専門店を受け入れる管理体制を整備しつつある(第6章参照)。

革新的SCによる立地創造は、急成長している専門店のための出店舞台を用意したことによるところが大きい。これを専門店の側から見ると、専門店の立地創造の1つは、この革新的SCへのテナント入居によるものである。これは商業集積の計画的形成への参加による立地創造であり、集団型の立地創造である。

大規模な革新的SCへ専門店が参加することによって、伝統的中心地体系は大きい影響を受ける。もっとも大きい影響を受けるのは、とくに大都市圏の衛星都市で中心市街地を構成する地域商店街型の中心地である。しかも、専門店はきわめて顧客吸

専門店が取り扱う商品は、地域商店街型の中心業種の全領域に及んでいる。

大都市圏の地域商店街型中心地は、その規模や機能から見ると、人口10万から50万ぐらいまでの地方中核都市の中心市街地にほぼ該当する。1990年代に大型店の規制緩和に伴い、革新的ＳＣはこれらの地方中核都市の郊外に数多く出店した。中心市街地の商業集積に匹敵する規模の商業集積が計画的に形成されたのである。その影響の大きさが「まちづくり３法」の立法化を促進した一因である。大都市圏衛星都市の中心市街地も、有力専門店の参加した革新的ＳＣによって、今後さらに大きい影響を受けるであろう。地域商店街型中心地が長い間にわたって維持してきた立地独占は、革新型ＳＣの立地創造によって大きく揺らいでいる。

革新的ＳＣへの専門店参加の影響は、地域商店街型の中心地体系の包括原理のダウンサイジングである。かつて大阪、京都、神戸の３大都市の中心市街地に行けば、それ以下の階層の中心地にあるような業種はほとんどすべてそろっていた。しかし、ほとんどの業種にわたってマグネット店舗が、地域大型店型の中心地階層になる。1999年から2006年にかけて、京阪神都市圏の中心地体系は分散化と集中化が同時に進行した。大都市中核型や広域型に対しては分散化が進行し、近隣型中心地に対しては地域型への集中化が進行した。結果として、中心地体系の階層構造は地域型の階層でもっとも発展したのである。この構造変化の背後には、急成長する専門店の多くをテナントとして吸収した革新的ＳＣの

引力の強いマグネット店舗である。この種の店舗の顧客吸引力に対して、十分に対抗できる中小の業種専門店はきわめて数少ない。

革新的ＳＣ、つまり地域大型店型の中心地階層になる。1999年から2006年にかけて、京阪神都市圏の中心地体系は分散化と集中化が同時に進行した。大都市中核型や広域型に対しては分散化が進行し、近隣型中心地に対しては地域型への集中化が進行した。結果として、中心地体系の階層構造は地域型の階層でもっとも発展したのである。

高級品や先端ファッション商品を除けば、多目的型出向先は大都市中核型や広域型に代わって、大規模な革新的ＳＣ、つまり地域大型店型の中心地階層になる。

発展がある。

革新型SCへの専門店の参加によって、大都市中核型や広域型の中心地は、多様な業種を包括的に集積させる代わりに、特定の業種・商品に特化していくことを迫られている。その特定の業種とは、これらの中心地の高い地価にも耐えられると同時に、これらの中心地で遊歩する消費者層を主要標的にできる業種・商品である。大都市中核型はす具体的にそれは、ブランドものなど高級品と先端ファッションに関わる業種・商品である。すでにこの方向への機能専門化の道を歩み始めている。

街角ショップの変質

専門店は、革新的SCへの参加を通じた集団型の立地創造を行うだけではない。専門店による立地創造のもっとも重要な特質は、街角ショップへの孤立立地による立地創造である。専門店は商店街などに立地する業種専門店とは異なり、異業種集積や同業種集積を形成することは少ない。このことは、孤立立地による街角ショップでの立地創造が多くの専門店のもっとも基本的な立地パターンであることを示している。

実際に、中心地タイプ別立地比率で街角ショップ比率がもっとも大きくなる専門店は多い。図7・3から7・5のデータを要約した図7・8はそれを示したものである。この図の専門店で玩具・ホビー商品より上に示されている業種では、街角ショップへの立地比率がすべての中心地タイプの中で最大になる。つまり、これらの業種では、街角ショップが第1位の出店先である。この図に示されていないけれども、ホームセンターやカー用品専門店でも街角ショップが第1位の出店先である。

商業集積という点から見ると、街角ショップは未成熟地帯である。そこに立地する店舗といえば、専門店が

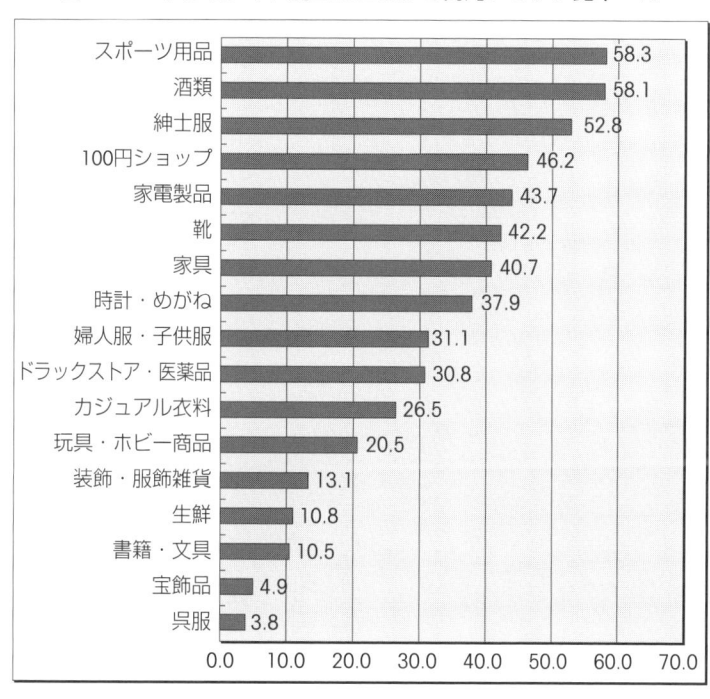

図7・8　中心地タイプ別立地における街角ショップ比率　％

業種	％
スポーツ用品	58.3
酒類	58.1
紳士服	52.8
100円ショップ	46.2
家電製品	43.7
靴	42.2
家具	40.7
時計・めがね	37.9
婦人服・子供服	31.1
ドラッグストア・医薬品	30.8
カジュアル衣料	26.5
玩具・ホビー商品	20.5
装飾・服飾雑貨	13.1
生鮮	10.8
書籍・文具	10.5
宝飾品	4.9
呉服	3.8

成長する以前では家族経営型の生業的な零細商店だけであった。専門店の立地創造は街角ショップ地帯の景観を変えたのである。街角ショップはいまや我が国でもっとも高い成長率を誇る専門店が競って立地する地帯になった。中心地階層の中でもっとも出店不適地であった街角ショップは、多くの専門店にとっては最高の出店適地となったのである。

青山商事やアオキインターナショナル、あるいはしまむらなどによって先導された、ロードサイド立地がこのような立地創造の先駆けである。できるだけ上位の中心地階層への立地指向が強かったこれらの業種を、最底辺の街角ショップに立地させた彼らの戦略構想はきわめて革新的であった。その革新性はいくつかの点で見られる。

まず新しい商圏コンセプトの創造がある。従来、商圏といえば、店舗を中心にした同心円のようなものがイメージされていた。店舗からの距離によって、1次商圏、2次

247　**第7章**　専門店による立地創造

商圏、3次商圏を想定するといったたぐいである。このような商圏設定の背後には、消費者の買い物出向起点が自宅にあるという暗黙の想定がある。したがって、商圏規模は同心円内の居住人口によって判断された。ロードサイド店の商圏はこれとはまったく違う。その商圏は店前の道路が連結されている道路ネットワークであり、商圏規模は店前の車通行量によって判断される。ロードサイド店は同心円的な居住地商圏に代えて、道路ネットワークによって流れてくる流動商圏を想定したのである。車社会の到来による買い物動線の大転換を出店適地判断の基盤に据えたのである。

専門店による街角ショップでの立地創造は、また出店適地の考え方を大きく変えた。それまで出店適地はその立地場所周辺の人口、交通網、中心地性など地理的環境によって決まるものと考えられていた。このような考え方に立つかぎり、上位階層指向的な衣服などの専門店を街角ショップに立地させようという発想は出てこない。専門店の革新性は、出店適地は周囲の地理的環境だけでなく、店舗フォーマットによっても決まると考えた点にある。マグネット店舗の開発に成功すれば、街角ショップに立地しても、モビリティの高い価値ハンターを遠くからでも吸引できると考えたのである。

街角ショップでの立地創造は、専門店の開発要件にもっとも適している。街角ショップではますます大型化する店舗の出店用地を、他の中心地タイプよりもはるかに数多く容易に探すことができる。しかも、街角ショップの地価は、他の中心地タイプに比べてはるかに安い。マグネット店舗に隣接してそこでの立地創造に成功すれば、高収益構造のビジネス・モデルができる。専門店の急成長は、このようにマグネット店舗の開発と街角ショップでの立地創造による急速なチェーン展開によって達成されたものである。

近隣商店街の中小店舗は近くに立地す街角ショップでの専門店の立地創造は、まず近隣商店街を直撃する。

る専門店にほとんど対抗できない。さらにこの立地創造は、地域や近隣の大型店型に立地するSCにも大きい影響を与える。専門店にとって街角ショップでの立地創造に成功すればするほど、SC入居条件における専門店の交渉力は強まることになる。

実際に、SCから勧誘を受ける有力専門店は、キーテナントと同じような賃料上の優遇措置を受け始めているのである。

日本のSCでは総合量販店がキーテナントになることが多い。立地創造のもう1つの担い手であるSCに対しても、そのキーテナントの革新を迫っている。

その最大の悩みはキーテナントの顧客吸引力が弱いことである。有力専門店を動員した革新的SCにおいてすら、キーテナントの総合量販店ではよく聞かれる消費者の声は、専門店はよいが、キーテナントの総合量販店では食品以外に何も買うものがないという声である。総合量販店の衣料品や雑貨部門の業績がいっこうに回復してこないことがこの点を証明している。街角ショップへの専門店の立地創造は、立地創造のもう1つの担い手であるSCに対しても、そのキーテナントの革新を迫っている。

▼要約▲

ユニクロ、しまむら、マツモトキヨシ、ヤマダ電機、大創産業などの専門店も、革新的SCとならぶ立地創造のイノベータである。彼らは最近の十数年間に急成長をとげた。その業態シェアは総合量販店に迫りつつある。専門店の店舗規模は、商店街などに見られる中小商店のような業種専門店よりもはるかに大きく、その規模を年々拡大している。専門店はこの拡大した売場に深い品揃えを展開しただけでなく、消費者が要求する品質水準の商品を低価格で提供した。深い品揃えとバリュー商品の提供によって、専門店は顧客吸引力の強いマグネット店舗の構築に

成功したのである。専門店の急成長はこのマグネット店舗の急速なチェーン展開によるものである。

専門店の立地パターンは、マグネット店舗の大型化とその迅速な店舗展開という、開発要件によって決定的な影響を受けている。彼らの立地パターンは、中小商店などの業種専門店の立地パターンとまったく異なっている。業種専門店とは異なり専門店は、商店街などの伝統的な異業種集積に参加することはない。専門店の多くは、革新型SCのテナントとして参加するか、あるいは集積未成熟地域としての街角ショップに孤立立地する場合には単独の立地創造である。

革新的SCに参加する場合には、専門店の立地創造は協同的に行われている。これに対して、街角ショップに孤立する場合には単独の立地創造である。専門店がこれらの立地場所を選ぶ理由は、大型店舗用地の確保と商業地価水準に関して、商店街型中心地が大型店型や街角ショップにはるかに劣るからである。商店街型中心地は、もっとも急成長している業態を受け入れられるプラットフォームを提供していない。

専門店の立地創造における革新性は、とくに街角ショップへの孤立立地に見られる。専門店は店舗を中心にした同心円的な居住地商圏に代えて、店舗前を流れる車交通量に依存する流動商圏コンセプトを採用した。また、この流動商圏を対象にすれば、マグネット店舗は十分な顧客を吸引できることを実証した。さらに、街角ショップでは店舗大型化に対応した用地確保が容易であり、急速な店舗展開ができるようになる。街角ショップでの低い商業地価とあわせて、これらは専門店の急成長を支えたビジネス・モデルの根幹である。

街角ショップへの孤立立地はこの地域の景観を変えた。かつて街角ショップは、商業立地場所としてはもっとも不適切な場所であり、生業的な零細店しか立地していなかった。しかし、それは専門店にとってはもっとも適切な場所に変身した。街角ショップは、日本の流通の先端企業が競って立地する場所に変わったのである。街角ショップへの専門店の進出は、多くの商店街型中心地を機能不全に陥れている。また、それは革新的SCのデベロッパーや核店舗に対しても、新しい革新を要求している。

250

注

1 専門店の急成長を支えた業務システムについては、小川進、ディマンド・チェーン経営、日本経済新聞社、2000年と、橋元理恵、先端流通企業の成長プロセス、白桃書房、2007年を参照。
2 田村正紀、バリュー消費：「欲張りな消費集団」の行動原理、日本経済新聞社、2006年。

第8章 ショッピング行動に見る近未来

中心地体系の構造変化を引き起こす要因は、商業者のイノベーションだけではない。既存商業集積への消費者の反応、つまりショッピング行動の変化も重要な要因である。既存の商業集積は、ショッピング行動のパターンについての商業者の期待に基づいて形成されている。しかし、消費者はつねにこの期待通りに行動するとは限らない。なぜある特定の店で買い物するのか。同じ質問を商業者と消費者に発した場合、時代環境がそれほど変化していない時期には、両者の回答はほぼ一致する。しかし、時代が大きく変わっているときには、その回答には大きい相違が生じる。消費者が商業者の期待とは異なる行動を取り始めるからである。このようなギャップが大きくなると、商業者の業績は低下する。その低下が長期化してくると、商業者はイノベーションの必要を感じ種々な模索を始める。ショッピング行動が中心地体系の構造変化に与える影響はこのような経路をたどる。

この経路のために、ショッピング行動の変化は、商業者の行動とその結果としての中心地体系の構造形成に先行している。ショッピング行動には、各中心地への消費者の機能期待が含まれている。一方、中心地の商業集積は、消費者の機能期待についての、商業者の想定に基づいて形成される。消費者の機能期待とそれについての商業者の想定、これら両者を比較してそのギャップを見れば、中心地体系の構造変化の近未来を予見することができよう。

とくに本章での検討の焦点は、中心地体系の最上位に位置する大都市の中心市街地（中核型）、地域階層での商店街型と大型店型、これら3者間の機能分担関係にある。

これらの階層での商業集積形成の背後には、ショッピング行動パターンについての商業者の期待がある。中心地体系の理論は、この期待を商品の次数、比較購買、多目的出向に関わる3種の行動仮説のかたちで定式化してきた。これらの行動仮説が、伝統的中心地体系を支えてきたショッピング行動基盤である。問題は現代の消費者がこれらの仮説（期待）通りに行動しているかどうかである。この期待と現状とのギャップから、中心地体系の近未来を探

1 ショッピング行動への3種の期待

伝統的階層構造を支える3種のショッピング行動仮説

京阪神都市圏の商業集積は、地域と近隣の階層で商店街型と大型店型に機能分化するとはいえ、階層構造という点から見ると、伝統的中心地体系の特徴を残している。それは大都市中核型を最上位階層として、以下広域型、地域型、近隣型、そして街角ショップにいたる階層構造である。階層を上がるにつれて、異業種集積と同業種集積がともに進行し、業種数がますます多くなっていく。このような伝統的階層構造は、個々の商業者がショッピング行動について描く期待に基づいて、出店を積み重ねてきた結果である。その期待は、商品の次数、比較購買、および多目的出向に関わる、ショッピング行動仮説というかたちで表現することができる。

これらの仮説は、中心地階層間での業種構成の相違を、ショッピング行動に関連付けようとするものである。

ってみよう。

このために、2007年度に実施された京阪神都市圏消費者サーベイ・データを利用しよう。この調査は京阪神都市圏在住の20歳以上のあらゆる年齢層の男女を対象にしている。回収標本数は3071票で、そのうち女性48％、男性52％である。このデータはまた3種の行動仮説に代わる新しいショッピング行動パターンを探るためにも利用される。

商業集積が進むと、より広い地理的範囲からより多くの消費者を中心地に吸引することができる。その際、消費者は近隣の中心地を飛び越えて、なぜ商業集積の高い上位階層の中心地に出向しようとするのだろうか。商品の次数仮説によれば、商品の特徴によって消費者が出向する中心地階層が異なる。婦人服に代表されるように、購買頻度が低く高価格であるために消費者が買い物にかなりの距離を移動する商品は高次階層で購買され、食品などに代表される購買頻度が高く、低価格であるため移動距離が短い商品は低次階層で購買される。商品の次数とは、購買される階層に関連した商品の特徴付けであり、高次階層で購買される商品は高次商品、低次階層で購買される商品が低次商品と呼ばれる。

伝統的中心地体系では、その階層を上がるにつれて、より高次な商品を取り扱う業種を集積させていく。階層を上がるにつれて、上位階層はそれより下位の階層では提供されていない追加集積させるという包括原理に基づく集積である。百貨を何でもそろっているという意味に解せば、最上位階層の顔としての大都市百貨店は、この意味で伝統的中心地体系における包括原理を象徴する業態である。

伝統的中心地体系は、中心地体系形成のショッピング行動基盤として、商品の次数仮説を想定している。それは、商品の次数が高くなるほど、消費者は階層のより高い中心地を利用する傾向が強くなるという仮説であり、伝統的中心地体系の形成のショッピング行動が、伝統的中心地体系のショッピング行動基盤である。

伝統的中心地体系では、階層を上がるにつれて同業種集積がますます多くなる。比較購買仮説は、消費者が近隣の下位階層を飛び越え、距離的に遠い上位階層の中心地に向かう理由を、同業種集積から得られる消費者のベネフィットに関連付けて説明しようとしている。そのベネフィットとは不確実性の削減である。不確実性

の内容は、特定店舗で望ましい商品を発見できるかどうかということであり、その削減の方法は複数の店舗を見て回り、各店の品揃えや価格を比較することである。比較購買仮説によれば、同業種集積が進むと比較購買が容易になるので、そのベネフィットによって消費者吸引力が高まる。消費者がこの仮説どおりに行動しているとすれば、比較購買のための店舗探索は、上位階層になるほどより多く行われているはずである。

伝統的中心地体系では、上位階層になるほど異業種集積が進む。多目的出向仮説は上位階層になるほど商圏が広くなる理由を、異業種集積によって多目的出向ができることに求めている。多目的出向とは、一度の出向で異なる種類の商品を同時に購買するワンストップ・ショッピングのことである。消費者はこの行動によって、一定期間における買い物費用を削減でき、ショッピングを効率化できる。実際に消費者がこのように行動しているとすれば、上位階層の中心地になるほど、より多くの多目的出向行動が観察されるはずである。

最多額出向による仮説検証

消費者はこれら3種の仮説のように行動しているだろうか。最多額出向とは、1か月のうちで総購買金額が最大の出向である。京阪神消費者調査によれば、最多額出向の購買金額の平均は3万1172円であり、家賃、ローン、学費などを除く月間消費支出に占める比率の平均は22％である。この種の最多額出向では高額品の購買を含むため、中心地体系の全階層が出向の選択対象になる。この意味で最多額出向は、以上3つの行動仮説を検証する際にもっとも適切な出向パターンである。

図8・1を見ると、最多額出向の場合、大都市中核の繁華街は都市圏全域にわたって第1位の出向先となっ

図8・1 居住地区別の出向場所（最多額出向）

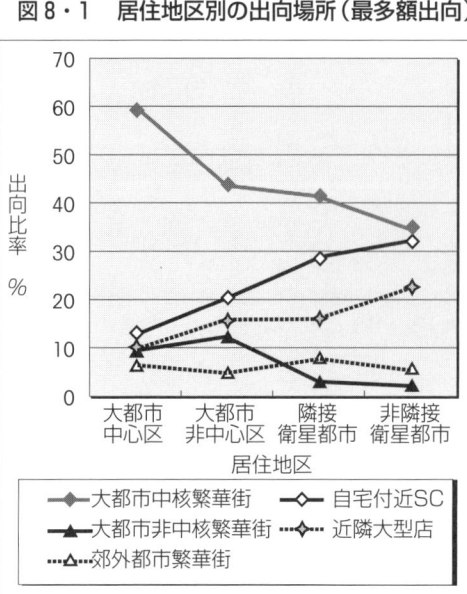

縦軸: 出向比率 %（0〜70）
横軸: 居住地区（大都市中心区、大都市非中心区、隣接衛星都市、非隣接衛星都市）

凡例:
- 大都市中核繁華街
- 大都市非中核繁華街
- 郊外都市繁華街
- 自宅付近SC
- 近隣大型店

ている。また、商店街を中心にした旧来型の中心地である大都市の非中核繁華街や郊外都市繁華街は、最多額出向先としてはほとんど選ばれることがない。これはこれらの中心地が中心地体系の旧来秩序に従って構成されているからである。この意味では自然発生的な伝統的な階層体系の中だけで見ると、大都市中核繁華街が最多額出向に関して圧倒的な支配力を持っている。

しかし、現代の中心地体系にはこれらの伝統的中心地以外にも、大型店型中心地が台頭している。これらの新興中心地を含めてみると、大都市中核型繁華街さえ、その吸引力は3種のショッピング行動仮説から予想されるほど、強力なものではない。出向比率に示されるその吸引力は、都市圏の周辺部にいくにつれて急速に低下して、非隣接衛星都市では住民の35％を吸引しているにすぎない。大都市圏の郊外部へ行けば行くほど、自宅付近のSCや大型店の吸引力が増加するからである。実際に、大都市の郊外部ではこれらの新興中心地の吸引力は伝統的中心地の吸引力に拮抗している。

伝統的な商圏モデル*¹ が示してきたように、中心地の吸引力は、その中心地の集積魅力度に比例し、その中心地へ移動するのに必要な距離に反比例する。中心地の集積魅力度はしばらく考慮外におき、距離に注目しよう。各中心地への距離は中心地の位置、

消費者の居住場所、そして交通体系によって決まる。都市圏での交通体系の多様性を考慮すれば、この距離は物理的な距離ではなく、時間距離としての移動時間で測定するのが適切である。

図8・2に示すように、都市圏の郊外部になればなるほど、大都市中核への移動時間は増加する。同じことは程度の差はあるが、その他の繁華街についてもいえる。しかし、図8・2でもっとも印象的な事実は、自宅付近SCや近隣大型店への移動時間が、伝統的中心地に比べ圧倒的に短いことである。アクセスの便利さという点から見ると、吸引力に関してこれらの新興中心地は、伝統的中心地に対して圧倒的な優位性を持っている。

そしてこの優位性は都市圏の周辺部分になればなるほど大きくなる。

図8・2 中心地への平均移動時間

図8・3 最多額出向における自家用車利用

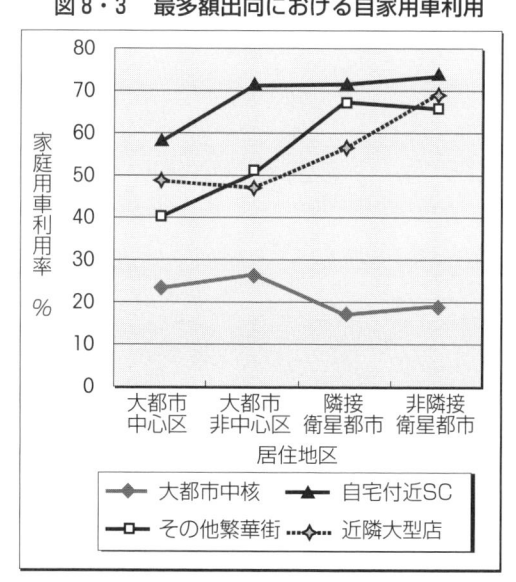

この理由の1つは、郊外部になればなるほど、新興中心地は伝統的中心地よりも住宅地に近接して立地していることにある。しかし、もっと重要な理由は、現代の消費者の多くがショッピングの交通手段として、公共交通機関よりも自家用車を利用することによるものである。図8・3に示すように、自家用車の利用率は自宅付近のSCの場合にとくに高く、大都市中心区以外の居住地区では70％を超えている。これはSCが広大な駐車場を整備しているからである。

これとは対照的に、大都市中核への車利用率はきわめて低い。これは駐車難だけでなく、大都市中核へは公共交通網が十分に整備されており、また後述するように大都市中核へのショッピング出向が飲食などをより多く含む特殊な出向であることによるものである。他方、その他の繁華街や近隣大型店の場合では、郊外部になると自家用車利用率が増加している。大都市中核を除けば、車利用によって、大都市圏での各中心地へのアクセス便宜性が改善され、移動時間に大きい変化が生じているのである。

しかし、3種の行動仮説によれば、上位階層になるほどその集積魅力度が向上し、これが最多額出向などの場合はとくに、遠距離からでも多くの顧客を吸引するはずであった。しかし、現実の消費者行動は、中心地階層間の商業集積格差に必ずしも対応していない。これは上位階層の商業集積の魅力度が現代の消費者行動に適合していないことを示唆している。この点を3種のショッピング行動仮説に沿って検討してみよう。

2 崩壊するショッピング行動仮説

表8・1　出向場所類型別の購買比率　%

品種	出向場所類型					標本数	平均購買価格（円）
	大都市中核	その他繁華街	自宅付近SC	近隣大型店	その他		
食品	18	8	28	44	2	438	9,836
書籍・雑誌・文房具	57	12	17	14	0	104	9,875
CD・ビデオ・DVD	55	19	21	5	0	73	10,507
軽衣料	29	16	35	19	1	69	12,188
医薬・化粧品・トレイタリー	35	15	20	29	1	96	12,646
靴・鞄・ハンドバック	59	11	22	5	3	194	27,905
スポーツ・レジャー用品	38	22	29	6	5	77	30,032
衣服	56	12	23	7	2	834	30,037
パソコン・周辺機器	50	13	18	15	4	228	45,515
家具・インテリア・寝具	21	17	37	22	3	87	49,241
家電・AV機器・カメラ・携帯	35	14	29	20	1	410	56,229
宝石・貴金属・時計・めがね	65	11	19	0	5	74	65,635

注）大都市中核：大阪の梅田、心斎橋、難波、天王寺・阿倍野繁華街、神戸の元町・三宮繁華街、京都の河原町繁華街。

商品の次数仮説は多くの品種に妥当しない

商品の次数仮説は、購買品種別の出向場所を調べることによって検証できる。表8・1は、最多額買い物出向での、購買商品、出向先、購買金額を調べたものである。表では最大金額の購買商品別に出向先類型をしめし、平均購買金額の昇順に品種が並べられている。この調査では最低次の商品は食品であり、最高次の商品は宝石・貴金属・時計・めがねである。

出向場所類型は中心地階層の上位から順に並べられている。中心地タイプとの対応からいえば、「大都市中核」は大都市中核型であり、「その他の繁華街」は中心地階層での広域商店街型に対応する。「自宅付近のSC」は地域大型店型にほぼ該当し、「近隣大型店」は近隣大型店型あるいは街角ショップの大型専門店に該当している。

表8・1に示したデータは、商品の次数仮説に基づくショッピング行動を示しているだろうか。中心地階層で最高位の大都市中核と低位にある近隣大型店での購買比率に焦点を合わせて検討してみよう。

図8・4 大都市中核での購買比率（商品次数の昇順別）

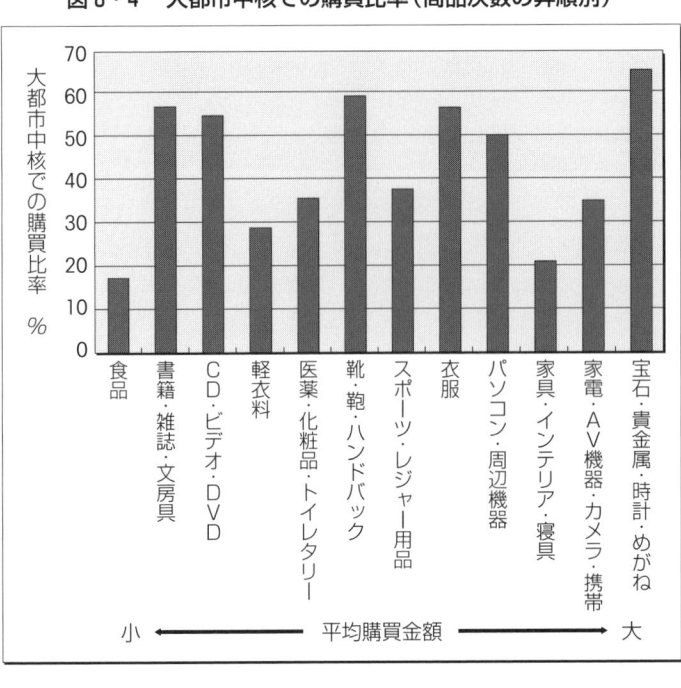

（縦軸：大都市中核での購買比率 %、0〜70）
食品 17
書籍・雑誌・文房具 57
CD・ビデオ・DVD 55
軽衣料 29
医薬・化粧品・トイレタリー 36
靴・鞄・ハンドバック 60
スポーツ・レジャー用品 38
衣服 57
パソコン・周辺機器 51
家具・インテリア・寝具 21
家電・AV機器・カメラ・携帯 36
宝石・貴金属・時計・めがね 66

小 ← 平均購買金額 → 大

図8・4のグラフで横軸の品種は左から右へ商品の次数がより高くなるように並べられている。したがって、商品の次数仮説が正しいならば、大都市中核での購買比率グラフは右上がりの傾向を示さなければならない。しかし、実際はそうはなっていない。大都市中核での購買比率は、たしかに商品次数が最低の食品についてもっとも低く、最高次の宝石・貴金属・時計・めがねについてもっとも高くなっている。この限りでは商品の次数仮説は当てはまっている。しかし、残りの商品については商品の次数仮説が示すような右上がりの傾向をまったく示していない。

次に、同じようにして描かれた図8・5の近隣大型店の購買比率データを検討してみよう。近隣大型店は低次階層に位置するから、その購買比率は右下がりの傾向を示すはずである。たしかに商品次数がもっとも低い食品についての購買比率は最大になり、商品次数が上がるにつれて、低下傾向を全体として示しているように見えるが、その傾向は強いもの

図8・5　近隣大型店での購買比率（商品次数の昇順別）

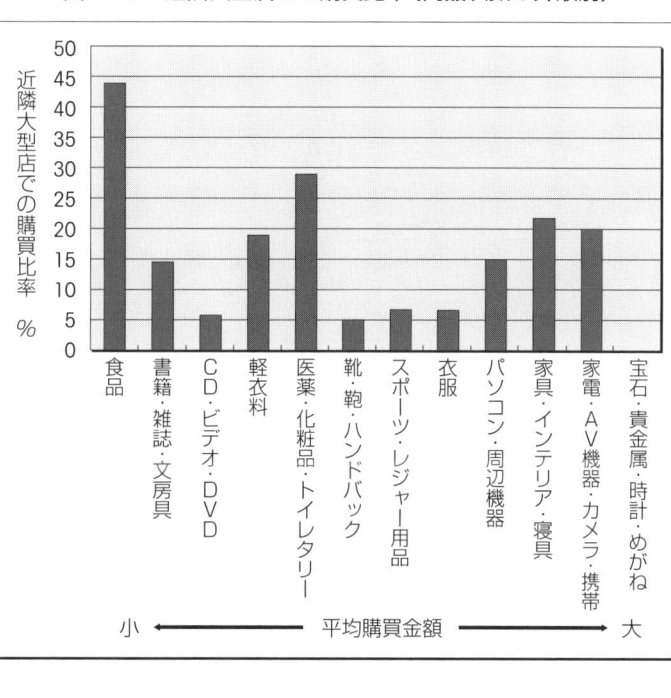

ではなく、商品によって大きい変動がある。以上の結果から判断すると、商品の次数はきわめて限定的な影響しか与えていない。

ファッション業種だけが比較購買仮説に従う

比較購買仮説によれば、上位階層よりも下位階層での買い物客は店舗探索数が多いはずであり、またこの関係は品種の購買が含む不確実性の程度によって、品種間で異なっているはずである。この点を図8・6によって検証してみよう。

図8・6は統計分析に十分な標本数を確保するために、図8・4の13種の商品カテゴリーを注1に示すように4品種カテゴリーに縮約して、品種別・出向場所別の探索店舗数の平均値を比較したものである。いずれの品種についても、その平均値は最上位階層の大都市中核で最大になり、もっとも低い近隣大型店で最小になる。その他繁華街と自宅付近のSC間では、差異は食品以外では少なくなっているが、これはこれらの中心地が広域

第8章　ショッピング行動に見る近未来

図8・6　購買品種別・出向場所別の探索店舗数平均値

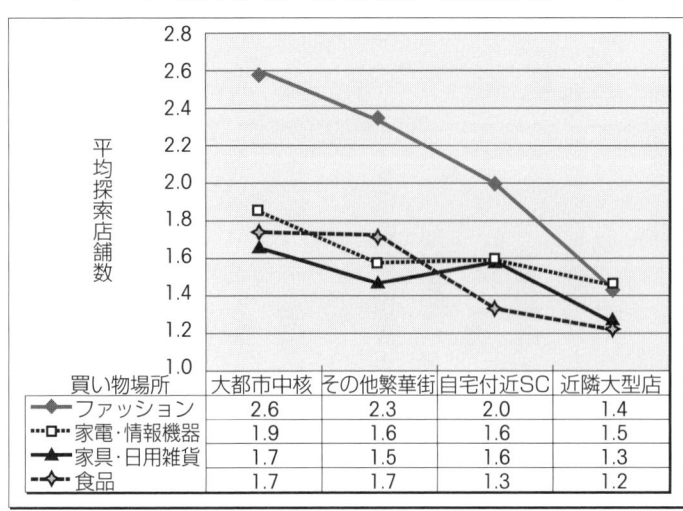

買い物場所	大都市中核	その他繁華街	自宅付近SC	近隣大型店
ファッション	2.6	2.3	2.0	1.4
家電・情報機器	1.9	1.6	1.6	1.5
家具・日用雑貨	1.7	1.5	1.6	1.3
食品	1.7	1.7	1.3	1.2

注1）商品分類は以下のように縮約した。
　ファッション：衣服，肌着・下着，その他の衣料品，服飾雑貨，靴・鞄・ハンドバック，宝石・貴金属・時計・めがね
　家電・情報機器：家電製品・AV機器・カメラ・携帯電話，CD・ビデオソフト，DVD
　家具・日用雑貨：化粧品・医薬品・トイレタリー，スポーツ・レジャー用品，書籍・雑誌・文房具，家具・インテリア・寝具，その他
注2）平均値の差の1元分散分析の結果　Nは標本数。
　ファッション　　　F値=7.796（有意水準 <.000）N=1171
　家電・情報機器　　F値=3,239（有意水準 <.020）N=711
　家具・日用雑貨　　F値=2.933（有意水準 <.033）N=473
　食品　　　　　　　F値=8.731（有意水準 <.000）N=438

型もしくは地域型の中心地であり、階層的には大きい差異がないことによるものである。また、食品について差異が大きくなっているのは、SCの場合その核店舗として大型店があるため、商店街・市場のように多くの店を探索しなくてもよいからであろう。注2に示すように、4種の出向先間で平均値の差異は統計的に有意である。

これらの結果は、比較購買仮説が現代の消費者行動にも見られることを示している。消費者は比較購買のために上位階層へ出向する傾向があり、この傾向が同業種店舗を集積させる基盤になっている。しかし、このことはすべての商品について一般的に当てはまるわけではない。比較購買のために、より上位の中心地へ出向する傾向は品種間で大きい相違があるからである。

同業種店舗がどの程度に集積する

264

かは集積効果に依存している。図8・6でいえば、中心地階層を下るにつれて探索数が急速に低下するほど、この集積効果は強いといえよう。4つの品種の中ではファッションの集積効果がずば抜けて高い。しかし、他の品種についてはその集積効果はそれほど高くない。このことは、京阪神都市圏のような現代の中心地体系では、とくに大都市中核の集積優位性が主としてファッション業種に大きく依存していることを示すものである。他の業種については、顧客吸引についての大都市中核の優位性は強力なものではない。

多目的出向仮説は中間階層のSCに当てはまる

多目的出向仮説の検証における最大の課題は異業種の概念である。特定の2業種を取り上げた場合に、同業種か異業種かをどのように判断するのかという問題である。この問題はすでに論じたが、以下の検証では、集計水準の異なる2種の指標によって多目的性を判断しよう。1つは出向での購買品種数である。この際に品種カテゴリーは、図8・4の12種のカテゴリーに「その他」を加えた13種のカテゴリーである。他の1つは出向での購買品目数という品種カテゴリーよりも集計度の低いカテゴリーである。最近1か月でのもっとも購買金額の大きかった出向での、調査対象者（N＝2793）の購買品種数の平均値は1・7品種、購買品目数の平均値は3・8品目であった。

購買品目数と購買品種数についての出向場所別の平均値は図8・7に示されている。出向場所間でこれらの平均値の差異は統計的に有意である。しかし、より詳細に検討してみると、両者の間には大きい相違がある。購買品種数についての相違は大きいものではない。とくに出向場所間の対比分析を行ってみると、大都市中核、その他の繁華街、近隣大型店間の各対比では有意差がない。4種の出向場所間でF検定が有意になる理由は、

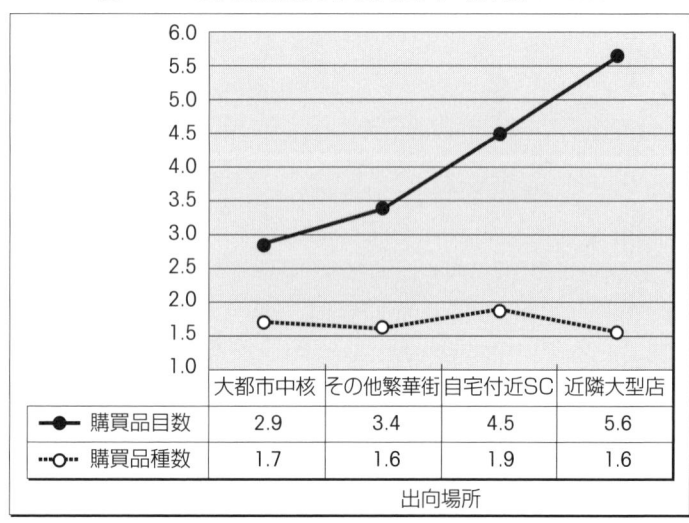

図8・7　出向場所別の多目的出向　標本数 N＝2793

	大都市中核	その他繁華街	自宅付近SC	近隣大型店
●─ 購買品目数	2.9	3.4	4.5	5.6
○‥ 購買品種数	1.7	1.6	1.9	1.6

出向場所

注）1元分散分析　購買品目数　F値＝60.8（有意水準 <.000）
　　　　　　　　購買品種数　F値＝6.8（有意水準 <.000）

自宅付近SCの平均値が他の出向場所とは異なり、ひときわ高くなるからである。購買品種数から見た多目的出向は、多目的出向仮説の期待とは異なり、大都市中核やその他の繁華街よりも、むしろ自宅付近のSCに向かっている。SCが多目的出向の主要な受け皿になっているという点が重要である。

これに対して、出向での購買品目数の平均値は各出向場所間でも有意差がある。しかし、この差異は多目的出向仮説の期待とはまったく逆の方向を示している。中心地階層を下位階層へ下るほど、購買品目数から見た多目的性が増加しているからである。

この結果は、下位階層の中心地ほど、食料品を主目的とする買い物客が多く、また食料品を主要目的とするほど出向での購買品目数は多くなる傾向が生じるからである。この点は食料品を主要目的にする場合、表8・2に示すように、購買品目数との相関係数が他の品種に比べてとくに大きくなることから明らかである。

しかし、多目的出向仮説は中心地階層における包括原理を想定している。つまり、上位階層は下位階層の業

表8・2 主要購買品種と，購買品目数および購買品種数の相関係数
標本数N＝2793

主要購買品種 （その出向での最大購買金額の品種）	相関係数	
	購買品目数	購買品種数
衣服	0.04	0.32
肌着・下着・その他衣料	0.21	0.46
服飾雑貨・靴・鞄・ハンドバッグ	0.06	0.30
化粧・医薬品・トイレタリー	0.23	0.44
家電・AV機器・カメラ・携帯電話	−0.12	0.09
パソコン・周辺機器	−0.06	0.17
宝石・貴金属・時計・めがね	−0.01	0.11
CD・ビデオソフト・DVD	0.01	0.31
スポーツ・レジャー用品	0.03	0.18
書籍・雑誌・文房具	0.14	0.48
家具・インテリア・寝具	0.01	0.15
食品	0.55	0.38
その他	0.02	0.00

注）主要購買品種変数はその品種を購買したなら1，しないならば0とするダミー変数

種に新しい業種を付加的に集積させる。このような包括原理が作用しているとすれば，食品の購買比率に階層間でそれほど大きい相違は発生しないはずである。しかし，実証結果は多目的仮説とは異なった結果を示している。これは多目的仮説のようなショッピング行動が，中心地階層の一部にのみ限定的に見られるにすぎないことを示している。

大都市中核型，広域型そして地域商店街型などの中心地は，長い間，中心地階層の上位階層として君臨してきた。その地位を支えてきたのは，商品の次数，比較購買，そして多目的出向の3仮説によって要約されるようなショッピング行動であった。しかし，この伝統的階層秩序は，以上の検証が示すように，今や急速にショッピング行動に関するその支持基盤を失おうとしている。商品の次数仮説や多目的出向はもはやこの階層秩序の基盤として作用していない。また比較購買仮説ですら，ファッションという特定の業種でしか強力に作用していないからである。

3 現代ショッピングを特徴付ける状況多様化

進行する状況多様化

それでは、現代の消費者はどのようなショッピング行動をとっているのだろうか。またその新しい消費者行動から、中心地体系にどのような階層秩序が生まれようとしているのだろうか。この問いに答えるには、少なくとも次の2点においてまず消費者像を転換する必要がある。

第1に、3種のショッピング行動仮説は、単純な経済人としての消費者を暗黙のうちに想定している。この想定のもとで、ショッピング行動は商品を獲得するための手段的な行動としてとらえられる。しかし、現代の消費者にとってショッピングはたんに商品を獲得するための手段的な行動ではない。状況によってはショッピングという行為それ自体が目的になることもある。この場合、ショッピング自体が目的になり、消費者はショッピングの過程そのものを楽しむのである。このようなショッピングは娯楽型ショッピングと呼ばれる。*2

楽しみの対象は、種々な店をウィンドウ・ショッピングしながら新しい商品の情報を集めること、売り子との対話、同伴者との語らい、値段交渉、自己の地位と豊かさの表出などである。それだけでなく、娯楽型ショッピングは、飲食、種々な文化とのふれあい、家族・友人とともに散策して時間をともにすることの楽しみも含んでいる。出向場所での滞在時間や飲食したかどうかなどを見れば、消費者のショッピングが含む娯楽的要素の程度を判断できる。

第2に、消費者と呼ばれる人たちの具体像が大きく変化している。具体像とは、誰が消費者なのか、その買

268

い物出向起点はどこか、いつ、どのような交通手段によって買い物に出かけるのかということである。かつて消費者といえば、その具体像は家族の購買代理人として行動する専業主婦を意味した。彼女たちは自宅を出向起点にして、商品などの買い物のためにほぼ毎日、徒歩か公共交通機関を利用して出かけた。そして娯楽型ショッピングは休日に集中していた。

しかし、現代消費者はもはやこのような専業主婦だけから構成されているわけではない。晩婚化や高齢化によって、女性消費者だけでなく、男性消費者を含んでいる。また、家族消費者だけでなく、単身世帯の消費者を含んでいる。さらに、就業機会の多様化、女性の社会進出などによって、娯楽型ショッピングの日時は休日だけでなく、平日にもまたがっている。さらに住居の郊外化によって多くの消費者が車を利用してショッピングを行うようになっている。

表8・3は、最多額出向でこのような状況多様化がいかに進行しているかを具体的に示している。ショッピング状況は8種の状況変数でとらえられている。それらは、探索店舗数、購買した品目数と品種数、出向場所での滞在時間、飲食したかどうか、同伴者はいるのか、買い物日時、自家用車の利用の有無である。女性と比較すれば、男性は単身出向、自家用車利用の比率が高くなり、購買品種数は同じであるが、その他の状況変数では低くなる。女性は男性に比べると、平日に同伴者を伴い、多くの店舗を探索する。また滞在時間が長く購買品目数が多く、飲食を行うことが多くなる。しかし、性差による状況変数のこのような相違は、それほど大きいものではない。

現代の消費者行動について、表8・3が示す重要な点は、性差を超えて消費者間で見られるショッピング状況の多様性である。平日か休日か、単身か同伴者がいるか、車を使うかどうか、飲食を行うかどうかに関して、

表8・3　最多額出向におけるショッピング状況変数の状態

ショッピング状況変数	全体	男性	女性
比率　％：			
平日出向者	48	42.3	53.9
単身出向者	45.1	47.7	42.5
自家用車利用率	45.4	50.2	40.4
飲食者	45.1	42.5	47.8
平均値（標準偏差）			
滞在時間	1.9 (1.4)	1.7 (1.2)	2.1 (1.4)
探索店舗数	1.9 (1.9)	1.8 (1.5)	2.0 (2.2)
購買品目数	3.8 (3.6)	3.4 (3.3)	4.2 (3.9)
購買品種数	1.7 (1.1)	1.7 (1.2)	1.7 (1.1)
標本数	2,793	1,422	1,371

消費者の選択はほぼ半々に分かれる。したがってその多様性はきわめて大きい。また、出向目的の多目性も消費者間で大きく異なる。この点は滞在時間、探索店舗数、購買した品目数や品種数について、その大きい標準偏差に示されている。

ショッピング状況多様性の3つの側面

このようなショッピング状況の多様化こそ、中心地階層というコンテキストで見た現代消費者行動のもっとも重要な側面である。これによって、現実の消費者行動は中心地体系の伝統的な階層構造が期待する姿から逸脱し始めている。このギャップが立地創造などイノベーションの機会を生み出す一方で、伝統的階層構造の適応を迫ることになる。

しかし、この内容を検討するに先立って、ショッピング状況をもっと分析しやすい形に要約しておこう。8種の状況変数の間には、相互に密接に関連すると思われる変数が相互に独立した次元にまとめてみると、表8・4のような結果が得られる。8種の状況変数によって描かれるショッピング状況は、探索・娯楽型かどうか、平日・単身型かどうか、多目的型かどうかという3つの側面に縮約することができる。

270

表8・4　ショッピング状況変数の因子分析

変数	測定	探索・娯楽型 因子1	平日・単身型 因子2	多目的型 因子3	共通度
滞在時間	分	0.795	−0.156	0.122	0.670
飲食ダミー	1＝飲食した，0＝しない	0.727	−0.221	−0.005	0.577
探索店舗数	店	0.579	0.114	0.008	0.349
単身買物	1＝単身，0＝同伴者有り	−0.248	0.769	−0.112	0.666
平日買物	1＝平日，0＝土，日，祝日	−0.134	0.688	0.125	0.507
自家用車利用	1＝利用，0＝非利用	−0.342	−0.661	0.238	0.611
購買品目数	店	−0.116	−0.068	0.823	0.696
購買品種数	店	0.248	−0.014	0.781	0.672
固有値		7.766	1.593	1.389	
分散の％		22.1	19.9	17.4	
累積％		22.1	42.0	59.3	

　各状況変数は特定の因子に高い因子負荷量（相関係数）を持ち，他の因子については低い因子負荷量を持つという意味で単純構造を示している．3種の因子による各変数の要約度を示す共通度は探索店舗数を除けばかなり高い．また，累積％を見ると，8種の状況変数の総分散の59・3％が，3種の因子によって要約されていることになる．

　3種の因子について，高い因子負荷量を持つ変数の組み合わせから見ると，表頭に示すように，探索・娯楽型，平日・単身型，多目的型と解釈することができよう．8種の状況変数はこれら3種の相互に独立した因子によって規定されている．これら3つの因子はショッピング状況多様性の基本次元である．状況多様性は基本次元におけるる各消費者の状態によって示されることになる．よく知られているように，基本次元についてのある消費者の状態は，その基本次元（因子）についてのその消費者のスコア（因子スコア）を推定することによって確認できる．

　探索・娯楽型因子に高いスコアを示す消費者のショッピングは探索・娯楽的である．彼らはショッピングの過程自体を楽しみ，ショッピング自体が目的になっている．多くの店舗を探索しながら，そ

4 状況多様化のインパクト

購買商品によって異なる状況のインパクト

平日・単身型因子は出向曜日、同伴者、交通手段などの状況を要約している。この因子に高いスコアを示す消費者のショッピングは、平日に、単身で出向し、自動車を使わない。一方、この因子に低いスコアを示す消費者のショッピングは、休日に同伴者を伴い、自動車を使う。出向曜日、同伴者の有無、車を使うかどうかといった状況変数からは、論理的には8種の状況タイプが考えられるが、現実に生じている状況の多くは、〈平日—単身—車を使わない〉と〈休日—同伴者有り—車を使う〉という2つのタイプである。

多目的型因子はその出向が多目的出向かどうかに関わっている。多目的出向では、多くの品種と品目を一度の出向で購買する傾向がある。一方で、この因子についてのスコアが低い消費者のショッピングは、単目的出向であり、購買する品種と品目の数が少ない。

の出向場所に長く滞在し、飲食を行うことが多い。一方、この因子に低いスコアを持つ消費者のショッピングは、目的商品の購買のみを目指した手段的な行動である。したがって、この因子に低いスコアを持つ消費者のショッピングは、探索店舗数は少なく、滞在時間が短いだけでなく、飲食率も低くなる。

図8・8　主要購買商品別の因子スコア

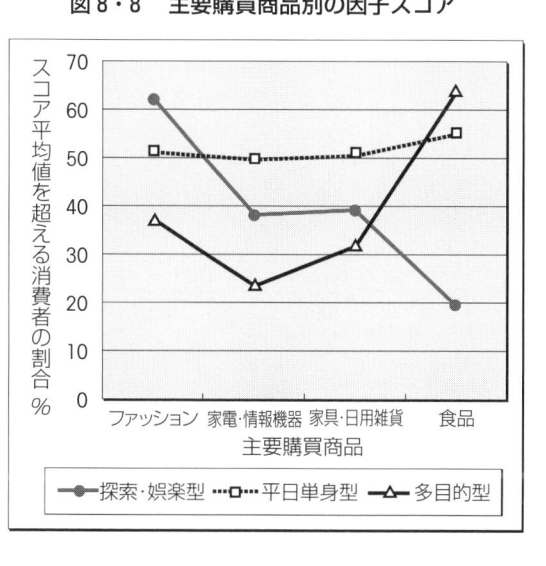

(グラフ: 縦軸「スコア平均値を超える消費者の割合 %」0〜70、横軸「主要購買商品」ファッション／家電・情報機器／家具・日用雑貨／食品。系列: 探索・娯楽型、平日単身型、多目的型)

3種の状況次元の中で、とくに探索娯楽型や多目的型のインパクトは、どのような商品を購買するかによって大きく異なっている。図8・8に示すように、これらの次元について、全標本平均値以上のスコアを示す消費者の割合が主要購買商品によって大きく異なるからである。ここでは、例えば、探索・娯楽型因子について、全標本平均値以上のスコアを示す消費者は、探索・娯楽型指向をより強く示す消費者と見なしている。平日・単身型指向を示すショッピングは、食品の場合に少し高くなるものの、主要購買商品間でそれほど大きい相違はない。〈平日―単身―車を使わない〉と〈休日―同伴者有り―車を使う〉という2つのタイプは、各商品に関して半々に分かれている。いずれの商品についても、中心地はこの多様性に対応しなければならない。

これに対して、探索・娯楽型や多目的型のショッピングは、主要購買商品によって大きく異なる。ファッションについては、60％を超える消費者が探索・娯楽型ショッピングを行う。しかし、食品に関してはその比率は20％である。家電・情報機器や家具・日用雑貨に関しては、その中間の40％になる。商品の獲得を目的とした手段的ショッピングに対して、ショッピングそのものを目的にする娯楽型ショッピングは近年注目されている。しかしそれはあらゆる商品に見られるわけではない。重要なことは、娯楽型ショッピングが主としてファッションという限定された商品領域

にとくに強く表れる点である。

一方、多目的型ショッピングも主要購買商品によって大きく異なっている。その結果は多目的出向仮説の検証結果と同じである。多目的型指向は食品を主要購買商品にする場合にもっとも強く表れ、その比率は60％を超える。これに対して、残りの商品では、その比率は20～40％の間である。多目的型ショッピングに対して、大規模中心地は多様な品種にまたがるワンストップ・ショッピングを強調してきたが、その多目的性の内容は食品に大きく傾斜していることが重要である。

状況で大きく異なる出向場所

以上の結果を念頭に置いて、ショッピング状況多様性と出向場所との関連を図8・9で見ると、状況によって消費者の出向場所は大きく異なっている。

出向場所別に見たショッピング状況の多様性は、きわめて明確なパターンを示している。第1に、探索・娯楽型を示す消費者の割合は、最上位の大都市中核では70％にまで上昇する。第2に、これとは対照的に、多目的型を示す消費者の割合は、中心地体系の階層を下るにつれて増加する。大都市中核では30％足らずであるが、近隣大型店では54％まで上昇する。第3に、平日・単身型を示す消費者の割合は、中心地階層の両端で高く、中間層の「その他の繁華街」や「自宅付近のSC」で低くなるというU字型を示している。

これらのパターンの結果、出向場所別のショッピング行動にはきわめて明確な相違が生じる。それらの特徴を強調していえば次のようになる。大都市中核へのショッピング行動のショッピング行動の主特徴は、平日に単身で行う探索・娯

274

図8・9　ショッピング状況多様性と出向場所

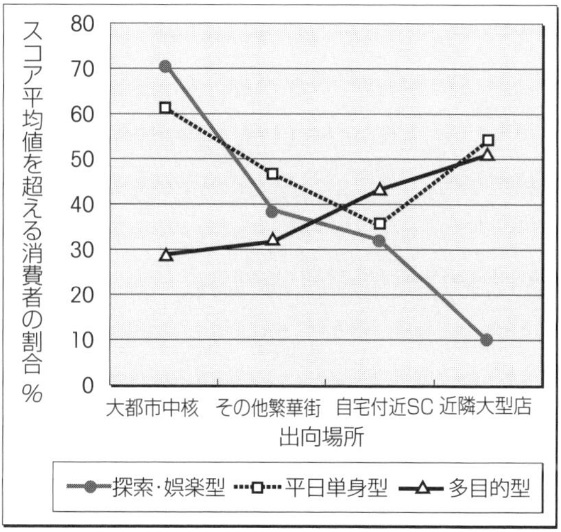
スコア平均値を超える消費者の割合％
80
70
60
50
40
30
20
10
0
大都市中核
その他繁華街
自宅付近SC
近隣大型店
出向場所
探索･娯楽型
平日単身型
多目的型

楽型のショッピング行動である。図8・8で明らかにしたように、主要購買商品という点から見ると、この種のショッピング行動はとくにファッションを主要購買商品にするときに強く表れる。

伝統的中心地体系では、最上位中心地の機能は包括的であり、全方位的である。また現代の中心地体系を商業集積という供給サイドから見れば、大都市中核は業種数、大型店面積などの点で圧倒的な集積を誇っている。この集積度から見ると、大都市中核は、ショッピング状況のあらゆる多様性に包括的に対応しようとしているように見える。しかし、ショッピング行動という需要サイドから見ると、消費者は大都市中核に対して、上記のような特化した行動パターンを示すのである。このギャップは大都市中核型で商業人口の近年における減少の重要な一因になっている。

少なくともショッピング行動から見るかぎり、現代の大都市中核は、ファッションの探索・娯楽型ショッピングという特定分野での行動対象になっている。伝統的中心地体系での最上位中心地イメージとは大きく異なり、現代消費者は大都市中核をこのように機能的に特殊化した出向場所としてとらえている。この結果はファッション以外の商品の売上低下となって現れ、大都市中核型における業種や品揃えの調整を迫るであろう。

この傾向は品揃えをとくに女性向けファッションへ傾斜しつつある先端百貨店の行動に出ている。これらの

百貨店は女人の館に変身しつつある。しかし、都市圏居住者にその顧客を依存し続けるかぎり、このような絞り込みの前途はそれほど明るくはない。ファッションに依存しながら前途をバラ色に変えるとすれば、中核都市がパリ、ロンドン、ミラノ、ニューヨークのようなファッション都市に脱皮して、その商圏を国際的に拡大し、百貨店がその拠点となる方向しかない。

「近隣大型店」へのショッピングの主特徴も、きわめて特化したパターンを示している。それは平日に単身で行われる多目的型のショッピングである。主要購買商品から見ると、この種のショッピング行動はとくに食品の場合に示される。中心地タイプからいえば、「近隣大型店」は近隣大型店型のショッピング行動の中核として機能している。その際の供給側の期待は、比較的狭い商圏における消費者の食品などの購買欲求を満たすことである。したがって、「近隣大型店」の場合には、ショッピング行動に対する供給側と需要側のギャップは存在しない。革新的SCのように専門店ゾーンを拡大し、多目的出向に備える傾向は今後もさらに強化されるであろう。

ショッピング状況の多様性への対応は、中心地階層の上下両端よりも、むしろ中間階層である「その他の繁華街」や「自宅付近のSC」によってなされている。これらの出向場所は、中心地階層からいえば広域型、地域型などの中間階層である。また前述のように、地域型より下の階層になると大型店型と商店街型に機能分化する。状況多様性の3種の基本次元から見たショッピング行動のプロフィールは、これらの出向場所間できわめて似通っている。

この事実が示す重要な点は、消費者側から見ると、これらの出向場所は機能的に代替的であるということである。中心地階層も同じような段階にあり、また機能的に代替関係に立つので、これらの買い物場所では、顧客吸引をめぐる激しい競争が発生することになる。この競争の勝者は図8・1で検討したように、「その他

の繁華街」といった伝統的商店街型中心地よりも、むしろ「自宅付近のSC」のような新興の大型店型中心地である。したがって、近未来の中間階層では、大型店型の比重がますます強まり、商店街型に代わってこの階層での中核的な中心地タイプとなってくるであろう。

郊外で広がるギャップ

状況多様性の基本次元について、消費者のスコアが平均以上か以下かによって2分すれば、3種の基本次元があるから、それらの組み合わせによって8種の状況タイプができる。図8・10は郊外都市部の居住者に絞り、これらの状況タイプ別の出向先比率を示したものである。「近隣大型店」が非娯楽型の状況タイプに対応しているのに対して、「大都市中核」は娯楽型の状況タイプに対応している。「自宅付近のSC」は対応する状況タイプから見ると、これらの中間に位置している。そのため「自宅付近のSC」がもっとも多様な状況タイプに対応することになる。

ショッピング状況の多様性によって、消費者は伝統的階層構造が期待するようなショッピング行動を示さなくなった。このギャップは、図8・10が示すように、都市圏人口の大半が集中する郊外都市部で顕著である。少なくとも商業集積から見ると、上位階層の中心地ほど状況多様性に対応しようとしている。しかし、消費者のショッピング行動に見られる特徴は、状況多様性を中間階層の中心地、とくに「自宅付近のSC」で解決しようとしている。

都市圏への人口集中は、都市圏内では人口の郊外化現象を生み出してきた。郊外化した都市圏では、ショッピング行動という点から見ると、中心地体系の各階層の機能イメージは大きく変化している。階層の両端が機

図8・10　郊外都市居住者の状況タイプ別の出向先比率　％

	探索・娯楽型		非探索・娯楽型	
平日・単身型	大都市中核 (84) 自宅付近SC (10) 近隣大型店 (2)	大都市中核 (65) 自宅付近SC (15) 近隣大型店 (9)	近隣大型店 (46) 自宅付近SC (34) 大都市中核 (13)	大都市中核 (33) 自宅付近SC (29) 近隣大型店 (24)
休日・同伴者型	大都市中核 (56) 自宅付近SC (29) 近隣大型店 (5)	自宅付近SC (41) 大都市中核 (35) 近隣大型店 (7)	自宅付近SC (45) 近隣大型店 (43) 大都市中核 (4)	自宅付近SC (43) 近隣大型店 (29) 大都市中核 (10)
	単目的出向	多目的出向		単目的出向

能的に特化する一方で、中間階層のSCがかつての最上位階層のような包括的な機能を果たし始めている。多様な消費者出向が収束し遊歩者が密集する空間領域を「まち」と呼ぶならば、大都市圏の「まち」は大都市中核よりもむしろSCになろうとしている。SCは中心地階層の中間に位置し、地理的に分散立地している。したがって大都市圏では「まち」は少数の大都市中核に集中するのではなくて、地理的に分散する構造を持つのである。少なくとも消費者のショッピング行動がこの種の機能転換を期待している。

ショッピング状況は消費者特性によって異なる

新しいショッピング行動の特質は、大都市中核や近隣大型店への特化型のショッピング行動とともに、自宅付近のSCに対する状況包括型のショッピング行動となって現れる点にある。しかし、これらの特質を担っている消費者はどのような消費者なのだろうか。大都市中核を目指しファッションを主要購買商品にして、平日・単身型や探索・娯楽型のショッピングを行う消費者は誰なのか。近隣大型店を出向先にして、平日・単身型や多目的型のショッピング

278

を行う消費者はどのようなプロフィールを持っているのだろうか。さらに、多様なショッピング状況に対応しているＳＣの顧客には何らかの特性があるのだろうか。

(1) 単身・平日型ショッピング

ショッピング行動に関連する消費者特性は多様である。その主要なものには、性差、年齢、独身か否か、幼児の有無、家族数、就業状態、職場の地理的位置、自由時間、消費支出額などがある。これらの特性をショッピング状況と関連付けるために、消費者特性を説明変数候補にして、状況次元の因子スコアを従属変数とする回帰分析を事前分析として行った。以下に示す結果は、この分析で統計的に有意になった特性要因と各状況次元の関係である。

図8・11　単身・平日型ショッピング

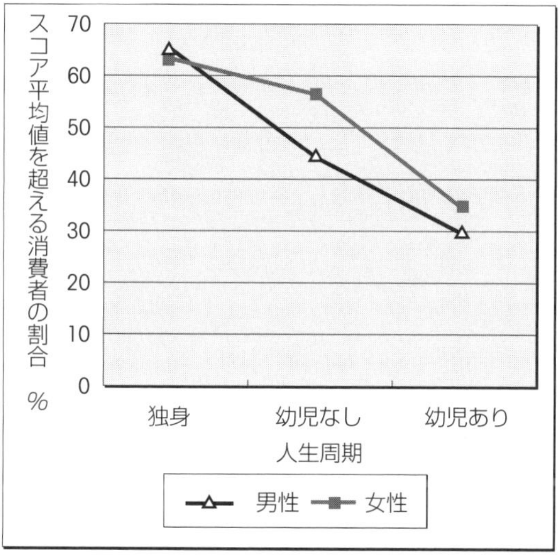

スコア平均値を超える消費者の割合 %
70
60
50
40
30
20
10
0
独身
幼児なし
幼児あり
人生周期
男性
女性

単身・平日型因子のスコアは、それが高くなると、車を利用しない単身での平日ショッピングを示し、逆に低くなると車を利用した同伴者を伴う休日型ショッピングを示す。しかし、この因子スコアと定職を持っているかどうかは関連しない。単身・平日型ショッピングに関連する要因は図8・11に示すように、性差、独身かどうか、幼児がいるかどうかである。単身・平日型指向の強い消

費者は、独身者あるいは既婚者でも幼児のいない女性消費者である。逆に、同伴者つき休日型指向の強い消費者は、幼児のいる若いファミリー消費者である。

(2) 探索・娯楽型ショッピング

探索・娯楽型指向はまず性差、年齢、定職の有無によってかなりの相違が生じる。図8・12に示すように女性は男性よりもこの指向が強い。年齢的には、20代でもっとも高く、以後50代まで加齢ごとに低下し60代以上になると低下が止まる。20代から50代までは定職の有無によっても、とくに女性の場合には明確な相違がある。しかもこれら3種の要因間には複雑な相互作用がある。

スコア平均値を超える消費者の割合から見ると、それが50％を超えるのは20代から30代の定職を持つ女性、20代の定職を持つ男性、20代の定職を持たない女性などである。年齢が若いこと、また定職かパラサイトによって経済力を持つ女性が、探索・娯楽型ショッピングの担い手の中核を構成している。このようなプロフィールは、探索・娯楽型のショッピングが主としてファッションを対象にしていることと合致している。

探索・娯楽型ショッピングは、とくに大都市中核を出向場所として指向している。しかもその主要な担い手は、親のすねをかじってパラサイト消費を楽しむ20代の女性である。定職者はショッピング時間を制約されている。しかし、探索・娯楽型ショッピングには出向場所での長い滞在時間が必要になる。彼らは時間的余裕のある休日にこの種のショッピングを楽しむのだろうか。

定職者は若くても平日は時間を制約されている。一方、探索・娯楽型ショッピングを楽しむのは、どのようにして可能になるのだろうか。この問題は大都市中核での探索・娯楽型ショッピングを平日に楽しむ

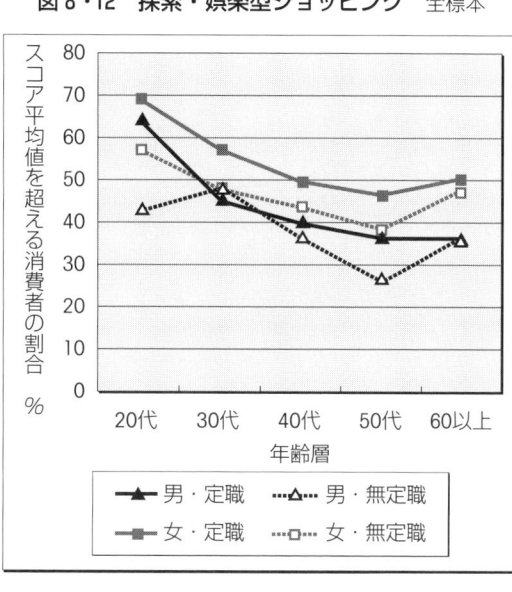

図8・12　探索・娯楽型ショッピング　全標本

（グラフ：縦軸「スコア平均値を超える消費者の割合 %」0〜80、横軸「年齢層」20代〜60以上。凡例：男・定職、男・無定職、女・定職、女・無定職）

題の鍵は就業場所の地理的位置にある。就業場所が大都市中心区であれば、店舗の営業時間の延長も相まって、仕事帰りにこの種のショッピングを楽しむことが可能になる。近年における百貨店などの営業時間延長の動きは、この傾向に対応しようとするものである。

この点は図8・13に明確に示されている。この図は、探索・娯楽型ショッピングを行う定職者のプロフィールである。20代の女性を除けば、都心就業の消費者の探索・娯楽型指向は、非職場起点の消費者に比べて、一段と強くなっている。これは職場起点のアクセスの便利さに加え、都心就業者の給与が相対的に高く経済力を持つからである。大都市中核は、若い世代の都心就業者、とくにＯＬ消費者の探索・娯楽型のショッピングによって支えられている。彼女たちの買い物目的はいうまでもなくファッション関連製品である。

大都市中核型には中心地体系でもっとも包括的な商業集積が蓄積されてきた。しかし、消費者はこの集積を支持するようには行動していない。ショッピング行動から見ると、大都市中核の機能はきわめて限定的な特化型になっている。商品から見ればファッションに特化し、客層から見れば20代・30代の都心就業女性、つまり若くリッチなキャリア女性が中核になっている。

図8・13 就業場所別の探索・娯楽型ショッピング
定職者

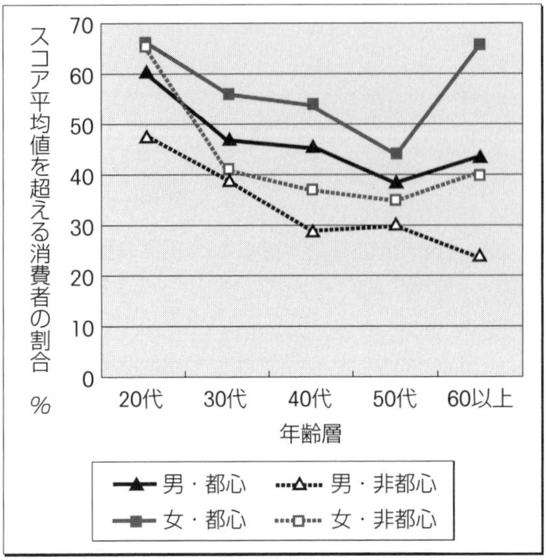

縦軸: スコア平均値を超える消費者の割合 %
横軸: 年齢層（20代、30代、40代、50代、60以上）
凡例: 男・都心、男・非都心、女・都心、女・非都心

かつて大都市中核型の中心地、つまり中心市街地はそれを取り囲む都市圏のすべての消費者が探索・娯楽型ショッピングを楽しむ場であった。またそれを象徴的に示す場が百貨店であった。かつて多くの百貨店が大食堂と屋上遊園地を備えていたのもこのためである。

しかし、現代の中心市街地を遊歩する消費者層はまったく変わってしまった。その遊歩者を特徴付けるキーワードは、ヤング、女、そしてリッチである。これらのキーワードをすべて合わせ持つ都心就業の若いOLが中核を占める。これらのキーワードのいずれも持たず、住宅借金・教育費のため生活苦にあえぐプアな中年以上の男の居場所はそこには存在しない。現代の中心市街地は伝統的中心地体系での最上位階層のイメージから遠く隔たったものになってしまった。

(3) 多目的型ショッピング

多目的型ショッピングは、探索・娯楽型ショッピングの対極にある。多目的型ショッピングは商品の購入をできるだけ効率的に行おうとする手段的行動である。この種の出向は、近年の中心地理論（多目的出向モデル）の予見に反して、中心地の上位階層に向かってはいない。むしろそれは、中間階層に位置するSCや大型店で食品を主要購買商品とするときにもっとも

282

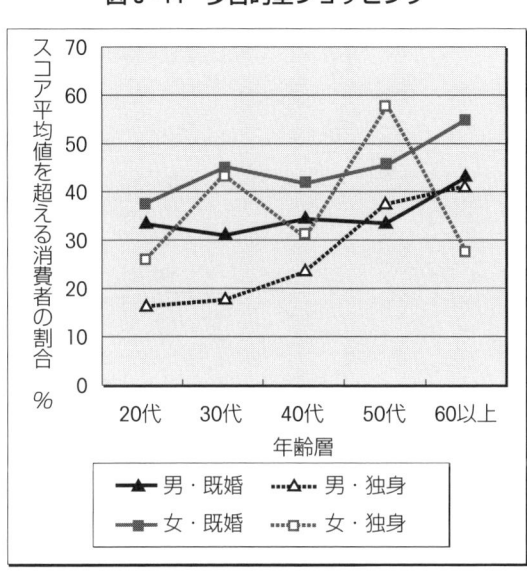

図8・14　多目的型ショッピング

多く現れる。

多目的型ショッピングに関連する要因は、性差、結婚、年齢などである。図8・14に示すように、女性独身者を除けば、多目的指向は男性よりも女性に、未婚者より既婚者に、そして加齢とともにより強く表れる傾向がある。多目的型ショッピングの主要な担い手は、家族のため購買代理人として行動する年配の女性消費者である。しかし、近未来において平日買い物に出かけられる専業主婦はますます少なくなる。また、高齢化に伴い、カー・ショッパーの数も減少していく。郊外型SCや大型店も、押し寄せるこの変化に備えて次の革新を迫られるであろう。

▼要約▲

消費者のショッピング行動には、中心地の異業種や同業種の集積についての期待が込められている。出向先の選択はこの機能期待に基づいて行われる。一方、中心地の商業集積形成は、消費者がどのような機能を期待しているのかに関する、商業者の想定に基づいて行われる。消費者がワンストップ・ショッピング機能を期待していると思

えば異業種集積が進み、比較購買を期待しているときには異業種集積が進む。しかし、時代が大きく変化しているときには、消費者の機能期待を商業者が読み違えることが多くなる。このギャップの解消は各中心地の機能適応を生み、それを通じて中心地体系の構造変化を生み出すことになる。

大都市中核型を頂点とする伝統的中心地階層は包括原理によって編成されてきた。この背後にある消費者行動についての想定は、商品の次数、比較購買、および多目的出向に関わる、3つのショッピング行動仮説のかたちでまとめることができる。京阪神都市圏での消費者行動データによって検証してみると、これらの仮説は崩壊しかけている。高額商品ほど上位階層で購買するという、商品の次数仮説は多くの品種について妥当しない。比較購買のための上位階層への出向はファッション関連業種についてのみ見られる。多目的買い物出向は、上位階層よりも中間階層の自宅付近SCを出向先にしている。

現代のショッピング行動は多様な状況によって異なっている。この状況に基づくショッピング行動類型には、探索娯楽型、平日単身型、多目的型の3種がある。購買商品という点から見ると、探索娯楽型はファッション購買に強く表れ、平日単身型には品種間差異はないが、多目的型は食品購買の特徴である。出向場所という点から見ると、探索娯楽型は大都市中核など上位階層指向が強い。一方、多目的型は自宅付近のSCなど中下位階層を出向先とし、平日単身型は中心地階層の上下両端で強くなる。

このようなパターンが生じる主要な理由は、消費者特性によってショッピング状況が大きく異なるからである。都とくに都心に勤務する若いOLは、ファッション購買を目指した探索娯楽型のショッピングを行う傾向が強い。都市百貨店などが立地する大都市中核への商業集積への消費者期待は、このようなファッション集積での常時的購買である。一方、年配の専業主婦の場合、食品を中心にした多目的出向は自宅付近SCを主要出向先としている。中心地体系に対する消この層の消費者は、かつて最上位階層が果たしていた包括的機能をSCに求めだしている。

費者のこのような機能期待の変化によって、伝統的中心地体系は大きい構造変化の過程にある。

注

1 W. J. Reilly, *Methods for the Study of Retail Relationships*, Research Monograph No. 4 of the Bureau of Business Research, University of Texas, 1929; D. L. Huff, "Defining and Estimating a Trading Area", *Journal of Marketing*, Vol. 28, No. 3, 1964.

2 cf. M. B. Holbrook and E. C. Hirshman, "The Experiential Aspects of Consumption: Consumer Fantasies, Feelings and Fun", *Journal of Consumer Research*, Vol. 9, September 1982; P. H. Bloch, N. M. Ridgeway and J. E. Nelson, "Leisure and the Shopping Mall", *Advances in Consumer Research*, Vol. 18, 1991, pp. 445-452; P. Falk and C. Campbell, "Introduction", in P. Falk and C. Campbell, eds., *The Shopping Experience*, Sage, 1997; 田村正紀、流通原理、千倉書房、2001年。

3 初田亨、百貨店の誕生、三省堂、1993年（筑摩書房・ちくま学芸文庫、1999年）参照。

エピローグ

流通イノベータの立地創造によって、都市圏商業の中心地体系は新しい姿を現そうとしている。最後にその今後に予想される発展方向について素描しておこう。

最上位に位置する大都市中核型（中心市街地）は、ますます包括的な機能を果たさなくなってきている。伝統的体系では、大都市中核型はそれ以下の階層の中心地が持つあらゆる業種を包括的に集積し、都市圏の全域を傘のごとく覆う広大な商圏を持っていた。その集積は都市圏のファミリー買い物客の重要な出向先であった。かってその中核をなした都市型百貨店が、まさしく百貨を揃え、大食堂と屋上遊園地を備え、種々な文化催事、物販催事によって都市圏全体から顧客を吸引してきたのは、伝統的体系において大都市中核型の中心地が果たしていた機能を象徴している。

新しい体系での大都市中核型は、このような姿とは大きく異なっている。大都市中核型は包括的な機能を持つ商業集積から、機能的に高度に専門化した商業集積へと変貌しつつある。大都市中核型の商業集積は、アパレル、装身具、靴、化粧品、グルメ食品など、大型化した高級ブランド路面店がその周囲の街区を占拠し始めている。これらの業種によって構成され、ファッション関連業種に傾斜しようとしている。百貨店の中心売場は、これらの商業集積に群がる主要な消費者を特徴づけるキーワードは「リッチ」、「若い」、「女」である。具体的には都心の一流会社に勤める若きOLたちである。現代の大都心中核型はこの種の顧客を主標的にした女人街と化した。しかし、このような方向はそれをすでに飽和に近づきつつある。新しい波を担うのは、伊勢丹新宿メンズ館のような男性ファッション集積と、ヨドバシ梅田に代表されるような都心への家電大型店進出である。すでに梅田の阪急百新宿伊勢丹メンズ館の先端的試みには、他の百貨店による模倣が発生する可能性がある。近未来で大都市中核型が発展するには、さらに新しい波が必要であろう。新しい波を支える市場規模から見るとすでに飽和に近づきつつある。

貨店はその大規模な改装に伴い、2008年度に別館のメンズ館を新設した。また、リッチで、若い、男の傾斜消費の対象はハイテク情報機器である。これらの波が本格化すれば、都心には男人街が出現するかもしれない。そしてグルメ街や高級シティ・ホテルが出会いの場を提供することになろう。これらに加えてアジアからの買い物ツアー客の到来が大都市中核型を変える新しい波になる。

しかし、いずれにせよ、大都市中核型の中心地がその商業集積の性質と来街客から見て、機能的に高度に専門化されていくことには変わりはない。大都市圏での大都市中核型の中心地は、生活用品に関しては都市圏全体から十分な住民顧客を吸引することはますます困難になる。都市圏全体があまりにも広域化し、郊外部に革新的SCや先端的専門店の出店が続いているからである。大都市中核型の発展は、その商圏が都市圏を、さらには国境を越えて、顧客を吸引できるかどうかにかかっている。このために、地価の高い都心でのビジネスを可能にする商材の開発と都心のアメニティの刷新の模索が続くであろう。

新しい中心地体系は、その階層の最底辺の街角ショップ（商業集積未成熟地帯）でも、伝統的体系と大きく異なり始めた。伝統的体系では街角ショップは生業的な零細個人商店が散在的に立地する場所であった。しかし、新しい体系では街角ショップは、先端的専門店が孤立立地によって立地創造を行う場所になった。街角ショップでの商業地地価の低さ、バリュー消費を目指して、要求品質水準をみたす商品をできるだけ安く購買しようとする価値ハンターのモビリティ、そして彼らを強力に吸引する専門店のマグネット売場が、街角ショップでの専門店の立地創造を支える支柱である。

先端的専門店による立地創造は、街角ショップで今後もますます盛んになるであろう。専門店のビジネス・モデルでは、マグネット売場のフォーマット開発を構築すれば、後はその急速なチェーン展開が成功のカギに

なる。家電、家具などの業種を除けば、多くの専門店業種カテゴリーで売場面積が1000㎡未満でも、現在の競合状況ではマグネット売場の構築に十分な「大型化」が可能である。この面積以下であれば、大規模小売店舗立地法の適用除外となり、出店はまったく自由になる。さらに、街角ショップでは急速な店舗展開のための出店用不動産物件が容易に発見できるだけでなく、商業地地価の水準が専門店のビジネス・モデル基準を満たしている。

街角ショップでの先端的専門店のチェーン展開によって、周辺の個人商店だけでなく、近隣商店街、地域商店街での中小商店は存続できなくなる。専門店業種がこれらの商店の業種と大きく重複するだけでなく、その店舗競争力に圧倒的格差があるからである。生態学的にいえば、これらの商店は専門店の格好の捕食の対象である。一般に小売店舗の損益分岐点売上高比率は高いので、数パーセントの売上減が続いても経営的には存続できない。街角ショップでの専門店のチェーン展開によって、今後も個人商店の減少、それによる多くの商店街の崩壊が続くことは必至である。中小小売業からなる商店街として生き残れるのは、京都の呉服関連集積や神戸の真珠集積のように、生産・流通の拠点に位置するか、あるいは特有の地域文化・観光資源に支えられているところなど、少数に限られるであろう。大店法、改正大店法、大店立地法と半世紀近く続いている大型店規制は、中小商業保護を隠れた目的とするかぎり、今後もモグラ叩きゲームを続けなければならないだろう。

新しい中心地体系では、地域型中心地への分散化と集中化が同時に進行している。地域型中心地には伝統的中心地の最高位階層である大都市中核型が持っていた包括機能が分散化され始めている。先端ファッションや超高級品を除く、ほとんどの生活用品は地域型中心地で入手できるようになった。また、比較購買や多目的購買を行う消費者は、近隣型中心地を飛び越えて地域型中心地に出かけるようになった。

しかし、地域型中心地のすべてが興隆しているわけではない。地域型の階層では中心地は商店街型と大型店型に分かれる。中心地機能の強化によって急速に発展しているのは大型店型の地域中心地である。その中心は、とくに世紀の変わり目あたりから開発され始めた革新的SC、具体的には、広大な駐車場、モール（買い物遊歩道）を備え、有力専門店をテナントに、大型店をキーテナントにした大型ショッピング・センターである。

革新的SCは、伝統的な商店街型の地域中心地に匹敵する商業集積を立地創造によって一気に開発することに成功した。その成功要因を要約すれば、SCの全体規模が地域商店街型中心地にほぼ匹敵すること、広大な駐車場の完備によって車アクセスに関して商店街に対して圧倒的優位を確立したこと、GMS（総合量販店）や有名百貨店などの巨大店舗を核店舗にするだけでなく、それと同じ規模の専門店ゾーンをもうけたこと、そしてそのゾーンに有力専門店を動員したことなどである。

近未来を見ると、商店街型と大型店型、とくに革新的SCとの競争力格差はさらに開いていくであろう。格差拡大の最大の要因は、顧客吸引力の強い大型店、専門店を誘致できるプラットフォームを商店街型が欠いているのに対して、革新的SCなどはそれを整備し始めたからである。このプラットフォームとしての要件は、たんに低い商業地地価や十分な開発用地だけではない。もっとも重要なのはその管理機構である。革新的SCの競争力はその運命共同体モデル（第6章）に支えられている。重要な点はこのモデルが有力テナントの動員だけでなく、テナントの円滑な入れ替えによって、SC構成メンバーを市場環境の変化に対応して最適状態に保っていく機構を備えていることである。消費者の嗜好が急速に変化し、またそれに対応して専門店などの盛衰が激しい時代では、このような機構は競争力の維持にとって不可欠の機構である。

地域商店街型は、まちづくり3法などによる、タウン・マネージメントの支援を受け始めている。これはS

Cなどの管理手法を商店街などに適用しようとするものであるが、あくまでも外形的な適用にとどまらざるを得ないであろう。運命共同体モデルによるテナントの入れ替えなど、革新的SCが持つ厳しい管理システムは商店街には導入できないからである。ますます厳しくなる市場環境下での商業集積は、絶えず強者のみを選別して団結していく集積だけである。それは映画「トップガン」（トップガンとはエリート空中戦訓練学校のこと）の世界あるいは野球、サッカーのプロ・チームの世界に似ている。

大規模小売店舗立地法の施行によって、1万m²を超える革新的SCの開発可能地区は、商業地区や準工業地区に限定されるようになった。都市計画用途地面積から見ると、その開発可能面積はほぼ半減した。さらに、高齢化、晩婚化に伴う人口の都心回帰に対応して、革新的SCは、今後ますます都市近郊に立地するようになるだろう。その際、郊外地区の鉄道急行停車駅の駅ナカ、駅周辺が開発用地として注目されることになろう。このような立地パターンが多くなると、店舗間、商業集積間の近接競争が各地に現れる。淘汰競争は店舗間だけでなく吸引競争は、距離よりもその施設のアメニティにますます依存するようになる。商業中心地間の顧客集積間でさらに広がるであろう。

大都市圏では、立地創造が今後も中心地の興亡を決める主要な要因として働くだろう。大都市圏市場の特徴は、高密度人口、縦横に張り巡らされた交通網、そしてコミュニティや職場、学校などでの口コミ、携帯電話によるメール、高頻度のコミュニケーション・ネットワークが発展している点にある。このような市場では、アメニティの高い店舗、集積を開発すれば、その立地場所にそれほど関係なく、多くの顧客を吸引できる。つまり、大都市圏市場は、立地創造の多くの機会を提供しているのである。

大都市圏では消費者の所在場所は、生活時間の中で大きく揺れ動いている。平日・休日間の変動だけでなく、1日の時間帯によっても大きく揺れ動く。大都市圏市場はたんに地理空間的な位置だけでなく、時間帯など時間軸をあわせて2次元で変化している。時空間で大きく動く市場では、立地創造の機会は際限なくある。しかし、このような機会が見えるかどうかは2つの要因に依存している。1つは利用する情報システムであり、他の1つは開発する店舗あるいは集積のコンセプトである。

地理空間情報システムについては技術的にはすでに高度に発展している。町丁別あるいは種々なグリッド・サイズでのメッシュ・データベースによって、多様なデータが空間情報として利用できる。SUICAやICOCAなどのICカード、それらの連係によって公共交通機関による人々の移動をとらえることも容易になった。さらに、GPS（全地球測位システム）と携帯電話の普及・発展によって、移動している消費者の地理的位置も容易に確認できるようになってきた。都市圏の顧客の地理的・時間的流動を即時にとらえる市場レーダーを作るための技術基盤はほぼ完成の域に達している。今後の発展はこれらの技術を利用して、流通業務をサポートするかどのような市場レーダーを構築するかである。その際、時間情報をどう組み込んだデータベースを構築するかが成功の決め手になる。

しかし、立地創造の機会が見えるかどうかは、利用する情報システムだけでなく、どのような店舗あるいは商業集積を開発するのか、つまりその開発コンセプトにも大きく依存している。開発コンセプトによって、都市圏市場の見え姿が異なってくるからである。開発コンセプトは都市圏市場についての仮説の集合体であり、それらの仮説が必要情報項目をふるい分ける基準になるからである。さらに、利用情報システムと開発コンセプトは相互依存的である。利用情報システムによって開発コンセプトが構想されるとともに、開発コンセプ

によっても情報システムのデザインの詳細は異なってくる。いずれにせよ、立地創造は次世代流通のもっとも挑戦的な課題であり、それを制するものが次世代流通の勝者のための重要な条件を備えることになろう。

付録 I 京阪神都市圏データの主成分分析の詳細

第2章での京阪神都市圏における店舗集積データの主成分分析についてその詳細を述べておこう。店舗集積データの場合、複数の変数は各業種の店舗数であり、合成変数は異業種集積タイプを表す。その因果図式では、合成変数が従属変数で複数の変数が独立変数である。

主成分分析は、計算手法上、因子分析に似ているが、その因果図式は異なる。主成分分析の場合、合成変数が従属変数で、複数の変数が独立変数である。一方、因子分析の場合、合成変数は潜在変数で、複数の変数は従属変数になる。[*1]

分析は137業種の中で、主成分分析に必要な標本数が確保できる134業種について行われた。因果図式の観点からいえば、この合成変数が独立変数で、立地場所間でfの分散ができるだけ大きくなり、立地場所間のfの差異がはっきりと現れるようにwiをデータから決定しようとする。この合成変数fを主成分、その値を主成分スコアという。

このために、主成分分析は、業種iの店舗数Xiにウェイトwiを与える線形結合（1次式）によって、異なる業種店を総合した合成変数fを作成する。この線形結合は、下の囲みのような式で表すことができる。その際、立地場所でfの値の分散がどのような業種からなる集積が形成されているかを導出する方法である。

これらの業種は、3788か所の立地場所（1㎢のグリッド）のいずれかに多様な店舗数で立地している。その全体は本論の表1・2（34ページ）のような形式の集積行列で示される。主成分分析は、どのような業種からなる集積が形成されているかを導出する方法である。

$$f = w_1 X_1 + w_2 X_2 + \cdots + w_{134} X_{134}$$

一番目に導出された主成分によっても元のデータの分散が要約しきれないとき、その主成分とは独立（つまり相関係数が0）の第2主成分が導出される。元のデータの分散要約度の大きさの順に、第1主成分、第2主

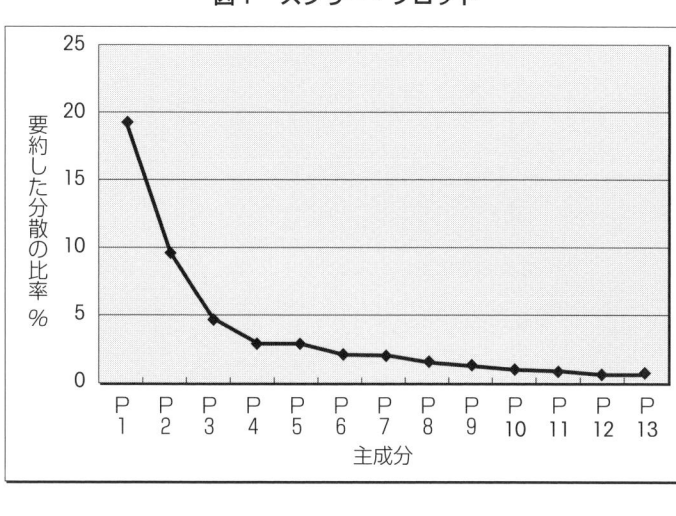

図1 スクリー・プロット

成分、第3主成分と呼ぶ。主成分分析によって得られる主成分の最大数は、変数 X_i の数だけであり、業種が134の場合には134になる。しかし、この分析では、通常の手順通りにデータの分散を、平均以上に要約する主成分（つまり固有値が1以上の主成分）のみを導出した。

主成分は原データ（集積行列）からは直接に導出できない。主成分を導出するには、原データから、まず相関行列あるいは分散－共分散行列を計算し、それから主成分を導出する必要がある。このため主成分分析に際しては、相関行列と分散－共分散行列いずれを使うかの選択がある。どちらを使うかによって、導出される主成分の性格は異なってくる。相関行列を使うと原データは標準化されるから、主成分を定義するに際しての各業種のウェイトは同じになる。これに対して、分散－共分散行列を使うと、店舗数が多く、したがって分散が大きくなる傾向のある業種ほど、主成分を導出する際に大きいウェイトが与えられることになる。

店舗集積の性格を解明するには、各集積における構成業種だけでなく、各業種の店舗数も重要な要素であるので、相関よりも分散－共分散の方がより意味のある結果の導出が期待できる。さらに、データの測定単位が異なるときには相関を

使う以外に手はないが、ここで分析する業種データはすべて1㎞メッシュ（1㎢）当たりの店舗数という同じ測定単位を持っている。このような理由で第2章の主成分分析を行った。バリマックス基準では、分散―共分散行列を使い、バリマックス基準によって直交軸を導出する主成分分析を導出する際に使われる標準的なオプションである。

固有値が1以上の主成分として15の主成分が析出された。これらの主成分の内、いくつまでを検討の対象にするかの標準的な判断は、各成分が元データの総分散をどの程度に要約しているのか、そして各成分が異業種集積の観点から見て意味があるかどうかに基づいて行われる。

まず、15の各主成分が原データの分散を説明している様子は、図1のスクリー・プロットに示されている。通常の手順によれば、スクリー・プロットで曲線が平らになる直前までの、主成分が解釈のために残されることになる。図1を見ると、明らかに残すべきは第2主成分P2までであり、第3主成分は残すか残さないかの境界になる。本論の分析では、第3成分までを主要な異業種集積タイプとして議論している。

原データの総分散の19・3％を第1主成分が要約し、第2主成分と第3主成分はそれぞれ9・6％と4・8％を要約している。通常の主成分分析からいえば、この結果は我々の分析にとってそれほど重要ではない。要約される分散比率は、原変数が多くなり、また標本数が多くなるほど、要約される分散比率は低下する。この研究での原変数は134個であり、また標本数は3788であるから、通常の主成分分析に比べると原変数も標本数もきわめて多い。要約比率が低くなっているのはこの影響である。

さらに、第2章での研究目的は、134業種をたんに少数業種に縮約することではなく、業種間の集積パタ

ーンを明らかにすることである。どのような業種が相互に密集する傾向があり、またどのような業種は密集傾向を持たないのかを明らかにすることである。ある業種がいずれの主成分にも組み入れられないことは、その種の業種が商業集積を形成しないことを意味し、そのこと自体も異業種集積パターンの研究にとって重要な結果である。

次に、15の主成分が異業種集積としてそれぞれ意味があるかどうかは、主成分分析の主要なアウトプットである主成分構造行列に基づいて行った。この行列は業種と主成分の相関係数を要素としている。京阪神都市圏データの場合、それは134（業種）×15（主成分）の行列である。この相関係数は主成分分析では負荷量と呼ばれている。

負荷量はある業種と主成分がいかに密接に関連しているかを示している。負荷量の絶対値が大きい（つまり1に近い）ときには、主成分はその変数とほとんど同じ情報を共有している。逆に負荷量がゼロに近いときには、両者は共通の情報を持たない。したがって、ある主成分がどのようなタイプの異業種集積を意味しているかを解釈する際には、その主成分と大きい負荷量を持つ業種に注目して行うことになる。この結果、第1主成分は買い回り集積、第2成分は最寄り集積、第3主成分は生鮮集積と名付けられた。さらに残りの主成分と高い負荷量を持つ業種を検討した結果、和装関連、車関連、子供関連などの、機能特化型の小規模な異業種集積タイプが存在することが明らかになった。

第2章の表2・2、表2・3、表2・4、表2・7で示した各集積タイプの構成業種は、主成分構造行列（134業種×15主成分の行列）から、次の2つの基準を共に満たす業種を選び出したものである。第1は、単純構造基準である。各業種が特定の主成分に高い負荷量を持ち、その他の主成分に対しては低い負荷量を持

つとき、その主成分構造行列は単純構造を示すといわれる。このコンセプトに照らして、単純構造基準とは特定主成分に、もっとも高い負荷量を持つ業種である。どの程度の大きさがあれば、負荷量を有意と考えるかについていくつかの考え方がある。本研究の標本数がきわめて多いこと、および多くの研究者の研究慣行から見ると、0.4以上であればその有意性にはほとんど疑義がでないと思われる。

ある主成分を構成する業種の立地パターンは、相互に共変動する傾向が強い。これらの業種の数とその構成比はメッシュ間で共に大きくなったり、あるいは少なくなったりする。つまり、主成分の構成業種は共に異業種集積を形成する強い傾向がある。

しかし、所属する主成分が異なると、それらの業種は立地パターンにどのように関連するだろうか。この点に関して重要な判断基準は、問題の業種が特定の主成分についてのみ高い負荷量を持っているかどうか（つまり単純構造）かどうかである。その業種が単純構造を示すかぎり、その業種と他の主成分に単純構造を示す業種の立地パターンは独立である。つまり、共に集積するとも集積しないともいえない。しかし、単純構造を示さない業種は複数集積で密集する傾向がある。

注

1　主成分分析と因子分析の相異については、柳井晴夫、緒方裕光編著、SPSSによる統計データ解析、現代数学社、2006年などを参照。

2　cf. K. McGarigal, S. Cushman, S. Stafford, *Multivariate Statistics for Wildlife and Ecological Research*, Springer Science + Business Media, 2000.

付録 II 店舗空間分布の確率モデル

第3章の店舗立地パターンの確率モデルで、立地パターン識別の基準になるのはランダム・パターンである。店舗立地のランダム・パターンとは、次の2つの条件を満たすようなかたちで、ある特定業種の店舗が都市圏に次々に出店していった場合に生じる店舗の空間分布パターンである。

このランダム・パターンを基準にして、多様な分布パターンを識別していくのがこのモデルの特徴である。

1 等確率の条件

都市圏のどの地点も都市圏でのその位置に関わりなく、店舗立地が生じる等しい確率を持っている。したがって、都市圏を等しい大きさの正方形（グリッド）でメッシュに区画すると、あるグリッドが店舗立地点を含む確率は他のいかなるグリッドとも同じである。

2 独立の条件

都市圏での店舗立地点の位置は、他のいかなる店舗立地点の位置とも独立である。

これら2つの条件に一致するような店舗立地点は、いずれもランダムに立地しているといわれる。そしてM個のそのような店舗立地点がランダムな空間パターンであり、ランダムな空間パターンの店舗立地点過程の実現である。

もしM個の店舗立地点が都市圏でランダムに立地しているのならば、ある店舗立地点がその都市圏での面積Aの特定区画（グリッド）に入る確率は、確率λaで生じる事象であると見なすことができる。ここでλはこのランダムな空間立地点パターンの密度、つまり単位面積当たりの立地店舗数である。

例として、都市圏が面積aを持つ正方形領域であると考え、それをさらにn個の非常に小さい正方形領域

302

（グリッド）へさらに細分することを考えよう。そしてこの小さく細分された正方形領域を細分領域と呼ぶことにしよう。この際、細分領域は非常に小さいので、そこに1つ以上の立地点が入る確率はnが非常に大きくなるにつれてゼロに近づき、ほとんど重要でなくなると想定しよう。その際、各細分領域の面積は、下の①である。

次に、面積 a の正方形領域で、r個の店舗立地点を発見する確率はどうなるだろうか。まず、その細分領域がいかなる店舗立地点も含まない確率は②である。また、n個の細分領域から、ただ1つの店舗立地点を持つr個の細分領域の組み合わせの数は③だけある。ここで！は階乗記号で、この記号の前に来る数よりも小さい自然数を掛け合わせることを意味する。これらの組み合わせの各々が生じる確率は④であるから、面積 a の正方形下位領域で、r個の店舗立地点を発見する確率は(1)式の2項分布で与えられることになる。

しかし、実際のデータをこの式を使って計算することは、nが大きい場合にはきわめて面倒である。実際、λaを一定に保ったまま、nがきわめて大きくなると、式(1)は式(2)のようなポアソン分布に近づくことが知られている。

ここでexpは自然対数の底、e＝2・7128である。

$$A = \frac{a}{n} \cdots ① \qquad 1 - \frac{\lambda a}{n} \cdots ② \qquad {}_nC_r = \frac{n!}{r!(n-r)!} \cdots ③$$

$$\left(\frac{\lambda a}{n}\right)^r \left[\left(1 - \frac{\lambda a}{n}\right)\right]^{n-r} \cdots ④$$

$$P(r) = {}_nC_r \left(\frac{\lambda a}{n}\right)^r \left(1 - \frac{\lambda a}{n}\right)^{n-r} \cdots (1)$$

$$P(r) = \exp(-\lambda a) \frac{(\lambda a)^r}{r!} \qquad (r = 0, 1, 2, \cdots,) \cdots (2)$$

ポアソン分布のよく知られた性質は、その平均値と分散が等しく、ともに λa になるということである。この性質を使って、式(2)のポアソン・モデルは、都市圏メッシュ・データでとらえられた同業種分布パターンを識別する方法を提供してくれる。

メッシュにおけるある特定の業種の分布がポアソン分布に従っているかどうかは、その分布の平均と分散を見ればよい。ポアソン分布の平均と分散は等しいから、その分散を平均で除した分散・平均比率は、完全にランダム・パターンに従うときには1になる。その際、分布パターンは第3章図3・2のBに似たようなものになるはずである。

分散・平均比率が1よりも小さくなればなるほど、分布パターンは図3・3のAに示す規則的パターンに近づいていく。規則的パターンでは、多くのメッシュ・グリッドがその業種の1店舗を含み、他のメッシュ・グリッドは店舗が存在せず、同業種集積が見られるグリッドは数少ないことを期待できよう。一方で、分散・平均比率が1よりも大きくなればなるほど、店舗はいくつかのメッシュ・グリッドで同業種集積を形成し始め、特定メッシュ・グリッドに店舗数が偏ることになる。その極限においては、すべての店舗が1つのグリッドに集中するという図3・3のCのような分布パターンになる

$[2／(N－1)]^{1/2}$ …①

t 値＝(観察された分散・平均比率－1)／$[2／(N－1)]^{1/2}$

この有意性検定の結果によって、

分散・平均比率－1＞0ならば、集中パターン

分散・平均比率－1＝0ならば、ランダム・パターン

分散・平均比率－1＜0ならば、規則的パターン

である。

であろう。

このように、空間分布パターンのポアソン・モデルは、集中か分散かのパターンを、ランダム・パターンを基準にすることによって統一的に分析することができる。分散・平均比率は、同業種店舗の集積効果を表しているとも解釈できる。それが大きくなると集積効果が大きくなり、ゼロに近づくと集積効果はなくなっていく。

メッシュ・データについて、観察された店舗数の分布がポアソン分布からどの程度に乖離しているのかは、観察された分散・平均比率と1との差異の有意性検定によって検証できる。観察数をNとすると、この差異は前ページの囲みの①のような標準誤差を持つことが知られている。したがってt値を使って自由度 (N−1) のt検定を行うことができる。[*1]

注

1　A. Rogers, *Statistical Analysis of Spatial Dispersion*, Pion, 1974 ; P. A. Rogerson, *Statistical Methods for Geography*, Sage, 2001.

ＳＣ開発の組織体系……………181
ＳＣ開発を行う市場領域 ………186
ＳＣ建設……………………192
ＳＣ専業デベロッパー …………182, 185
ＳＣ駐車場 ……………………160
ＳＣのアメニティ ………………189
ＳＣの営業利益 …………………191
ＳＣの開発過程 …………………185
ＳＣの核店舗 ……………………183
ＳＣの活動様式の計画……………189
ＳＣの商業集積の特徴……………157
ＳＣの発展史 ……………………163
ＳＣフォーマット ………………186
ＳＣ用地に適した立地条件………187

ファッション業種··················265
フォーマット······················18
負荷量···························51
複核型ＳＣ······················184
付置地代論······················58
歩率···························209
分散の規則的パターン··············89
分散・平均比率················85, 95
平日・単身型····················271
平日・単身型指向················273
ベリー······················15, 115
ベリーらの実証研究···············116
ポアソン・モデル·················86
ポアソン分布················85, 304
包括原理·······················256
包括原理のダウンサイジング·······245
法人店舗·························9
ホテリング・モデル················73

【マ行】

マグネット売場··················227
マグネット店舗··················227
「まち」························278
街角ショップ······15, 135, 152, 246, 289
街角ショップでの立地創造·········248
街角ショップ比率················246
街角ショップへの孤立立地········246
まちづくり3法······42, 188, 192, 245, 291
無転換比率·····················148
無店舗販売······················111
メッシュ························23
最寄り集積················55, 63, 121
最寄り品························78
最寄り品カテゴリー···············64

【ヤ行】

夜間人口·····················57, 58

【ラ行】

ランダム・パターン············84, 302
リースバック····················190
立地グリッド比率·················82
立地創造···············18, 135, 193
立地創造の大きさを示す指標·······196
立地創造の機構··················196
立地独占·························19
流通イノベータ················13, 16
流通イノベータの立地創造·······288
流通革命·····················10, 17
流通産業······················12, 30
理論事例研究··················22, 29
隣接立地······················14, 33
累積的吸引の理論·················74
ロードサイド立地················247

【ワ行】

和装関連集積····················65

【数字・欧文】

ＧＰＳ（全地球測位システム）······293
１９９９年度の中心地体系········145
１kmメッシュ···················118
2次元の平面市場·················76
2段階クラスタ分析············126, 144
ＳＣ··················156, 159, 180, 183
ＳＣ開発························161
ＳＣ開発戦略···················186
ＳＣ開発年度···················173

中心地体系の複合体………………131
中心地体系の変化…………………143
中心地体系変数……………………144
中心地タイプ………………………127
中心地タイプ転換…………………147
中心地の階層…………………32, 107
中心地の機能基盤…………………119
中心地の機能成果…………………119
中心地の機能分化…………………121
中心地の顧客吸引力………………198
中心地の成果指標…………………124
中心地理論………………42, 43, 107, 117
地理情報システム…………………25
地理的分布パターンの概念………82
賃料格差……………………………205
賃料形態……………………………207
賃料収入の現在価値………………208
賃料収入モデル……………………208
賃料補助金…………………………211
定額＋歩率…………………………212
定額＋歩率という賃料契約………211
定額家賃……………………………209
定期借家契約………………………213
低次商品……………………………44
テナント・ゾーン…………………162
テナント・ミックス………………212
テナント賃料………………………191
テナントの売上高管理システム…212
デベロッパー………………………181
伝統的中心地理論の基本的主張…110
店舗の空間的分散…………………84
店舗の立地パターン………………33
同業種集積………………33, 35, 99
同業種集積効果……………………222
同業種集積の効果…………………97
同業種集積の古典理論……………73
同業種集積の放射モデル…………97

同業種店舗の立地パターン………81
同業種の集積効果係数……………231
同質的競争…………………………5
淘汰競争………………5, 9, 167, 228
ドーナツ化現象……………………111
都市型百貨店………………………288
都市圏………………………………11
都市圏小売商業……………………11
都市圏小売体系…………………13, 18
都市圏小売体系の構造変動………18
都市圏人口1人当たり小売販売額…124
都市圏での商業人口成長率………171

【ナ行】

内部化……………………………122, 222
内部化された異業種集積…………122
日本型流通システム………………8
日本のＳＣ…………………………157
日本標準産業分類……………23, 25, 27

【ハ行】

バイイング・パワー………………227
波及効果……………………………196
バリュー消費………………………289
バリュー商品…………………225, 226
阪神地区消費者調査………………29
非買い回り集積……………………121
比較購買…………………………35, 79
比較購買仮説……………89, 256, 263
ビジネス・モデル…………………185
非特化業種…………………………62
百貨店……………………17, 122, 275
百貨店の店舗数……………………155
ファッション……………………51, 55
ファッション関連業種……………288

(5)

専門店の品揃えの広さ	223
専門店の出店指向	244
専門店の同業種集積パターン	231
専門店のビジネス・モデル	240, 289
専門店の立地	233
専門店の立地創造	244
専門店の立地パターン	230, 238
専門品	78
総合量販店	122, 154
総投資営業利益率	190
組織指令	222
損益分岐点売上高	44, 108

【タ行】

大規模小売店舗法	161
大規模小売店舗立地法	292
大都市圏	12, 24, 118
大都市圏市場の特徴	292
大都市圏中心地体系	136
大都市中核	15, 275
大都市中核型	130, 282, 288
大都市中核型の複核化	142
ダイヤモンドシティ	187, 209
タウン・マネージメント	291
多階層型の集中	95
「ただ乗り」	205
多目的買い物出向	35
多目的型	271
多目的型ショッピング	282
多目的出向	46, 61, 114
多目的出向仮説	257, 265
多目的出向指向	201
多目的出向モデル	47, 48
多様な賃料形態	206
探索価値	91
探索・娯楽型	271

探索・娯楽型指向	273
探索・娯楽型ショッピング	280
探索費用	91
単純構造	50, 300
単身・平日型ショッピング	279
地域大型店型	134, 147
地域大型店型の急増	148
地域階層	146
地域型	146
地域型中心地への分散化と集中化	290
地域・近隣階層での機能分化	133
地域商店街型	133, 153, 242, 291
地域中心地	15
地域密集	76, 83
地方中核都市	12
地方中核都市の中心市街地	245
地方都市圏	20
中央値	172
中心地	14, 43, 106
中心地階層	120, 134
中心地階層の区分技法	125
中心地階層の特徴	43
中心地階層別のグリッド数	159
中心地性	14, 32, 43, 119
中心地性指標	144
中心地性の構造基準	15
中心地性の指標	118
中心地体系	16, 106, 107
中心地体系における量的変化	145
中心地体系の階層構造	127, 149
中心地体系の階層分化	125
中心地体系の機能基盤	33, 98
中心地体系の構造	32
中心地体系の構造分析	27
中心地体系の全体的な構造特性	144
中心地体系の伝統理論	33
中心地体系の全体的な骨格	145

市場環境条件	36
市場規模	90
市場のスラック（ゆるみ）	8
市場レーダー	293
自動車の普及	112
品揃え調整	222
品揃えの深さ	222
集計水準	13
集積行列	34, 81, 297
集積キラー	6
集積効果	86
集積タイプの構成業種	299
集積特化業種	61
集積の経済	36
集積魅力度	260
集中型業種	91
集中パターンの様式	94
集中・分散の業種間差異	82
主成分構造行列	49
主成分スコア	57, 296
主成分分析	49, 296
出店適地	248
需要外部性	46, 204, 205, 211
需要外部性の内部化	205
商業集積	14
商業集積経路	100
商業人口	15, 57, 58, 123, 168
商業人口成長率	170
商業人口成長率の変動	174
商業人口と地価の関係	169
商業人口を説明するモデル	197
状況多様化	269
商業中心	14
商圏	16
商圏の地理的範囲	86
商圏の包括関係	16
商圏範囲	44, 108

商圏モデル	258
少数地点集中	95
少数地点集中型の業種	95
商店街	14, 290
商店街型	133
商店街型中心地	243
商店街型の機能不全	149
商店街型への出店費用	240
消費社会	110
消費者行動	36
消費者探索	80
消費者探索理論	80
消費者の専門店評価	226
消費者の不確実性	79
消費者費用	79
消費主体	112
商品次数仮説	45, 59
商品の次数	44, 77
商品の次数仮説	256, 261
商品分類論	77
職業別電話帳（タウンページ）	27, 28
女性の社会進出	63
ショッピング状況多様性の基本次元	271
ショッピング状況の多様性	269
新型ＳＣの基本特徴	175
スーパー	17, 154
スーパーの店舗数	155
成果基準	15
生業店	7
生鮮集積	56, 63, 121
正６角形の商圏	110
線分市場	74
専門店	218
専門店間での異業種集積パターン	231
専門店コンセプト	218
専門店の売場面積	221

(3)

急速な店舗展開	229	計量地理学	84
共益費	191	広域型	132, 146
業種カテゴリー	25	広域中心地	15
業種構成	34, 49	高次商品	44
業種専門店	219	構造	13, 32
業種包括仮説	45, 60	構造基準	15
業種包括原理	119	構造的特質	135
共通地理空間	82	構造変化	32
居住人口	57	構造変動	13, 16
近代流通企業	17	購買品種数	265
近代流通技術	9	購買品目数	265
近年開発のＳＣの顕著な特徴	194	小売景観	136
近隣大型店型	134	小売商業構造	8
「近隣大型店」へのショッピング	276	好立地	19
近隣階層	146	コープランド	78
近隣型中心地	169	個人商店	17
近隣商店街型	133, 152, 242	個人店舗	7
近隣中心地	15	子供関連集積	66
空間地点パターンの確率モデル	84	コバンザメ商法	204
空間競争	5, 19, 73	個別ＳＣの開発過程	188
クラスタ分析	126	個別店舗の水準	13
クリスタラー	15, 23, 42, 107, 108	娯楽型ショッピング	268
クリスタラーの時代	110	孤立立地	14, 33
グリッド	23	コンストラクション	192
グリッドの商業人口	123		
車関連集積	66	【サ行】	
計画型ＳＣの発展	165		
計画型ショッピング・センター	113, 155	最高商業地価	58
計画的ショッピング・センター	14	最小差別化の原理	73
経済人としての消費者	268	最大集積シェア	82, 94, 95
経済成長	111	最多額出向	201, 257
京阪神消費者調査	28	最適努力を誘引するインセンティブ	206
京阪神都市圏	21, 24	差別化競争	4
京阪神都市圏でのＳＣ開発	158	差別化された製品の想定	77
京阪神都市圏の地理的範囲	22	三大都市圏	20
契約破棄権利	213	事業計画	189

索引

【ア行】

アーバンエッジ（近郊地域）……187
新しい構造……31
新しい商圏コンセプトの創造……247
アメニティ……112
イオン……187
イオンのＳＣ開発戦略……187
イオンモール……187
異業種集積……33, 35, 49, 99, 299
異業種集積タイプ……49, 296
異業種集積と同業種集積の関連……100
異業種集積の古典理論……42
異業種集積の実証分析……47
異業種集積の内部構造……51
異業種集積のパターン……47
異業種集積の立地パターン……73
異業種集積パターン……45, 48
異業種の概念……265
一般テナントの賃貸期間……213
イノベータ……18
因子分析……296
運命共同体……211
運命共同体モデル……292
営業原価……191
大型店……122, 153
大型店売場面積……122
大型店型……133, 150, 153
大型店型階層での再編……174
大型店型中心地……199
大型店型と商店街型の地価格差……243
大型店型の異業種集積……166
大型店顧客吸引力の波及効果……199
大型店集積……122
大型店の吸引顧客……202
大型店の顧客吸引力……204
大型店舗……111

【カ行】

階層構造……128
階層秩序関係……16
階層秩序形成の理由……44
階層的な空間編成……107
開発コンセプト……190, 293
外部経済……204
買い回り集積……51, 62, 121
買い回り品……54, 78
買い回り集積の内部構造……54
買い物時間の機会費用……75
買い物費用……46
買い物不確実性……80
各商業集積の階層所属……118
革新的ＳＣ……175, 193, 196, 202, 209, 249, 291
革新的ＳＣの開発可能地区……292
革新的ＳＣの特徴……181, 185
革新的ＳＣの立地創造……197
革新型ＳＣへの専門店の参加……246
核店舗の顧客吸引力……196
価値ハンター……224, 289
カテゴリー・キラー……6
過当競争……4
基準売上高……209
機能……108
機能成果……123

【著者紹介】
田村　正紀（たむら　まさのり）
現　　職　同志社大学 特別客員教授，神戸大学 名誉教授 商学博士
専　　攻　マーケティング，流通システム
主要著書　『マーケティング行動体系論』千倉書房，1971年
　　　　　『消費者行動分析』白桃書房，1972年
　　　　　『小売市場構造と価格行動』千倉書房，1975年
　　　　　『現代の流通システムと消費者行動』日本経済新聞社，1976年
　　　　　『大型店問題』千倉書房，1981年
　　　　　『流通産業：大転換の時代』日本経済新聞社，1982年
　　　　　『日本型流通システム』千倉書房，1986年　（日経・経済図書文化賞受賞）
　　　　　『現代の市場戦略』日本経済新聞社，1989年
　　　　　『マーケティング力：大量集中から機動集中へ』千倉書房，1996年
　　　　　『マーケティングの知識』日本経済新聞社，1998年
　　　　　『機動営業力』日本経済新聞社，1999年
　　　　　『流通原理』千倉書房，2001年，中国語訳（China Machine Press, 2007年）
　　　　　『先端流通産業：日本と世界』2004年，千倉書房
　　　　　『バリュー消費：「欲張りな消費集団」の行動原理』日本経済新聞社，2006年
　　　　　『リサーチ・デザイン：経営知識創造の基本技術』白桃書房，2006年

■　立地創造――イノベータ行動と商業中心地の興亡――

■　発行日――2008年 5月16日　初版発行　　　〈検印省略〉

■　著　者――田村正紀

■　発行者――大矢栄一郎

■　発行所――株式会社 白桃書房
　　　　　〒101-0021　東京都千代田区外神田 5-1-15
　　　　　☎ 03-3836-4781　📠 03-3836-9370　振替00100-4-20192
　　　　　http://www.hakutou.co.jp/

■　印刷・製本――藤原印刷

　　　ⓒMasanori Tamura 2008 Printed in Japan ISBN 4-561-63168-2 C3063

　　　Ⓡ〈日本複写権センター委託出版物〉
　　　本書を無断で複写複製（コピー）することは，著作権法上の例外を除き，
　　　禁じられています。本書をコピーされる場合は，事前に日本複写権セン
　　　ター（JRRC）の許諾を受けてください。
　　　JRRC〈http://www.jrrc.or.jp eメール: info@jrrc.or.jp 電話:03-3401-2382〉
　　　落丁本・乱丁本はおとりかえいたします。

田村正紀　著

リサーチ・デザイン
経営知識創造の基本技術

経営現象から質の高い新知識を迅速に効率よく創造することが今求められる。本書はリサーチ・デザインの基本原理を我が国で初めて体系的に解説。論文，レポート作成を目指す社会人院生，学部学生，産業界のリサーチ担当者必携の書。

ISBN978-4-561-26457-6 C3034　A5判　212頁　本体2,381円

B.G. ピッツ・D.K. ストットラー 編著　首藤禎史・伊藤友章 訳

スポート・マーケティングの基礎
（第2版）

スポーツ産業，スポーツ・マーケティングの最新事情を網羅するスポーツ関係者の必携書。プロおよび大学スポーツや，スポーツ・マーケティング調査，スポンサーシップ管理，スポーツ用品製造・小売，スポーツ・ツーリズムをもカバー。

ISBN978-4-561-64158-2　C3063　　A5判　　636頁　　本体 7,000 円

橋元理恵 著

先端流通企業の成長プロセス

小売業の実態に，新視点からアプローチした意欲作。企業の事業活動の足跡についてテキスト・マイニング手法を用いながら，高成長企業の成長プロセスを財務数値で分析する。成長企業と衰退企業の違いを管理会計的視点で実証。

ISBN978-4-561-66166-5 C3063　A5判　208頁　本体 2,800 円